第一部分

微观经济分析基础

在这一部分中,我们来介绍经济学与微观经济学的若干基本概念,以及供求分析方法这个微观经济学中最为基础的分析模型,为全书的分析打下基础。

第一部分

复旦卓越·经济学系列

微观经济学

杨长江　陈伟浩　编著

复旦大学出版社

图书在版编目(CIP)数据

微观经济学/杨长江,陈伟浩编著. —上海:复旦大学出版社,2004.11(2021.1 重印)
(复旦卓越·经济学系列)
ISBN 978-7-309-04247-4

Ⅰ. 微…　Ⅱ. ①杨…②陈…　Ⅲ. 微观经济学　Ⅳ. F016

中国版本图书馆 CIP 数据核字(2004)第 111430 号

微观经济学
杨长江　陈伟浩　编著
责任编辑/岑品杰　盛寿云

复旦大学出版社有限公司出版发行
上海市国权路 579 号　邮编:200433
网址:fupnet@fudanpress.com　http://www.fudanpress.com
门市零售:86-21-65102580　团体订购:86-21-65104505
外埠邮购:86-21-65642846　出版部电话:86-21-65642845
浙江临安曙光印务有限公司

开本 787×1092　1/16　印张 16.75　字数 396 千
2021 年 1 月第 1 版第 10 次印刷
印数 45 401—47 000

ISBN 978-7-309-04247-4/F·936
定价:35.00 元

如有印装质量问题,请向复旦大学出版社有限公司出版部调换。
版权所有　侵权必究

前言

微观经济学可以说是经济学科各门专业课中内容最为成熟，分析手段最为细致，教材体系最为稳定的一门课程。国内外各种微观经济学教科书所采用的体系基本上比较接近，大致上分为消费者行为、厂商行为、市场结构、一般均衡与福利等几部分。与此同时，在微观经济学近年来取得巨大进展的形势下，也有一些经济学家尝试着寻求新的体系，例如肖特（Andrew Schotter）的《微观经济学：现代分析》（*Microeconomics：a modern approach*），他对微观经济学给出了一个新的定义：研究社会中制度（Institution，根据李维森教授的潜心研究，这个词的中文应该翻译为制序，即制度秩序之意）如何形成的一门科学，根据这个新的角度在他的教科书中给出了一个非常富有启迪意义的新体系。与此思路相近的，还有台湾地区学者干学平、黄春兴在其《经济学原理：牵成繁荣与追求进步》中给出了一个由一人世界、两人世界、礼义社会、法政社会四部分构成的新的经济学体系。这些构建新的微观经济学体系的努力，非常有助于我们去理解现代微观经济学的内在逻辑与发展趋势。

本人近年来在复旦大学经济学院承担了微观经济学的本科教学任务，通过教学实践，在感受到传统教材体系合理性的同时，也有着一个直观的感觉，那就是在这样的处理方法中，似乎对微观经济学近些年来发展趋势的反映有所不足。例如，博弈分析已经成为现代微观经济学中极为重要和基础的分析方法，它的分析思想渗透到了经济学的各个分支，但是，在大多数的教材中，只是在分析寡头垄断的市场结构时，才介绍一点博弈论的基础知识。再例如，信息问题也是现代微观经济分析中非常关键的一个问题，但是在现在的教科书中，基本上都是在最后的政府对市场的干预中，简单提到信息不对称的问题。所以在教学的同时我一直在思考，对于博弈与信息这些非常有必要让学生理解其基础地位的分析方法，是不是可以处理得更为突出一点，是不是可以由此对现代微观经济学的体系逻辑作出稍有新意的诠释。在正式确定要写作这本书的时候，从这个设想出发，经过我们两位作者的反复商讨，最后确定了现在这样一个体系。

这本教材分为三部分：微观分析基础知识；理想的世界——完全竞争下的经济运行；现实的世界——主体行为、市场结构与政府干预，通过逐步放松假定、逼近现实的方法来循序渐进地介绍微观经济的运行规律。在第一部分，介绍经济学与微观经济学的若干基本概念，以及供求分析方法这个微观经济学中最为基础的分析模型，为全书的分析打下基础。

在第二部分中,我们介绍理想状态下的微观经济是如何运行的,这里所说的理想的状态,就是建立在一系列严格假定下的完全竞争市场,此时不需要考虑信息成本、交易成本等一系列外在因素,市场的参与者之多如恒河沙数,以至于每个市场主体都是沧海一粟,作为个体的经济行为既影响不到市场的最后运行结果也影响不到其他主体。此时,价格就成为了控制经济运行的唯一因素,价格水平如同乐团中的指挥棒,通过它的跳动,无数个有着同样装束的经济主体按照统一的节奏韵律随着音乐翩翩起舞,在乐声中达到一个稳定的和谐状态。在这一部分中,我们分别介绍代表市场需求方面的消费者行为理论,代表市场供给方面的厂商行为理论,综合了市场需求与供给后的完全竞争市场运行理论,以及使得所有市场同时达到均衡的经济一般均衡理论。

在第三部分中,我们来考虑一个更为现实的世界。对现实的世界的考察,首先从现实中经济主体的行为特征开始,这是我们分析现实世界的主要分析工具。此时作为个体的每个经济主体的行为不再是无足轻重了,每个经济主体在决策的时候必须考虑到其他经济主体的反应,必须在相互影响中来确定自己的经济行为;此时每个经济主体在决策时的可供依据的条件也是不同的,这突出体现在对信息的不同掌握程度上,信息问题成为影响经济主体行为的重要因素;此外,经济主体决策时的理性问题,也成为影响经济运行的重要因素。在对现实世界中的经济主体的行为特征作了更为真实的考察后,就可以对现实世界中的市场结构特征、现实世界中的市场自发运行效率等问题进行分析。我们在这一部分中首先介绍理解现实世界经济主体行为特征的主要工具:博弈、信息与理性,随后分别介绍现实世界中的三种市场结构:完全垄断市场、寡头垄断市场与垄断竞争市场,最后介绍现实世界中市场与政府的相互关系:公共部门经济学。第三部分是以现实世界中的主体行为特征为主线而贯穿的逻辑严密的整体,例如寡头垄断的策略性行为我们用博弈论来分析,垄断竞争的非同质产品以及完全垄断中的差别定价我们用信息理论分析,囚徒困境和公共选择理论中的阿罗不可能定理凸现了集体理性的问题。

这本教材所采用的这样的体系安排,仅仅是我们的一个尝试。我们不敢奢望构建一个全新的体系,只是力图反映我们在微观经济学教学研究中的一些理解。在这本教材的使用中,既可以按照我们现在的顺序去使用,也可以按照传统的体系,在第二部分第六章完全竞争市场理论结束后,直接讲授第三部分的完全垄断理论等市场结构分析,最后再学习一般均衡理论与公共部门经济学。

这本教材的写作是在诸多师长、朋友的帮助下才得以完成的。在本人从事微观经济学的教学过程中,我们担任教学任务的几位青年教师组成了一个教学科研小组,由著名经济学家张军教授担任组长,指导我们如何更好地进行教学,在几次教学研讨会议中得到张军教授的多次指导,这对于加深我们对微观经济学的理解具有重要意义。复旦大学经济学院副院长李维森教授多年来也一直在微观经济学领域对我诸多指点，特别是在我担任院长助理职务后，通过工作上的关系有了更多请教的机会，每次聆听经济学前沿动态时总是受益良多，在此谨表谢意。尹晨博士、翁恺宁博士、杨海燕博士等都对这本教材的初稿提出了宝贵意见；复旦大学国际金融系的惠卉同学仔细细心地阅读了教材初稿，从学生学习的角度提出了许多修改意见；复旦大学国际金融系研究生秦培景同学也协助认真校对了书稿并提出了不少重要修改意见，在此一并致以深深的谢意。

由于我们水平有限，这本书肯定存在着不少错误之处，我们诚恳地期待着各位读者的批评指正。

杨长江

2004 年 8 月 4 日

目 录

第一部分 微观经济分析基础

第一章 导论：什么是经济学 …………………………… 3
  第一节 经济学和"经济思维" …………………………… 4
    一、经济学的基本问题 …………………………… 4
    二、生产可能性边界与资源配置 …………………………… 6
    三、"经济思维"——以盗版现象的经济分析为例 …………………………… 8
  第二节 经济学的内容与方法 …………………………… 11
    一、微观经济学和宏观经济学 …………………………… 11
    二、经济理论和经济模型 …………………………… 12
    三、最优化分析与均衡分析 …………………………… 13
    四、静态分析、比较静态分析和动态分析 …………………………… 14
    五、规范分析和实证分析 …………………………… 14
  第三节 经济学的发展脉络 …………………………… 15

第二章 微观经济学的基础分析工具：需求与供给 …………………………… 22
  第一节 需求和需求的变动 …………………………… 23
    一、需求和需求函数 …………………………… 23
    二、需求表、需求曲线和需求法则 …………………………… 24
    三、需求量的变动和需求的变动 …………………………… 26
    四、个别需求与市场需求 …………………………… 27
  第二节 供给和供给的变动 …………………………… 28
    一、供给和供给函数 …………………………… 28
    二、供给表、供给曲线和供给法则 …………………………… 29
    三、供给量的变动和供给的变动 …………………………… 31
    四、个别供给与市场供给 …………………………… 32
  第三节 均衡价格理论 …………………………… 32
    一、均衡价格的决定 …………………………… 32
    二、供求变动对均衡价格的影响 …………………………… 33
    三、市场机制与价格管制 …………………………… 35
  第四节 弹性理论 …………………………… 37
    一、弹性的概念 …………………………… 37

二、需求的价格弹性 ··· 38
　　三、需求的其他弹性 ··· 41
　　四、供给的价格弹性 ··· 42
　　五、弹性与经济决策 ··· 44

第二部分　理想的世界——完全竞争下的经济运行

第三章　需求曲线的背后：消费者行为理论 ························ 49
第一节　基数效用论与消费者均衡 ································· 50
　　一、效用 ··· 50
　　二、总效用与边际效用 ··· 50
　　三、消费者效用最大化的均衡 ···································· 52
　　四、需求规律与基数效用论 ······································· 54
　　五、消费者剩余 ··· 54
第二节　序数效用论与消费者均衡 ································· 56
　　一、序数效用与偏好 ··· 56
　　二、无差异曲线 ··· 56
　　三、预算线及其移动 ··· 58
　　四、消费者均衡 ··· 60
第三节　消费者选择 ··· 61
　　一、价格变化与消费者选择 ······································· 61
　　二、收入变化与消费者选择 ······································· 62

第四章　供给曲线的背后(上)：厂商生产理论 ··················· 65
第一节　企业及其生产函数 ··· 66
　　一、生产的主体——企业 ··· 66
　　二、生产函数 ·· 68
　　三、短期与长期 ··· 69
第二节　短期生产函数 ·· 70
　　一、总产出、平均产出和边际产出 ······························ 70
　　二、要素边际报酬递减规律 ······································· 72
　　三、生产阶段的划分 ··· 73
第三节　长期生产函数 ·· 74
　　一、多种投入要素的最优组合 ···································· 74
　　二、等产量曲线 ··· 75
　　三、等成本线 ·· 77
　　四、最优投入组合与扩展路线 ···································· 78
第四节　规模报酬 ·· 79

第五章　供给曲线的背后(下)：厂商成本理论 ··················· 83
第一节　成本和成本函数 ··· 84

一、识别成本——从会计恒等式说起 ………………………… 84
　　二、成本函数 …………………………………………………… 86
　第二节　短期成本理论 ……………………………………………… 87
　　一、总成本、固定成本和变动成本 …………………………… 87
　　二、平均成本与边际成本 ……………………………………… 89
　第三节　长期成本理论 ……………………………………………… 92
　　一、长期总成本 ………………………………………………… 92
　　二、长期平均成本与规模选择 ………………………………… 93
　　三、长期边际成本 ……………………………………………… 96
　第四节　企业收益与利润最大化 …………………………………… 97
　　一、企业收益 …………………………………………………… 97
　　二、利润最大化及其条件 ……………………………………… 98

第六章　完全竞争市场理论 ……………………………………………… 102
　第一节　完全竞争市场简介 ………………………………………… 103
　　一、完全竞争市场的特征 ……………………………………… 103
　　二、完全竞争市场的需求曲线 ………………………………… 104
　第二节　完全竞争市场的瞬时均衡和短期均衡 …………………… 106
　　一、瞬时均衡 …………………………………………………… 107
　　二、短期均衡 …………………………………………………… 107
　　三、厂商的短期供给曲线 ……………………………………… 109
　　四、行业的短期供给曲线 ……………………………………… 109
　第三节　完全竞争市场的长期均衡 ………………………………… 110
　　一、长期均衡的形成过程 ……………………………………… 110
　　二、行业的长期供给曲线 ……………………………………… 112
　第四节　完全竞争状态下的要素市场 ……………………………… 115
　　一、生产要素需求和供给的性质 ……………………………… 115
　　二、要素市场的利润最大化原则 ……………………………… 116
　　三、完全竞争市场上的厂商行为 ……………………………… 117
　　四、产品分配净尽定理 ………………………………………… 119
　　五、完全竞争市场上工资与就业量的决定 …………………… 119

第七章　一般均衡和福利经济学 ………………………………………… 125
　第一节　一般均衡的引入和消费者均衡的实现 …………………… 126
　　一、一般均衡分析的引入 ……………………………………… 126
　　二、消费者均衡 ………………………………………………… 128
　第二节　生产者均衡、生产与交换的一般均衡 …………………… 130
　　一、生产者均衡 ………………………………………………… 130
　　二、生产可能性边界和最优产品组合 ………………………… 131
　　三、生产与交换的一般均衡 …………………………………… 133
　第三节　社会福利和公平 …………………………………………… 135

一、效用可能性边界与社会福利边界 ……………………………… 135
　　二、社会福利最大化分析 ……………………………………………… 136
　　三、反思和质疑 ………………………………………………………… 136

第三部分　现实的世界——主体行为、市场结构与政府干预

第八章　现实世界中的经济主体行为特征：博弈、信息与理性 …… 143
第一节　博弈论 ……………………………………………………… 144
　　一、囚徒困境与纳什均衡 ……………………………………………… 144
　　二、重复博弈与序列博弈 ……………………………………………… 146
　　三、威胁与承诺 ………………………………………………………… 149
第二节　信息 ………………………………………………………… 152
　　一、信息不完全与信息不对称 ………………………………………… 152
　　二、逆向选择与信号发送 ……………………………………………… 154
　　三、道德风险与激励机制 ……………………………………………… 158
第三节　理性：行为经济学与实验经济学简介 …………………… 160
　　一、"经济人"假设与完全理性 ……………………………………… 160
　　二、判断 ………………………………………………………………… 161
　　三、选择 ………………………………………………………………… 161
　　四、实验方法 …………………………………………………………… 162

第九章　现实世界中的市场结构（上）：完全垄断 …………………… 167
第一节　完全垄断的成因及其市场均衡 …………………………… 168
　　一、垄断的形成原因 …………………………………………………… 168
　　二、完全垄断企业的生产与定价决策 ………………………………… 170
第二节　完全垄断的福利代价及其公共政策 ……………………… 174
　　一、垄断的福利代价 …………………………………………………… 174
　　二、对垄断的公共政策 ………………………………………………… 176
第三节　价格歧视 …………………………………………………… 179
　　一、价格歧视的前提 …………………………………………………… 179
　　二、价格歧视的动力 …………………………………………………… 180
　　三、价格歧视的种类 …………………………………………………… 181
第四节　存在垄断时的要素市场 …………………………………… 184
　　一、产品市场垄断—要素市场完全竞争 ……………………………… 185
　　二、产品市场完全竞争—要素市场垄断 ……………………………… 185
　　三、产品市场和要素市场均为垄断 …………………………………… 186

第十章　现实世界中的市场结构（中）：寡头垄断 …………………… 190
第一节　寡头垄断概述 ……………………………………………… 191
　　一、寡头垄断的定位 …………………………………………………… 191

	二、折拐的需求曲线 …………………………………………… 192
	三、双寡头垄断模型 …………………………………………… 193
  第二节 寡头间的竞争：静态到动态 …………………………………… 195
	一、静态1——古诺模型 ……………………………………… 195
	二、静态2——伯特兰模型 …………………………………… 197
	三、动态——斯塔克伯格模型 ………………………………… 198
  第三节 寡头间的合作：卡特尔与囚徒困境 …………………………… 199
	一、共谋的好处 ………………………………………………… 199
	二、崇高的卡特尔 ……………………………………………… 201

第十一章 现实世界中的市场结构（下）：垄断竞争 ……………………… 206
  第一节 垄断竞争概述 …………………………………………………… 207
	一、垄断竞争的特征 …………………………………………… 207
	二、产品差异化 ………………………………………………… 209
  第二节 垄断竞争企业的行为 …………………………………………… 212
	一、短期均衡 …………………………………………………… 212
	二、长期均衡 …………………………………………………… 213
	三、垄断竞争市场的效率 ……………………………………… 213
  第三节 广告、品牌与信息 ……………………………………………… 215
	一、广告 ………………………………………………………… 215
	二、品牌 ………………………………………………………… 219

第十二章 现实世界中的市场与政府：公共部门经济学 …………………… 222
  第一节 外部经济效应 …………………………………………………… 223
	一、外部经济的含义及后果 …………………………………… 223
	二、外部性的分类讨论 ………………………………………… 224
  第二节 产权与科斯定理 ………………………………………………… 228
	一、从产权说起 ………………………………………………… 228
	二、科斯定理 …………………………………………………… 228
	三、交易成本 …………………………………………………… 230
  第三节 针对外部性的公共政策 ………………………………………… 232
	一、干预的目标 ………………………………………………… 233
	二、庇古税和补贴 ……………………………………………… 233
	三、污染标准与可转让许可证 ………………………………… 235
  第四节 公共物品和公有资源 …………………………………………… 237
	一、不同类型的物品 …………………………………………… 237
	二、公共物品和搭便车问题 …………………………………… 238
	三、公共物品的生产 …………………………………………… 239
	四、公有资源 …………………………………………………… 240
  第五节 公共选择理论与政府失灵 ……………………………………… 242
	一、偏好显示和偏好加总 ……………………………………… 242

二、投票悖论和阿罗不可能定理 …………………………………… 244
三、政府失灵 …………………………………………………………… 246

参考书目 ……………………………………………………………… 251

第一章

导论：什么是经济学

学习目标
- 理解经济学的定义和经济思维
- 掌握经济学的内容和方法
- 了解经济学的发展脉络

基本概念

经济学　理性人　稀缺资源　生产可能性边界　资源配置　比较静态分析

参考资料
- 亚当·斯密的悖论
- 经济学家的生计

本章作为微观经济学的导论,将介绍经济学和微观经济学的一些预备知识。第一节从经济学的两个基本假定入手,介绍经济学研究的基本问题,并举例说明"经济思维"的含义;第二节就经济学的两个基本分支——微观经济学和宏观经济学作对比分析,同时介绍经济学的基本研究方法;第三节对经济学的发展脉络作一个简单的概括,以便读者对本书有一个整体把握。

第一节　经济学和"经济思维"

重要问题

1. 经济学的两个基本假定是什么?
2. 学习经济学有何意义?

一、经济学的基本问题

☞经济学
研究如何将稀缺的资源分配于不同的用途,以满足经济主体多样化需求的科学。

　　什么是经济学?经济学与其他科学有什么区别?这是初学经济学的人最关心的问题。事实上,给经济学下一个能为所有人都接受的定义是困难的。而且,考虑到经济学是一门内容丰富和发展迅速的科学,要想以几行简短的文字去描述它,更是有挑战性。不过,现代经济学家普遍认为,经济学就是研究如何将稀缺的资源分配于不同的用途,以满足经济主体多样化需求的科学。这里的核心的资源的配置,具体地说,它要解决如下一些问题:(1) 生产什么(What)物品和劳务以及各生产多少(How Much)?(2) 如何(How)生产?(3) 为谁(for Whom)生产这些物品和劳务?(4) 现在还是将来(When)生产?这四个问题被认为是人类社会共有的基本经济问题,经济学正是为了解决这些问题而产生的。

　　更进一步,关于经济学比较准确的定义为:经济学是一门研究经济人如何作出理性选择,来使用稀缺的经济资源,在现在和将来生产各种物品,并把物品分配给社会的各个成员或集团的社会科学。

　　这个定义涉及经济学的两个最基本的假定:理性人假定和经济资源相对稀缺假定。整个经济学体系可说是在这两个基本假定上建立和发展起来的。

☞理性人
指作为经济决策的主体(居民、厂商和政府)都充满理智,既不会感情用事,也不会轻信盲从,而是精于判断和计算,其行为符合始终如一的偏好原则。

1. 理性人假定

　　居民、厂商和政府是经济活动的参与者,尽管他们在经济生活中作用不同,各具特点,但为了理论分析的方便,一般都被视为理性人。它意指作为经济决策的主体(居民、厂商和政府)都充满理智,既不会感情用事,也不会轻信盲从,而是精于判断和计算,其行为符合始终如一的偏好原则。

　　假如在经济活动中有 X、Y、Z 三种方案需要经济活动的主体加以选择,理性人将有如下两种行为特征:(1) 完备性。经济主体知道自己的偏好,或偏好 X 甚于 Y,或偏好 Y 甚于 X,或对两种偏好无差异,无论什么情况下都只能两者择其一。(2)传递性。倘若他偏好 X 甚于 Y,而又偏好 Y 甚于 Z,那么,他必然会合乎逻辑地偏好 X 甚于 Z。同样,这种理性人所追求的经济目标也体现着最优化原则。具体地说,消费者追求满足最大化,生产要素所有者追求收入最大化,生产者追求利润最大化,政府则实现目标决策最优化。

这种理性人,实际上来源于亚当·斯密在《国富论》中所讲的"经济人"。斯密的经济人不仅仅是理性人,而且完全自私自利,从自己角度出发追求经济利益最大化。随着经济学的分析范围逐渐扩展到人类行为的各个方面,"经济人"的假定已经不大适合一些并非完全自私自利的场合,比如家庭内部成员的行为(考虑一下父母牺牲了多少消费的乐趣为你支付昂贵的大学学费)。因此,现代经济学家倾向于使用较弱的"理性人"假定来代替。

理性人假定中,经济主体行为的基本动力是利益最大化,这可能并不完全符合实际情况。在现实经济生活中,人们在作出某项决策时,并不总是深思熟虑;人们在许多场合,往往是按习惯办事,受骗上当也是难免的;人们在进行经济决策时,除了考虑经济利益外,还受到社会的、政治的及道德等方面的影响和制约。经济分析之所以要做这样的假定,是为了在影响人们经济行为的众多复杂因素中,抽出主要的基本因素,在此前提下,可以提出一些重要的结论,并据此对人们的经济行为作出预测,提供行动方案或决策的理论基础。可以设想,要是没有这种假定,如果人们真的对经济活动结果的好坏抱着无所谓的态度,那么,经济学就很难提出什么理论了。

 参考资料　亚当·斯密的悖论

"理性人"假定认为社会成员时时刻刻都是在为自己谋福利,然而我们接受的道德教育却是应当助人为乐,为社会做贡献。这两者有冲突吗?早在200多年前,经济学开山鼻祖亚当·斯密在其巨著《国富论》中就回答了这一问题。他写道:"个体生产者只想达到自己的目标,他这样做时,像其他许多情况下一样,由一只看不见的手引导他去促进一种结果出现,而这个结果并不是他所追求的东西。"(Smith,1937:423)也就是说,当人们尽量为自己获得更多的物质利益,并且这样做不受阻碍时,他们最终共同使社会受益,即便那不是他们的目的。这是怎么一回事呢?我们称之为亚当·斯密悖论。

亚当·斯密悖论一直是经济学的核心矛盾,多年来它一直推动着经济学的发展。这一理论的效力不断受到宗教权威、经济学之外的理论思想家和经济学家自身的挑战。虽然如此,"看不见的手"这一悖论使人类行为合理化,且在20世纪越来越多地指导西方甚至非西方国家的经济和政治生活。

如何理解这一悖论呢？斯密认为，合理计算个人物质利益将会导致竞争，竞争转而为整个经济体系带来高额的产出和收入，并为社会创造物质财富。斯密将这一自我调整的过程视作上帝为社会和谐创造的一条自然规则，它应为人类发现并应代替重商主义的制度规则。简而言之，斯密试图找到一条适用于经济的普遍的自然法则，它将代替自中世纪以来指导思考经济的人为规则。他相信，政府的商业政策妨碍了为全社会生产最适宜的物质产品所需的变化。个人利益可以被信赖，因为每个人被假定能很好地衡量它，即使斯密承认人类动机的多样性与重要性，他仍相信个人物质利益占支配地位，只能产生社会和谐。

2. 经济资源相对稀缺性假定

经济学之所以产生和发展，是因为人类的一切活动都受资源的有限性的约束。假如任何资源都是取之不尽、用之不竭，那么人们尽可以任何方式动用无限的资源去达到特定的目的，理性选择就没有必要，经济学也不会产生。

但若光是资源有限，也不一定要研究经济学。只有当资源具备多用性时，在多种用途间进行选择才有必要。比如，野果若只能供人果腹，原始人就不必就如何使用野果作权衡选择，经济学也就无用武之地。相反，假若果子既可供现在食用，也可用作种子以繁殖更多的果子，还可用作饲料喂养牲畜以换取动物蛋白，这时，人们就得经济地将果子分配给不同的用途以换取最多的食物。这正是经济学研究的"理性选择"问题。既有限而又有多种用途的资源称为相对稀缺资源，或简称为稀缺资源。

稀缺资源
既有限而又有多种用途的资源称为相对稀缺资源，或简称为稀缺资源。

 重要问题1　经济学的两个基本假定是什么？

1. 理性人假定：指人们在生产、消费、交换等经济活动中从不感情用事，其行为总是理性的。在经济学中，理性行为可解释为最优行为。而且，经济学中的最优与否，完全是以经济成本或经济利益的尺度来衡量的。

2. 经济资源相对稀缺假定：经济主体（不管是个人、企业，还是政府，或者是其他社会组织）所拥有的资源都是有限的，即资源是稀缺的。资源的稀缺性是相对于人们的无穷欲望而言的。

二、生产可能性边界与资源配置

为了使相对稀缺的有限的资源来满足无限多样的需要，经济学提出生产可能性边界(Production Possibility Frontier)这个概念来考察一个国家应该怎样分配其相对稀缺的经济资源问题。为了简化起见,假定这个社会用既定的经济资源和生产技术只生产两种产品大炮和黄油,多生产大炮就必然减少生产黄油;反之亦然。假定全部经济资源用来生产大炮,可生产5个数量单位;全部用来生产黄油,可生产15个数量单位。在这两个极端的可能性之间,还存在着各种可能性。即通过经济资源从一种用途不断转移到另一用途,会使两种产品的数量产生此消彼长的格局。假定共有A、B、C、D、E、F六种可能性,且有表1-1和图1-1。在图1-1中,用纵轴表示黄油,用横轴表示大炮,根据表1-1中的数据找出坐标点,连接各点便得到一条曲线,这条曲线就叫生产可能性边界。它表明在既定的经济资源和生产技术条件下所能达到的两种产品最大产量的组合,又叫生产可能性曲线。

☞ **生产可能性边界**
在现有技术条件下,连接所有最大产品组合点所得到的曲线。

表1-1

可 能 性	大 炮	黄 油
A	0	15
B	2	13
C	3	12
D	4	9
E	5	5
F	6	0

处在生产可能性曲线以外的点,如图1-1中G点,表示在现有的技术水平和资源总量的条件下无法实现的产品组合。处在生产可能性曲线以内的点,如图中H点,表示社会未能充分利用资源,也就是存在失业,当社会使用了这部分资源,就可以得到更多的产品。20世纪30年代大萧条时期,西方发达国家普遍存在这种情况。但经济资源未能充分利用并不是

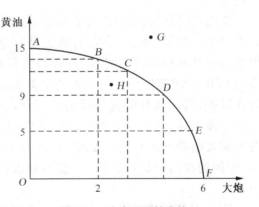

图1-1 生产可能性曲线

☞ **资源配置**
微观经济主体(家庭、厂商和政府)将其所拥有的经济资源在各种可能的用途间进行分配,以最好地实现其目标。资源配置是微观经济学的主要研究任务。

造成产量处于生产可能性边界以内的唯一原因,当经济缺乏效率时,也会产生这种后果,如我国1958年大跃进以及十年动乱时期的情况。因此要使社会处在生产可能性边界上,必须充分利用现有的经济资源和提高经济效率。

当社会生产处于生产可能性边界上时,表示社会经济处于有效率的充分就业状态。但在这种状态下,社会在选择两种产品的组合时,必须确定

最佳的比例,是选择 B 点还是 E 点,抑或是其他点?这时候就要在稀缺资源的多种用途中进行权衡比较,根据社会需要的轻重缓急作出选择,找到最为有利的配置方式。假如现在处于和平时期,人口迅速增长,那么稀缺的资源可多用来生产黄油,满足新增人口的需要,B 点比较适宜;如果战争威胁迫在眉睫,那么 E 点就是整个社会的选择:牺牲面包黄油来换取大炮,因为这时候安全成为第一位的需求。B、E 各点的比较选择便是微观经济学中所要解决的资源配置问题。生产可能性边界图是供社会选择的清单。

三、"经济思维"——以盗版现象的经济分析为例

经济学理论并不是对现实经济问题的一套现成答案,而是分析、解决问题的一种方法。这种方法可以用来分析经济问题,也可以用来分析其他非经济问题。正因为如此,经济学家常喜欢用他们的武器,涉猎政治学、法律学甚至生物学等领域。这种分析方法的显著特点之一是成本和利益(包括个人的、集体的和社会的)的比较,不妨将这种分析方法称为"经济思维"。下面我们就运用"经济思维"来分析软件盗版现象。

软件盗版现象由来已久,屡禁不止。那么,为什么会出现盗版呢?盗版品给消费者带来的好处是显而易见的,政府为什么要打击盗版呢?又是什么原因使得盗版现象屡禁不止呢?政府应该采取怎样的反盗版策略呢?这些问题也许可以从法律制度、政治考虑、社会结构等角度来寻找答案,但是,如果经济学家来分析这些问题,他们的思维方式会有何不同呢?

首先,任何经济现象的存在都有其市场基础,软件盗版现象的存在也不例外。尽管"盗版"给人的感觉是它绝非一个好东西,应该消灭,但是在一片喊打声的同时,消费者却在行动上给予了实际的支持:最新的 Office XP 盗版软件与正版的价格比是 1 比 600,用起来功能却没什么区别,盗版软件的价格优势绝对让人心动。同时,对于盗版软件生产厂商来说,尽管盗版软件价格不高,但其生产成本却惊人的低,因为不需要前期巨额的研发投入,卖 10 元的盗版软件只需要几毛钱的成本,中间的利润也是惊人的,这就不难理解为什么会有这么多盗版厂商存在了。

其次,从盗版造成的社会成本与社会收益来分析。通常认为盗版活动对社会是没有好处的。盗者偷也!盗版活动会对社会产生不利影响是无可置疑的,这是因为市场上盗版产品的多少将影响到正版厂商下期的研发投入。因为盗版产品的数量是如此之多,以致使正版厂商的预期收益为零,甚至为负时,正版厂商将停止对新产品新技术的投入,这将影响到社会技术的进步和发明创造,进而造成对总产出的影响。

最后,从打击盗版的方式来进行成本与收益的比较。盗版可能会给社会带来各种负效应,这种负效应就是盗版使社会付出的代价,简称盗版成

本。不仅如此,政府或社会的反盗版行动也会给社会带来成本。政府的反盗版贯穿产品生产、销售和消费的全过程,从有关信息的收集、整理、反馈、研究,到相关法规的制定、监督机构的设立和人员配置,再到对盗版行为的处罚或判罪。政府在反盗版过程中所必然要花费的人力、物力、财力和时间等全部费用就构成反盗版成本。一般而言,我们可以预期,当政府实施采取比较严格的反盗版措施时,反盗版成本会上升,而盗版成本则会下降;反之,当政府实施采取比较宽松的反盗版措施时,反盗版成本会下降,而盗版成本则会上升。也就是说,反盗版的成本是随着反盗版程度的增加而上升的,而盗版成本则随着反盗版力度的加强而下降。显然,反盗版行动就存在一个度,社会究竟应该对盗版行为采取什么程度的反盗版行动,必须进行相关成本与收益的比较分析。一项理性的反盗版行动应该使盗版成本和反盗版成本之和达到最小。可见,政府的反盗版并非愈严格愈好,也不是愈宽松愈好。

在完成了成本与收益的经济分析之后,经济学家通常喜欢发表见解。在我们的软件盗版分析中,经济学家们的意见如下:(1)政府不能完全杜绝盗版活动,只要盗版现象产生的市场基础存在,盗版是不可能人为取消的,更多的是运用市场机制来反盗版。(2)修改过时的规章制度。过时的制度规定,助长了市场垄断,甚至是过度的垄断,高额的垄断利润衍生出大量的盗版。比如说,在信息时代的今天,长达16年的专利保护——美国专利法的规定——就显得太长,日益严重的盗版不能说与此没有关系。

可见,经济学重在成本与收益的比较分析,与其他学科诸如社会学、政治学的分析有显著的区别。社会学家看盗版也许会从盗版组织的存在、运作机理着手;政治学家也许会从国与国之间的政治利益、谈判筹码等方面解读盗版。因此,学习经济学,运用经济学思维为我们分析社会问题增加了一种视角。

参考资料　经济学家的生计

刚刚接触经济学,可能会对做经济研究的经济学家有一种神秘感和好奇心。下面这篇名为"经济人绝对理性"的文章或许会对你了解经济学家有所帮助。

人们除了很容易将经济学家与金钱和理财联系在一起,还会以为利用统计数字的人便是经济学家。

这种看法有一点道理,原因是,经济学理论不是能够在实验室里做实验的科学,但经济学家却可利用社会为一个大试验室,做种种实验;只是社会的变数太大,所做实验不易控制,唯一补救办法是多用统计资料,因为这才能够反映较全面和较平均的情况。

关于经济学家和经济学的笑话

http://netec. mcc. ac.uk/JokEc.html
想轻松一下吗?来这里看看!该站点由芬兰赫尔辛基经济学院编辑。

因此，经济学家经常在搜集、分析统计数字上用去不少时间；而为了引证自己的观点（有时是为了吓唬普通读者），经济学家的文章通常布满统计图表。至于计量经济学家的写作，与其说是文章，不如说是数学模式的排列和解释更为恰当；即使亚当·斯密在他那部伟大著作《国富论》中，论及地租和农作物价格时，亦列出详细的统计表，如果18世纪已有计量经济学，斯密或许会以数学方程式代替长篇大论的阐述。

不过，对经济学家的最大误解，是不少人以为经济学家全心全意追求最高的经济效益。因此他们是冷血(Dispassionate)，漠视政治、道德，不理会大众的反应。用一句行家的术语，这类经济学家是"绝对理性的经济人"(Total Rational Economic Man)。事实上并非如此，因为人的行为莫不受政治、道德和社会的影响，而人的行为同样对政治、道德和社会带来冲击。因此，这类所谓不食人间烟火的"绝对理性的经济人"基本上不存在，现代经济学家需要"冷静理性的头脑和温暖人世的同情心"(Hard Head, Soft Hearts)！MIT 经济学教授阿伦·布兰德便以此为名出版了一本书。

其实，经济学家的工作和所有科学家一样，都是观察、研究社会各层面的活动，而在这种过程中，他们搜集资料、建立模式、创立理论，然后和现实结合，看看哪种理论对解决现实问题最有效；不过，其有效性只局限于某段时间，现实环境一变，理论便会随之失效。

——摘自林行止《经济门楣》，社会科学文献出版社，2001年

网络资源

http://college.hmco.
com/economics/boyes
melvin/micro/student/
interv.htm

对著名经济学家的采访，看看他们是如何进行经济学思维的。

 重要问题2　学习经济学有何意义？

有人曾言："骑士的时代已经过去，21世纪是计算机和经济学的时代。"经济学是一门实用性很强的科学，大到国家，小到家庭、个人，都需要对一些经济问题进行分析、决策。同时，经济学又是一门基础科学，它为其他应用经济学科提供必要的分析方法和工具。学习经济学理论，可以获得分析、解决现实经济问题的一种方法，这种分析方法的显著特点之一是成本和利益（包括个人的、集体的和社会的）的比较。

第二节 经济学的内容与方法

重要问题

1. 微观经济学和宏观经济学有什么区别?
2. 经济学的研究方法有哪些?

一、微观经济学和宏观经济学

经济学的基本内容可以分为两大分支：微观经济学和宏观经济学。微观经济学研究个别经济单位的行为，这些经济单位可以是消费者、厂商或任何参与经济运行的个人和实体。微观经济学阐述这些经济单位为什么和怎么样作出经济决策，例如，它解释了消费者怎样作出购买的决策，同时这个决策又怎样受到价格和收入变动的影响。

微观经济学另一个重要的方面则涉及这些经济单位是怎样相互作用从而形成更大的经济单位——行业和市场。例如，微观经济学使我们了解中国的家电行业怎样形成现在的格局，厂商和消费者又是怎样在家电市场上相互作用的。它还解释了冰箱的价格、冰箱制造企业对新工厂的投资额以及冰箱的年产量是怎样确定的。通过分析个别厂商和消费者的行为及其相互作用，微观经济学揭示了行业和市场是怎样运作和演变的，它们为什么彼此相异，以及它们怎样受政府政策和全球经济环境的影响。

相比之下，经济学的另外一个重要分支宏观经济学则着眼于对经济总量的研究，如国民总产出的水平、经济增长率、利率、失业以及通货膨胀率。不过近年来，宏观经济学和微观经济学的界限越来越模糊了，这是因为宏观经济学同样也涉及对市场的分析，如对商品和服务、劳动力以及公司股权的总体上的供给和需求的分析。要了解这些总体意义上的市场是怎样运行的，必须首先了解厂商、消费者、工人以及投资者的行为，正是他们组成了这些市场。因此，宏观经济学越来越关注总体经济现象的微观经济基础；而且，宏观经济学中的许多内容实际上也是微观经济分析的延伸。

《经济学家》
http://www.economist.com
伦敦出版,分析世界经济形势,提供权威视点,讨论世界政治、经济和文化。

《远东经济评论》
http://www.feer.com
香港出版,亚洲主要的政经杂志。

阅读以上杂志,是培养经济感觉的好途径。

重要问题 1　微观经济学和宏观经济学有什么区别？

	微 观 经 济 学	宏 观 经 济 学
基本假设	资源稀缺,充分就业	需求不足,存在失业
分析方法	个量分析法	总量分析法
分析对象	以家庭、厂商等个体经济为主	以整个国民经济总体为主
分析重点	市场价格	国民收入
主要目标	个体利益最大	全社会福利最大

二、经济理论和经济模型

经济学家需要用经济理论来解释经济现象。经济理论就是在对现实的经济事物的主要特征和内在联系进行概括和抽象的基础上,对现实经济事物进行的系统描述。由于现实经济是复杂的,所以,在研究每一经济事物时,往往需要抽象掉那些非基本的因素,只就基本因素及其之间的联系进行研究,从而使得经济理论能够说明经济事物的主要特征和相关的基本因素之间的因果关系。

经济模型是经济理论的简明表述,是用来描述所研究的经济事物的有关经济变量之间相互关系的理论结构。就像一个建筑物的模型是真实建筑物的简化和抽象一样,经济模型也是现实经济的一种简化描述。

经济模型可以采用语言文字、几何图形、数学符号三种表达形式,它们各有自己的特点:语言文字的分析比较细腻,几何图形的分析比较简明,数学符号的分析则比较严谨。建立经济理论的数学模型大致包括这样四个步骤:对经济现实进行归纳,形成抽象的概念;概括和总结概念间的相互联系和基本规律;进一步把概念符号化;建立模型,对模型求解并对结果进行解释。我们来看一个简单的均衡价格模型

$$D = f(P) \tag{1}$$

$$S = g(P) \tag{2}$$

$$D = S,\ f(P) = g(P) \tag{3}$$

方程(3)便是均衡价格模型。模型中,D 和 S 分别表示某商品的需求量和供给量,P 表示商品的价格。按照均衡价格理论,除了商品本身的价格影响该商品的供求量外,还有人们的收入、嗜好、价格预期、生产目的、生产技术水平以及其他商品的价格等等,但在该模型中它们均被舍掉了。

假如根据实际统计资料有 $D = 15 - 3P$,$S = 2P$,则上述均衡价格模

☞ 经济理论
在对现实的经济事物的主要特征和内在联系进行概括和抽象的基础上,对现实经济事物进行的系统描述。

☞ 经济模型
经济理论的简明表述,是用来描述所研究的经济事物的有关经济变量之间相互关系的理论结构。

型可具体化为：

$$15 - 3P = 2P$$

则 $P = 3, D = S = 6$

即均衡价格为 3，均衡数量为 6。

我们可以用图 1-2 来表示该模型。

这种简单的均衡价格模型表明了某种商品的买者与卖者的行为情况：价格越高，买者愿意购买量越小，卖者愿意出售量越大；当愿意购买的商品量与愿意出售的商品量相等时，价格便不再变动，换句话说，当价格不再变动，成交商品量便被确定下来。这个模型还可以帮助人们预言：一切倾向于减少供给的行为，都会引起物

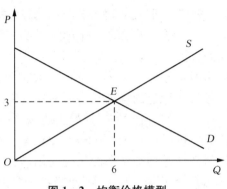

图 1-2　均衡价格模型

价的提高和交易量的减少；一切倾向于减少需求的行为都会引起物价的降低和交易量的减少。

三、最优化分析与均衡分析

微观经济学所采用的分析工具，主要是最优化（Optimization）和均衡分析（Equilibrium）。这两件工具正好用来解决微观经济学的两类基本问题：经济个体的理性行为或决策行为，以及它们之间的相互作用和相互关系。前者是优化问题，后者是均衡问题。

一块农田，用来种小麦还是种棉花？一位学生高中毕业后，是上大学还是直接参加工作？在价格双轨制下，一个工厂究竟是付高价从议价市场得到供应，还是设法从计划渠道得到供应？这些都是经济个体所面临的决策问题，即从各种可能中选择达到某一目标的最佳行为，因此要借助于最优化理论。经济个体所面临的决策问题都可以抽象为有约束条件的优化问题。消费者在收入约束条件下最大化其满足程度；在市场经济中，企业在市场条件的约束下追求最大利润。

另一类是均衡问题：给定今年小麦、棉花的种植面积，到收获时小麦和棉花的价格将是多少？如果越来越多的高中毕业生想考大学，那么，录取分数线将提高还是降低？这里所要解决的问题是：经济个体各自在作最优决策时，他们之间是如何互相影响、互相约束而达到一定的平衡的。

在微观经济分析中，市场均衡可以分为局部均衡（Partial Equilibrium）和一般均衡（General Equilibrium）。局部均衡是就单个市场或部分市场的供求与价格之间的关系和均衡状态进行分析。比如，马歇尔的均衡价格论就是所谓的局部均衡分析方法。它假定某一商品或生产要素的价格只取决于该商

☞ **局部均衡**
是就单个市场或部分市场的供求与价格之间的关系和均衡状态进行分析。

☞ **一般均衡**
假定各种商品的供求和价格都是相互影响的，一个市场的均衡只有在其他所有市场都达到均衡的情况下才能实现。

品或生产要素本身的供求状况,也就是说,它只关注一个市场上的均衡及影响均衡的各种因素。一般均衡是就一个经济社会中所有市场的供求与价格之间的关系和均衡状态进行分析。一般均衡假定各种商品的供求和价格都是相互影响的,一个市场的均衡只有在其他所有市场都达到均衡的情况下才能实现。一般均衡方法是法国经济学家瓦尔拉斯(Walras)首创的。

四、静态分析、比较静态分析和动态分析

经济学所采用的分析方法,从另一角度看,又可分为静态、比较静态和动态分析。

静态分析(Static Analysis)就是分析经济现象的均衡状态以及有关的经济变量达到均衡状态所需要具备的条件,它完全抽掉了时间因素和具体变动的过程,是一种静止地孤立地考察某些经济现象的方法。比较静态分析(Comparative Static Analysis)就是分析在已知条件发生变化以后经济现象均衡状态的相应变化,以及有关的经济总量在达到新的均衡状态时的相应的变化,即对经济现象有关经济变量一次变动(而不是连续变动)的前后进行比较。也就是比较一个经济变动过程的起点和终点,而不涉及转变期间和具体变动过程本身的情况,实际上只是对两种既定的自变量和它们各自相应的因变量的均衡值加以比较。动态分析(Dynamic Analysis)则对经济变动的实际过程进行分析,其中包括分析有关的经济总量在一定时间过程中的变动,这些经济总量在变动过程中的相互影响和彼此制约的关系,以及它们在每一时点上变动的速率等等。这种分析考察时间因素的影响,并把经济现象的变化当作一个连续的过程来看待。

在微观经济学中,无论是个别市场的供求均衡分析,还是个别厂商的价格、产量均衡分析,都采用静态和比较静态分析方法。动态分析在微观经济学中进展不大,只在蛛网定理(Cobweb Theorem)这类研究中,在局部均衡的基础上采用了动态分析方法。在宏观经济学中,则主要采用的是比较静态和动态分析方法。凯恩斯在《就业、利息和货币通论》一书中采用的主要是比较静态分析方法。而其后继者们在发展凯恩斯经济理论方面的贡献,主要是长期化和动态化方面的研究,如经济增长理论和经济周期理论。

五、规范分析和实证分析

规范分析(Normative Analysis)和实证分析(Positive Analysis)是经济学家分析经济问题的两种分析方法。相应的,经济学理论划分为规范经济学和实证经济学。规范经济学,是以一定的价值判断为基础,提出某些准则,作为判断经济事物的好坏以及制定经济政策的依据。简单地说,规范经济学所牵涉到的是"好"或者"坏"的问题,而区分好坏又必须是从一定的社会价值判断标准出发的,它力求说明的是"应该是什么"的问题。而实证经济学则企图超脱或者排斥一切的价值判断,只考虑建立经济事物之间

☞ **比较静态分析**
就是分析在已知条件发生变化以后经济现象均衡状态的相应变化,以及有关的经济总量在达到新的均衡状态时的相应的变化,即对经济现象有关经济变量一次变动(而不是连续变动)的前后进行比较。

☞ **规范分析**
以一定的价值判断为基础,提出某些准则,作为判断经济事物的好坏以及制定经济政策的依据。

的关系,并在这些规律的作用下,分析和预测人们经济行为的结果。简单地说,实证经济学所要回答的是"是什么"的问题。下面的例子可以说明现代经济学中这两种不同的研究态度。实证经济学研究一个国家的教育经费的来源及其分配、使用,并估算教育对国民经济发展的贡献。它还可以分析,如果教育经费增加,将如何改变教师、学生的行为,并测算这一措施的社会成本和社会效益。但如果某经济学家提出教育经费应该增加或缩减,那他是在进行规范分析。当经济学家主张或倡导某一经济政策时,他(她)自觉或不自觉地、公开地或隐藏地在表达自己的价值观念。

实证分析
超脱或者排斥一切的价值判断,只考虑建立经济事物之间的关系,并在这些规律的作用下,分析和预测人们经济行为的结果。

规范分析和实证分析其实是无法分割的。首先,规范分析并不能独立于实证分析。凡经济学家倡导、赞同或反对某一经济政策,其论据都来自对该政策的实证分析。尽管不同的经济学家可以强调不同的侧面,因而对同一政策有不同的主张,但他们的结论,一般都是运用普遍接受的实证经济理论,通过对政策的社会经济效益的分析比较而得出的。另一方面,经济学家在分析、寻求经济活动的客观规律时,不可避免地受到其个人的经济地位、价值观念等等的影响。他们的价值判断会不自觉地在实证分析中产生影响。另外,经济学家在做实证研究时,可能不恰当地强调支持其规范主张的实证结论,而对与其规范主张相抵触的实证结论则轻描淡写。

重要问题2　经济学的研究方法有哪些?

如上所述,经济学的基本研究方法有:采用经济模型;总量分析与个量分析;优化分析与均衡分析;静态分析、比较静态分析和动态分析;规范分析和实证分析等。

第三节　经济学的发展脉络

重要问题

17世纪以来经济学主要发展线索如何?

第一个称得上经济学说的是16—17世纪的重商主义。它认为只有商业才是生产,利润来自流通过程,金银货币是财富的唯一形式,主张国家干预经济,实行对外扩张政策,通过多卖少买、贵卖贱买增加国家财富。1615

世界上最权威的经济学网络资源列表

http://rfe.wustl.edu/EconFAQ.html

供经济学家使用的网上经济学资源。这个由 Bill Goffe 建立、美国经济学会赞助的网页，大概是目前对互联网上经济学资源的最佳分类索引。基本项目包括以下各类：新闻传媒(有关经济学，下同)、学术会议、组织协会、顾问咨询、经济预测、数据、学术交流、经济学系或研究院、应用软件、教学材料、职位、资助及学术建议、论坛、邮件列表、词典、词汇及百科全书、经济学家、其他网上索引等。

经济思想史网站

http://socserv2.socsci.mcmaster.ca/~econ/ugcm/3113

历史上最著名和最有影响的经济学家的著作、对这些著作及其作者的研究等。

年，重商主义者蒙克莱田(A. Montchrestien)发表《献给国王和王后的政治经济学概论》，表明经济理论已从研究家产管理扩展到国家财富，成为政治经济学。但是，实行重商主义政策使农业极度衰落。于是 18 世纪的法国又出现重农主义。它将资本主义生产方式的研究从流通领域转入生产领域，认为只有农业才是生产，地租是剩余价值的唯一形式。重农主义反对重商主义的国家干预政策，主张自由放任，"让商品像空气一样在欧洲自由流动"。

1776 年，英国的亚当·斯密(A. Smith)发展配第(W. Petty)创立的劳动价值论，指出一切创造剩余价值的生产劳动都创造国民财富。他集古典政治经济学之大成，发表了《国民财富的性质和原因的研究》(简称《国富论》)。《国富论》从人类利己心出发，以经济自由为中心思想，以国民财富为研究对象，建立了政治经济学的完整理论体系，成为西方经济学的鼻祖，并使经济学第一次成为独立的学科。

在斯密的劳动价值论中，对商品的"真实价格"给出相互矛盾的多元定义：耗费的劳动、销售的收入、换得的劳动，从而导致古典政治经济学的分裂。李嘉图(D. Ricardo)发展耗费劳动说，提出"剩余价值"说，萨伊(J. B. Say)利用销售收入说，提出劳动、资本、土地"三位一体"，马尔萨斯(T. B. Malthus)则利用换得劳动说，提出"有效需求"说。1848 年，约翰·穆勒(J. Mill)对斯密以后的各种经济思想再度进行综合，发表《政治经济学原理》，成为西方 19 世纪下半叶正统经济学教科书。

从 19 世纪 70 年代到 20 世纪 30 年代，边际效用学派掀起一场"边际革命"。杰文斯(W. S. Jevons)认为，经济学不过是"快乐和痛苦的微积分"。瓦尔拉斯(M. Walras)则从各种商品价格相互依赖和相互制约出发，提出一般均衡理论。他们的共同特点都是，以主观价值论代替劳动价值论，说明资本主义可以自动协调，永恒发展。1890 年，马歇尔(A. Marshall)在综合这些理论的基础上形成均衡价格论，发表《经济学原理》，通称新古典学派(Neo-classical School)。这是西方经济思想史上的第二次综合和第二本通用教材。

1929—1933 年席卷西方世界的空前经济危机，彻底粉碎了资本主义通过自由竞争可以协调发展的神话，开始了"凯恩斯革命"。1936 年，英国的凯恩斯(J. M. Keyensian)根据马尔萨斯的有效需求理论和罗斯福的新政经验，发表《就业、利息和货币通论》(简称《通论》)。他根据大萧条的实际情况，指出有效需求不足，必须实行国家干预。二次大战以后，西方各国普遍奉行凯恩斯的国家干预政策，取得战后繁荣，通称"凯恩斯主义的黄金时代"。

1948 年，美国萨缪尔森(P. A. Samuelson)将凯恩斯经济学与新古典经济学结合在一起，出版《经济学》，号称经济学的"百科全书"，通称新古典综合学派(Neo-classical Synthesis School)。这是西方经济思想史上的第三次综合和第三本通用教材。

及至 20 世纪 60 年代末到 70 年代初,西方国家出现严重的滞胀局面,即严重失业与通货膨胀并存。由于新古典综合学派拿不出令人满意的理论说明和有效对策,反对国家干预的新自由主义各学派纷纷崛起。货币学派主张,用稳定增长的货币政策代替新古典综合学派见机行事的财政政策;供给学派认为,总需求管理破坏生产积极性,只有增加总供给才能解决滞胀问题;理性预期学派则断言,具有理性的人们会对任何经济变动做出符合实际的预期,使政府的政策变得无效,甚至有害。因此,当代西方经济学形成以新古典综合派为首的新凯恩斯主义(New Keynesianism)与以理性预期学派为首的新古典主义(New Classicism)两大营垒,争论的焦点是国家干预与反国家干预。

诺贝尔经济学奖官方网站
http://www.nobel.se/economics/index.html
提供获奖经济学家的介绍、演讲、相关主题链接,是了解现代经济学最新进展的最佳网站。

 重要问题 17 世纪以来经济学主要发展线索如何?

以重商主义为代表的经济学萌芽,在亚当·斯密手中成为了一门独立的学科,后来经过马歇尔、凯恩斯等人的贡献,现代经济学已经成为内容丰富、发展迅速、存在着诸多争议的显学。

 参考资料 当代经济研究方法的几个趋势

20 世纪经济学的长足发展,还集中体现在其研究方法和研究角度的巨大变化方面。分析方法的变化带来的是经济学研究深度的推进和广度的拓展。可以说,20 世纪经济学之所以产生诸多"革命"和理论创新,在很大程度上得益于其研究方法和角度的巨大变化。研究方法的演变甚至在某种意义上体现了经济学的发展脉络。举其要者,研究方法的变化可归纳为以下几个趋势。

1. 证伪主义的普遍化趋势

布劳格在其《经济学方法论》中将 20 世纪经济学方法的演变历史归纳为一句话:"证伪主义者,整个 20 世纪的故事"。发生于 19 世纪的证伪主义与实证主义的较量,同样贯穿于 20 世纪经济学发展的始终。实证主义在被现实世界"证实"之后,证伪主义出来用事实和理论推导提出质疑,以此推动了经济学的发展。

2. 假定条件的多样化趋势

为了重建和发展他们自己的理论以反对和解释来自对方的理论,经济学家们不得不或放宽假设,或修改前提,或一反传统逆向假定,以构建和拓宽其研究领域。例如,"经济人"的假定是新古典经济学的研究基础,是新古典微观经济学的核心,也是新古典宏观经济学

经济学前沿
http://www.hutc.zj.cn/jjxqy
介绍经济学前沿理论,信息经济学、制度经济学、博弈论、产权经济学等。

Web 上的经济学家

http://eclab.ch.pdx.edu/ecwww

这里搜集了全世界很多经济学家的个人主页地址，是了解经济学家的成果、与经济学家交流的好去处。

的基石之一，在数百年的发展过程中得到了不断的完善和充实，在经济学中占据了主流位置。可是，在20世纪百年中，"经济人"的假定条件也被不断地修改和拓展，甚至批评和攻击。例如，西蒙认为经济人的计算能力是"有限理性"的，行为者无法在多种可能的选择中做出最终选择。贝克尔拓展了"经济人"的假设，认为个人效用函数中具有利他主义的因素，这才是人类行为的一般性。公共选择学派提出的挑战是，"经济人"在追求个人利益最大化时，并不能得出集体利益最大化的结论，"阿罗定理"即可说明个人福利的简单加总不一定与社会福利一致。新制度主义对"经济人"假定的修改则更为宽泛，认为这个假定过于"简单化"，因为除了物质经济利益以外，人还有追求安全、自尊、情感、地位等社会性的需要。

3. 分析工具的数理化趋势

经济学与数学的结合本来不是始于20世纪，但是战后以来，数学在经济学中的应用是如此的专门化、技术化、职业化，甚至到了登峰造极的程度，却实实在在发生在20世纪，从而使经济学这个大厦更严密，表达更准确，思维更成熟。数学化成为经济学发展的主流趋势，主要表现在以下三个方面：

第一，计量经济学的崛起。"计量经济学"一词是挪威经济学家拉格·弗里希于20世纪20年代创造的，后来，库普曼、克莱因、迪鲁布等做出了巨大的贡献，尤其是诺贝尔奖获得者克莱因从50年代开始提出最早的宏观经济计量模型，为宏观经济研究开辟了新的视野。此后随着大型计算机的诞生和使用，经济结构的各种参数得以推算出来，为制定政策提供了依据。需要指出的是，克莱因教授自80年代以来多次来到中国，在国家有关部门的支持下，为我国培养了第一批计量经济研究人才。第一代计量经济学家的数理贡献在经济学方法论体系的整体性、严密性和形式化等方面发挥的巨大作用主要体现在"宏观"经济研究方面，而在"微观"经济研究方面进行的开创性探索是从贝克尔开始的，他将经济计量原则首次引入原来无法以数学来计量的领域，如爱情、利他主义、慈善和宗教虔诚等，并获得了巨大成功。但这只具有局部的意义，可以这样说，对于此前的计量经济学，我们称之为"宏观计量经济学"似乎更为恰如其分——宏观计量的分析方法是对20世纪经济学的最大贡献之一。幸运的是，在20世纪的最后一年即2000年的10月11日，瑞典皇家科学院宣布：2000年度诺贝尔经济学奖正式授予美国的詹姆斯·海克曼和丹尼尔·麦克法登教授，以表彰他们在微观计量经济领域的贡献。可以说这是"微观计量经济学"正式诞生的标志。微观计量经济学可以在个人层面上对许多新的问题进行经验性研究，例如是什么因素决定人们去工作，什么因素决定工作时间的长短，经济激励效应如何影响人们对教育、职业和居住地进行选择,不同的劳动力市场和教育计划对个人收入和就业会产生什么样的效应,等等。

第二,统计学在经济学中的大规模运用。计量经济学之所以在20世纪得到了长足的发展并成为经济学中一个极富魅力的分支,首先得益于统计学在经济学中的广泛使用,并最终成为构建计量经济学体系的一个重要基础。例如,弗里德曼的《1867—1960年美国货币史》就是成功运用统计分析的一部经典性著作,他通过一系列的数据统计分析,得出了货币实际数量的长期变化和实际收入的长期变化之间具有一种密切的相关性的结论,从而构建了弗氏的货币数量说。

第三,博弈论的引进。作为一个崭新的研究方法,博弈论的应用范围已延伸至政治、军事、外交、国际关系和犯罪学等学科,但其在经济学中的应用最为成功。进入80年代以来,博弈论逐渐成为主流经济学的一部分,甚或可以说已成为微观经济学的基础,还有人试图以博弈论语言重建整个微观经济学。博弈论研究的内容主要是决策主体的行为发生直接相互作用时的决策以及该决策的均衡问题。借助于博弈论这一强有力的分析工具,"机制设计"、"委托—代理"、"契约理论"等已被推向当代经济学的前沿。

西方许多经济学家对滥用数学的现象也进行了激烈的抨击。20世纪60年代被称之为"奇怪的60年代",因为数学模型的"图腾"崇拜现象广为流行,甚至出现了"没有理论的经济计量"和"与理论相矛盾的经济计量"趋势,"其中竟有按照特定的意识和愿望来编造经济理论和经济计量";对此,里昂惕夫很不以为然,在分析了1972—1981年间发表在《美国经济评论》上各种文章的类型之后,给美国《科学》杂志写了一封信,指出"专业经济学杂志中数学公式连篇累牍,引导读者从一系列多少有点道理但却完全武断的假设走向陈述精确而却又不切实际的结论"。

4. 研究领域的非经济化趋势

经济学方法论的演进与肯定并非完全建立在对前一种方法或另一种方法的否定之上,而更多的是随着时代主题和研究角度的变化、随着个人兴趣和专业特长的不同而愈加显示出重要性和独特性。20世纪经济学的演变中出现的一个十分引人注目的现象是,其研究领域与范围开始逐渐超出了传统经济学的分析范畴,经济分析的对象扩大到几乎所有人类行为,小至生育、婚姻、离婚、家庭、犯罪等,大至国家政治、投票选举、制度分析等。对于经济学研究领域的这种帝国式的"侵略"与扩张,有人称之为"经济学帝国主义"。

5. 学科交叉的边缘化趋势

在20世纪经济学的工具箱里,不仅保留了上个世纪留下来的一

世界各大学经济学系

http://castle.uvic.ca/econ/depts.html 包括美国和非美国的大学。按国家、学校排列。经常浏览世界著名大学的经济学系网站也是了解经济学最新进展的好方法。

些非经济要素、时间、社会心理等,而且,还引入了技术、信息等诸多新要素,使"技术"成了新宠,"信息"成为热点,从而使经济学越来越从科学技术与社会进步相互关系的角度得到全面的发展。还须指出的是,随着经济学认识领域的拓宽和方法论的多元化,经济学与其他学科的交流和相互渗透得以大大加深,大量非经济学概念的引入使得当今的经济学与百年前相比已面目全非。面对物理学、生物学等自然科学的挑战和哲学、精神分析学等人文社会科学诸多学派的"侵入",经济学的大家族中又派生出许多交叉学科和边缘学派,例如,混沌经济学、不确定经济学、行为经济学、法律经济学、实验经济学……它们百花争鸣,相得益彰,成为20世纪经济学的一大景观。

——改编自郑秉文"20世纪西方经济学发展历程回眸",《中国社会科学》,2001年3月。

本章小结

1. 经济学研究如何有效地利用可供各种选择的有限资源,以求人类现在和将来无限欲望的最大满足。经济学是建立在理性人和资源的稀缺性两大基本假定的基础上的。

2. 经济思维的显著特点是成本与收益的分析。

3. 经济学可分为微观经济学和宏观经济学两大分支。微观经济学研究个体经济行为的决策,宏观经济学研究总体经济运行。

4. 经济学比较重要的研究方法有最优化、比较静态、实证分析与规范分析等。

5. 经济学从重商主义发源,亚当·斯密使之成为独立学科,经历300年的发展,已经从利润的研究扩展到研究人类行为的各个方面。

本章练习题

1. 如何理解经济资源的稀缺性?
2. "经济思维"的含义是什么?回想你平时在做决定时有没有用到经济思维。
3. 微观经济学和宏观经济学的关系是什么?
4. 经济学中均衡的含义是什么?
5. 讨论:谈谈你对"理性人"假定的认识。

网络学习导引

http://time.dufe.edu.cn

"经济时空"是一个适合初学者的经济学资源网站,提供丰富的经济学文章及各种网络资源链接。进入其中的"学术讲座视频"栏目,观看华人经济学家钱颖一教授的讲座《理解现代经济学》，以及李京文院士的讲座《中国经济形势分析与展望》，结合本章内容谈谈你是如何理解现代经济学以及经济学在当代中国的应用。

第二章

微观经济学的基础分析工具：需求与供给

学习目标
- 理解需求和需求的变动
- 理解供给和供给的变动
- 熟练掌握均衡价格理论，并进行运用
- 运用弹性理论分析需求和供给

基本概念
　　需求　供给　需求法则　供给法则　供求定理　弹性

参考资料
- 你发现需求法则的漏洞了吗？
- 黄金的向后弯曲的供给曲线
- 苹果与阿尔钦—艾伦定理

经济学界有一句名言：一只鹦鹉只要学会说"需求与供给"就可以成为一名经济学家。需求与供给理论是微观经济学的基本理论，不了解需求与供给就不了解经济学。上一章提到，微观经济学的中心问题是价格理论，而价格又是由供给与需求决定的。因此，不研究供给与需求，就无法探讨微观经济学问题。本章从需求、供给的分析入手，讨论市场均衡价格的决定过程，并对弹性理论做了较为全面的介绍。

网络资源
http://usda.mannlib.cornell.edu/reports/waobr/wasde-bb/
看看美国农业部是如何估计世界农产品的需求和供给的。

第一节　需求和需求的变动

重要问题

1. 影响需求的因素有哪些？
2. 需求的变动和需求量的变动有何区别？

一、需求和需求函数

一种商品或劳务的需求是指消费者在一定时期内在各种可能的价格下愿意而且能够购买的该商品或劳务的数量。在这里，要明确：(1)它是消费者愿意购买的该商品或劳务的数量，而不是指他实际购买的数量，实际购买多少，还得取决于市场上确立的销售价格；(2)它是有支付能力的需求，因而不同于人类的无限欲望，需求由欲望而产生，但欲望不等于需求，需求是欲望与支付能力的统一；(3)这种需求的大小，总是同一定的价格相联系的，是与一定价格相应的人们愿意并且有能力购买的数量，因为在影响需求量的其他因素既定不变的条件下，一种商品的价格越高人们愿意购买的数量越少，价格越低人们愿意购买的数量越多。

除了价格之外，还有一些因素也对市场需求起着重要作用，主要有以下几项。

1. 消费者的偏好

偏好既与消费者的个人爱好和个性有关，也与整个社会风俗、时尚有关。例如，年轻人对流行时装、音乐唱片有较大的需求，而上了年纪的人则很少购买这些商品。一个消费者对某种商品的需求增加后，即使价格不变，需求量也会增加。

2. 消费者的收入

一般说来，收入与需求是正相关的，即别的条件不变的情况下，收入越高，对商品的需求越多，这是因为较高的收入代表了较高的购买能力和支付能力，而需求是受支付能力的约束的。特别地，对一部分劣等商品而言，随着收入水平的提高，对它们的需求反而下降。一些较低档的日用消费品如化纤服装、黑白电视机等，在城镇居民收入有较大提高时，其需求就会下降。

☞需求
经济学上的需求指消费者在一定时期内在各种可能的价格下愿意而且能够购买的该商品或劳务的数量。

☞ **替代品**
在消费中相当程度上可互相代替的商品,如猪肉与牛肉、可口可乐与百事可乐等。

☞ **互补品**
指在生活中经常一起消费的物品,如镜架与镜片。

☞ **需求函数**
表达需求量和影响需求量的因素之间的依存关系的函数式。

3. 相关商品的价格

需求不仅取决于商品自身的价格,也在相当程度上受其他商品价格的影响。在其他商品中,有两类商品的价格影响最大。一是替代品,即在消费中相当程度上可互相代替的商品,如猪肉与牛肉、可口可乐与百事可乐等。一般说来,某种商品的替代品价格越高,就显得这种商品相对便宜,因而对这种商品的需求会增加;反之,则相反。例如,如果猪肉的价格上涨,牛肉的价格相对猪肉来说会显得较为便宜,人们就会用牛肉替代猪肉,从而增加对牛肉的需求。二是互补品,指在生活中经常一起消费的物品,如镜架与镜片、汽车与汽油、录音机与磁带等,若汽油价格提高,使用汽车就会变得昂贵,因而对汽车的需求会下降。因此,当某种商品的互补品价格上涨时,这种商品的需求也会随之减少。

4. 对未来的预期

如果人们估计某些影响需求的因素将发生变化,如收入将增加、价格将上升等等,就会及时调整消费,从而影响当期的需求。例如,当人们预计某商品要涨价,就会去抢购该商品,引起对该商品需求增加。

如果把影响需求量的所有因素作为自变量,把需求量作为因变量,则可以用函数关系来表达需求量和这些影响需求量的因素之间的依存关系,这种函数称为需求函数。综合以上各因素,需求函数可表达为

$$Q_d = f(P, T, Y, P_r, E)$$

其中,Q_d 代表某种商品的需求量,P 代表价格,T 代表偏好(Taste),Y 代表收入,P_r 代表相关商品的价格,E 代表对未来的预期。

为了简化分析,我们假定其他条件保持不变,仅分析一种商品的价格变化对该种商品需求量的影响,即把一种商品的需求量仅仅看成是这种商品的价格的函数,于是,需求函数就可以用下式表示

$$Q_d = f(P)$$

其中,Q_d 代表商品的需求量,P 代表价格。

重要问题 1　影响需求的因素有哪些?

商品的价格是影响需求的重要因素,但不是唯一因素。除价格外,消费者的偏好、收入,相关商品的价格,以及消费者对未来的预期等都对商品的需求构成影响。通常,我们是在假定其他影响因素不变的情况下,分析价格与需求的关系。

二、需求表、需求曲线和需求法则

上面的简化需求函数表示了商品的需求量和价格之间存在的一一对

应关系。这种对应关系还可以分别用商品的需求表和需求曲线来加以表示。商品的需求表是描述在每一可能的价格下商品需求量的列表。表2-1是某商品的需求表。

表2-1　某商品的需求表

价　格　（元）	需　求　量
3	1 200
4	1 000
5	800
6	600
7	400

商品的需求曲线是根据需求表中商品的价格—需求量的组合在平面坐标图上所绘制的一条曲线。图2-1是根据表2-1所绘制的一条需求曲线。在图2-1中，横轴OQ表示商品的数量，纵轴OP表示商品的价格。

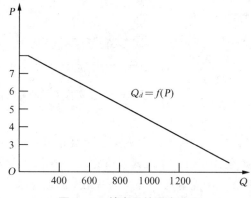

图2-1　某商品的需求曲线

建立在需求函数基础上的需求表和需求曲线，都反映了商品的价格变动和需求量变动两者之间的关系。从表2-1可见，商品的需求量随着商品价格的上升而减少。相应地，在图2-1中的需求曲线具有一个明显的特征，它是向右下方倾斜的，即它的斜率为负值。它们表示商品的价格和需求量之间成反方向变动的关系。也就是说，在影响需求的其他因素不变的情况下，某一商品的价格下降，需求量就增加；而商品的价格上升，该商品的需求量就减少。这就是所谓的需求法则。

☞需求法则
又称需求规律，指在影响需求的其他因素不变的情况下，某一商品的价格下降，需求量就增加；而商品的价格上升，该商品的需求量就减少。

参考资料　你发现需求法则的漏洞了吗？

　　需求规律表明一种产品的价格提高，人们对它的购买量会减少。出版商伊米利·可瑞尔先生发行了1 000份投资报告，每份售价10美元，仅售出了一小部分。可瑞尔先生决定将这份报告重新编制成特殊的行政报告,并且当作稀缺商品将每份价格提高到100美元。令人惊异的是出版商销售出了所有报告。难道可瑞尔先生发现了需求规律的漏洞了吗?

答案是否定的。应当注意到,在建立向下倾斜的需求曲线时用到了几个关键的假设,经济学家将这些假设称为"其他情况都相同"。这些假设包括:收入不变,偏好保持不变,商品无差异。

第三个假设就是疑问出现的地方。出版商没有改变这份投资报告本身的内容(仍然是同一篇报告),他只是进行广告促销,将报告改称为唯一的"行政"报告,从而改变了商品外在的东西。因此,购买者认为这份"行政"报告与早期出版的那份报告不同,并且新报告比原来的好。伊米利·可瑞尔这个市场天才创造了一条新的需求曲线,大体上位于原来那份报告的需求曲线的右边,因此这份"新"的投资报告在每一价格水平上售出的数量更多,这点可以从图2-2中看出。

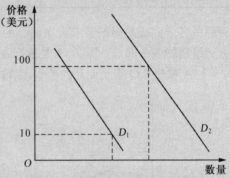

图2-2　投资报告的新需求曲线 D_2

所以,我们可以看出,可瑞尔先生富于创造力的措施并没有否定需求定律,而是充分利用了需求的所有方面。我们敢大胆地推测,如果出版商可瑞尔先生使用同样的广告手段,但每份报告定价200美元,那么他获得的回报会少于每份定价100美元时的回报。

——改编自马克·斯考森"具有正斜率的需求曲线",《经济学的困惑与悖论》,华夏出版社,2001年。

> **网络资源**
> http://www.shirky.com/writings/freepc.html
> 一个关于经济学及文化的网络写作个人网站。看看Shirky是如何分析"免费电脑"的。

三、需求量的变动和需求的变动

上面谈到的需求量的变动,指的是在影响需求的其他因素给定条件下,需求量随价格反方向变化。商品本身价格变动所引起的需求量的变化,称为需求量的变动。在这种情况下,需求量随着价格的变化在同一条需求曲线上移动,例如在图2-3(a)中,在需求曲线 D_0 上,由 B 点移动到 C 点表示需求量的增加,由 B 点移动到 A 点表示需求量的减少。

但是,需求数量的变动,还可以有另外一种原因。现在假设消费者的收入提高,影响需求的其他因素如偏好等不变。人们会发现,与任一价格相应的需求量都较前增加(或者与购买任一数量的商品相对应,人们愿意支付的价格比以前高),这表现为需求曲线向右上方移动。当商品本身的价格不变时,由于其他因素的变动引起的需求量的变化,称为需求的变动。

需求的变动在图形上表现为整条曲线的移动。如图2-3(b)所示,在价格 P_0 保持不变的情况下,由于某种因素(如偏好增加或收入增加)使原来的需求曲线 D_0 右移至 D_2,这表示需求增加;需求曲线从 D_0 左移至 D_1,这表示需求减少。

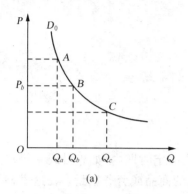 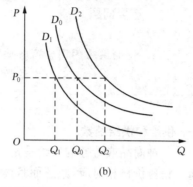

图2-3 需求的变动和需求量的变动

 重要问题2 需求的变动和需求量的变动有何区别?

商品本身价格变动所引起的需求量的变化,称为需求量的变动。在这种情况下,需求量随着价格的变化在同一条需求曲线上移动。当商品本身的价格不变时,由于其他因素的变动引起的需求量的变化,称为需求的变动。需求的变动在图形上表现为整条曲线的移动。

四、个别需求与市场需求

单个消费者对某种产品的需求,这是个别需求;市场上所有消费者对某种产品的需求,被称为市场需求。市场需求是个别需求的加总。例如,当市场只存在两个消费者时,如果价格为1元时,A消费者的需求数量为3个产品,B消费者的需求数量为4个产品,则该产品在价格为1元时的市场需求为7个产品。从图形上看,市场需求是通过个别需求曲线的加总来推导出来,这体现在对个别需求进行横向的加总,如图2-4所示。

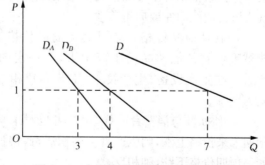

图2-4 个别需求曲线与市场需求曲线

第二节 供给和供给的变动

重要问题
1. 影响供给的因素有哪些？
2. 供给量的变动和供给的变动有何区别？

一、供给和供给函数

☞ **供给**
经济学上，一种商品或劳务的供给是指生产者在一定时期内(如一月或一年)与每一销售价格相对应，愿意而且能够供应的商品或劳务数量。

一种商品或劳务的供给是指生产者在一定时期内(如一月或一年)与每一销售价格相对应，愿意而且能够供应的商品或劳务数量。在这里，要明确：(1)作为经济学中所述的供给，必须是出售愿望与供给能力的统一，如果只有供给能力而无出售愿望，那就不形成实际的供给。生产者提供的产品，可以是当期新生产出的产品，也可以是存货。(2)供给这个概念涉及两个变量：商品的价格及与该价格相对应的供给量。因此，供给实际上反映了厂商的供给量与商品价格这两个变量之间的关系。一般说来，价格越高，生产者的供给量越大。

除了价格这个主要的影响因素外，还有一些因素也对市场需求起着重要作用，主要有以下几项：

1. 技术状况和管理水平。技术进步和管理水平的提高，通常会带来生产成本的降低或产量的提高，因此与任一供应量相对应，生产者的要价降低了，这等价于在每一价格下，生产者愿供给更多的数量，表现为供给曲线向右或向外移动。

2. 生产要素的价格。生产要素价格的变化会直接影响到商品的生产成本。在其他条件不变的情况下，要素价格上升，生产者的要价会提高，表现为供给曲线向左或向里移动。

3. 其他商品价格。如果其他商品价格上升了，那么，生产者很可能被吸引到其他商品的生产中去，在一定的价格下，会减少原商品的产量。在生产设备、生产技术、工艺大致相近的商品之间，这种替代性尤为明显。

4. 预期。与消费者一样，生产者也对未来的市场价格有预期。如果预期未来价格上涨，则生产者会囤积居奇，待价而沽，尽量减少现时供给；如果预期价格下跌，则相反。

5. 政府税收。政府税收直接影响生产成本，如果税收增加，则事实上使产品成本提高，在相同的价格下供给量会减少，也就是说供给曲线向左移动。政府补贴的作用正好相反。

如果把影响供给量的所有因素作为自变量，把供给量作为因变量，则可以用函数关系来表达供给量和这些影响供给量的因素之间的依存关系,这种函数称为供给函数。综合以上各因素,供给函数可表达为：

$$Q_s = f(P, P_i, P_j, a, E, T)$$

其中,Q_s 代表某种商品的需求量,P 代表该商品的价格,P_i 代表其他商品的价格,P_j 代表生产要素的价格,a 代表生产技术、管理水平,E 代表对未来的预期,T 代表税收。

为了简化分析,我们假定其他条件保持不变,仅分析一种商品的价格变化对该种商品需求量的影响,即把一种商品的供给量仅仅看成是这种商品的价格的函数,于是,供给函数就可以用下式表示

$$Q_s = f(P)$$

其中,Q_s 代表商品的需求量,P 代表价格。

> **重要问题 1　影响供给的因素有哪些？**
>
> 　　商品的价格是影响供给的重要因素,但不是唯一因素。除价格外,技术状况和管理水平、生产要素的价格、其他商品价格、对价格的预期以及政府税收等都对商品的供给构成影响。通常,我们是在假定其他影响因素不变的情况下,分析价格与供给的关系。

> **☞供给函数**
> 表达供给量和这些影响供给量的因素之间的依存关系的函数式。

二、供给表、供给曲线和供给法则

供给函数 $Q_s = f(P)$ 表示一种商品的供给量和商品价格之间存在着一一对应的关系,它可以用供给表和供给曲线来表示。商品的供给表,是一张表示在每一可能的价格下商品的供给数量的列表。表 2-2 就是一张某商品的供给表。

表 2-2　某商品的供给表

价格(元)	供　给　量
4	400
5	600
6	800
7	1 000
8	1 200

商品的供给曲线是根据供给表中反映的商品价格与供给量的关系在平面坐标图上所绘制的一条曲线。图 2-5 便是根据表 2-2 所绘制的一条供给曲线。图中的横轴 OQ 表示商品数量,纵轴 OP 表示商品价格。该曲线表示在不同的价格水平下生产者愿意而且能够提供的商品数量。

30 微观经济学

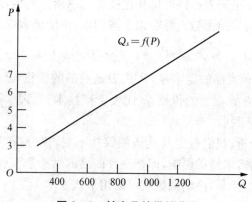

图 2-5 某商品的供给曲线

☞ **供给法则**
又称供给规律,指在其他条件不变的情况下,某一商品的价格越低,这个商品的供给量就越小;而商品的价格越高,该商品的供给量就越大。

建立在供给函数基础上的供给表和供给曲线,都反映了商品的价格变动和供给量变动两者之间的关系。从表 2-2 可以看出,商品的供给量随着商品价格的上升而增加。相应地,在图 2-5 中,供给曲线具有一个明显的特征,它是向右上方倾斜的,即它的斜率为正值。它们都表示商品的价格和供给量之间成同方向变动的关系。也就是说,在其他条件不变的情况下,某一商品的价格越低,这个商品的供给量就越小;而商品的价格越高,该商品的供给量就越大。这就是所谓的供给法则。

📄 **参考资料 黄金的向后弯曲的供给曲线**

供给法则告诉我们,随着商品价格的提高,商品供给量就会增加,也就是说,供给曲线的斜率为正。有没有例外呢?现实中发生了这样的情况。20 世纪 70 年代,采矿公司减少黄金产量时,金价暴涨。70 年代黄金产量确实下降了。而当 80 年代金价下跌时,黄金产量实际上增加了。也就是说,黄金的供给曲线是向后弯曲的。如何对这种现象进行合理解释呢?

对这个难题的解决现在清晰了,黄金的向后弯曲的供给曲线表示了黄金的短期供给曲线,它的长期供给曲线斜率依然为正,即正常情况,如图 2-6 所示。因此预期未来金价的上升将资源由当前生产移至将来生产的影响就是用黄金产

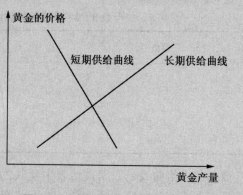

图 2-6 黄金的短期和长期供给曲线

量的短期减少来换取金产量的长期增加。金价的上升鼓励矿业公

司勘探开发新矿藏,而这些矿藏将来会生产更多的黄金。事实上,这就是实际发生的情况。20世纪70年代,当金价由一盎司35美元暴涨为一盎司超过800美元时,各地都在开采新矿,80年代,新矿最终开始生产黄金。到80年代金价开始回落时,新黄金如潮涌来,持续了整个80年代和90年代。

三、供给量的变动和供给的变动

类似于以上关于需求量的变动和需求的变动的区分,我们也将区分供给量的变动和供给的变动这两个概念。商品本身价格变动所引起的供给量的变化,称为供给量的变动。供给量的变动在图形上表现为在一条既定的供给曲线上点的位置移动。如图2-7(a)所示,假设其他条件不变,在供给曲线 S_0 上,随着商品价格的变动,点 a、b、c 之间的位置移动,即为供给量的变动。当商品本身的价格既定时,由于其他因素的变动引起的供给量的变化,称为供给的变动。供给的变动在图形上表现为整条供给曲线的移动,如图2-7(b)所示,假设商品本身的价格保持为 P_0,出于某种因素(如技术提高)使原来的供给曲线 S_0 右移到 S_1,表示供给增加;供给曲线从 S_0 左移到 S_2,表示供给减少。

☞**供给量的变动**
指商品本身价格变动所引起的供给量的变化。

☞**供给的变动**
指当商品本身的价格既定时,由于其他因素的变动引起的供给量的变化。

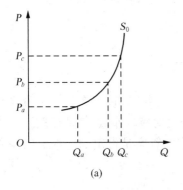
(a)

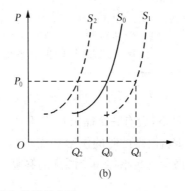
(b)

图2-7 供给量的变动和供给的变动

重要问题2 供给量的变动和供给的变动有何区别?

商品本身价格变动所引起的供给量的变化,称为供给量的变动。供给量的变动在图形上表现为在一条既定的供给曲线上点的位置移动。当商品本身的价格既定时,由于其他因素的变动引起的供给量的变化,称为供给的变动。供给的变动在图形上表现为整条供给曲线的移动。

四、个别供给与市场供给

与我们前文对需求的分析类似,单个生产者对某种产品的供给,这是个别供给;市场上所有生产者对某种产品的供给,被称为市场供给。市场供给是个别供给的加总。例如,当市场只存在两个生产者时,如果价格为 1 元时,A 生产者的供给数量为 3 个产品,B 生产者的供给数量为 4 个产品,则该产品在价格为 1 元时的市场供给为 7 个产品。从图形上看,市场供给是通过个别供给曲线的加总来推导出来,这体现在对个别供给曲线进行横向的加总,如图 2-8 所示。

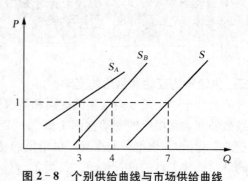

图 2-8 个别供给曲线与市场供给曲线

第三节 均衡价格理论

重要问题

1. 均衡价格是如何形成的?
2. 供求定理有哪些主要内容?

前两节分别对需求理论和供给理论作了介绍,知道了在每一个价格水平 P 下,会有一个需求量 D 和供给量 S 与之对应。那么,是否存在一个价格 P_E,使得此时的供给和需求恰好相等呢?答案是肯定的。本节的均衡价格理论会给你一个圆满的答复。

一、均衡价格的决定

根据市场需求规律和供给规律,分别确定市场的需求曲线和供给曲线,而在这两条曲线的交点,供给量和需求量恰好相等,此时的价格水平我们称之为均衡价格。也就是说,均衡价格是指消费者对某商品的需求量等于生产者所提供的该商品的供给量时的市场价格。均衡价格是由需求和供给两种力量共同决定的。在均衡价格下的交易量称为均衡交易量或均衡产量。下面用例子说明均衡价格和均衡产量的决定。

> **均衡价格**
> 指消费者对某商品的需求量等于生产者所提供的该商品的供给量时的市场价格。

例:已知 $Q_d = 50 - 5P$;$Q_s = -10 + 5P$

求:均衡价格 P^*,Q^*

解:∵ $Q_d = Q_s$

$$\therefore 50-5P=-10+5P$$
$$\therefore P=6$$
$$\therefore Q_s=20$$
$$\therefore P^*=6, Q^*=20$$

某一商品均衡价格的形成过程,可以用图 2-9 来加以说明。

如果某种商品初始的市场价格为 P_1,高于均衡价格 P^*,那么,与 P_1 相对应的供给量 Q_{s1} 就大于此价格水平下的需求量 Q_{d1},在竞争市场中,这种情况必然会导致供给方即厂商之间的激烈竞争,结果使价格逐渐下降,供给量逐渐减少,需求量逐渐增加。这个过程一直持续进行下去,直到价格降到均衡价格 P^*,需求量和供给量都等于 Q^* 时为止。

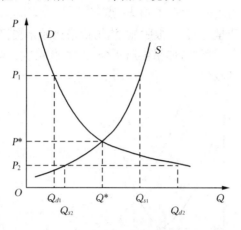

图 2-9 均衡价格与均衡产量

相反,如果这种商品初始的市场价格为 P_2,低于均衡价格 P^*,那么,与 P_2 相对应的需求量 Q_{d2} 就大于此价格时的供给量 Q_{s2},因而有部分购买者不能买到想要的商品,存在超额需求。在竞争市场中,这种情况必然会导致购买者之间的竞争,结果使价格逐渐上升,需求量逐渐减少,供给量逐渐增加,直到价格上升到均衡价格 P^*,供给量和需求量都等于 OQ^* 时为止。

以上分析了在需求和供给给定的情况下,均衡是必然要出现的一种趋势。通过市场供求关系的自发调节,决定市场的均衡价格和均衡产量。那我们要问,当需求或供给发生变动的时候,这种完美的均衡状况还存在吗?

 重要问题 1　均衡价格是如何形成的?

均衡价格是指消费者对某商品的需求量等于生产者所提供的该商品的供给量时的市场价格。均衡价格是由需求和供给两种力量共同决定的。也就是说,通过市场供求关系的自发调节,市场价格会达到均衡价格水平。

二、供求变动对均衡价格的影响

均衡价格由需求和供给决定,所以,需求的变动(不是需求量的变动)和供给的变动(不是供给量的变动),就会引起均衡价格和均衡产量发生变动。下面分两种情况,采用比较静态的分析方法,就需求的变动和供给的变动对均衡价格和均衡产量的影响进行讨论。

1. 供给不变,需求发生变动

假定某种商品的供给状况不变,需求会因为偏好、收入提高等原因而增加。如图 2-10 所示,供给曲线 S 不变,需求曲线 D 右移至 D',因此均衡点随之移动,由 E_0 点移至 E_1 点,于是决定了新的均衡价格为 P_1,均衡产量为 Q_1。很明显,均衡价格比原来提高了,均衡产量也增加了。

反之,如果供给不变,而需求减少,则新的均衡价格将下降,均衡产量将减少。

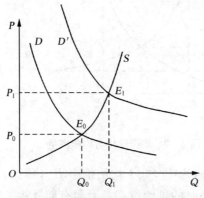
图 2-10 需求变动对均衡的影响

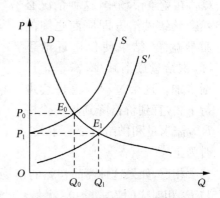
图 2-11 供给变动对均衡的影响

2. 需求不变,供给发生变动

假定某种商品的需求状况不变,供给会因为管理水平的提高、要素价格的下降等原因而增加。如图 2-11 所示,需求曲线 D 不变,供给曲线 S 移至 S',因此,均衡点随之移动,由 E_0 点移至 E_1 点,于是决定了新的均衡价格为 P_1,均衡产量为 Q_1。很明显,均衡价格比原来下降,而均衡产量比原来增加了。

反之,如果需求不变,而供给减少,则新的均衡价格将上升,均衡产量将减少。

> **小测验:均衡价格就是不变价格吗?**
> 均衡价格是指需求量与供给量相等时的市场价格,它不是固定不变的。当商品需求或供给发生变动,或者两者同时变动,均衡价格就会发生变动。因此,均衡价格不是不变价格。

当然,除了需求和供给分别变动的情况外,还有可能需求和供给同时发生变动。需求和供给同时发生变动的情况比较复杂,因为两者的变动方向、变动程度的差异均可能对均衡产生不同的影响。通过作图分析,可以发现:① 在需求和供给同时增加时,均衡产量必然增加,但均衡价格的变动不能确定,可能上升、下降或者保持不变。同样地,如果需求和供给同时减少,均衡产量必然减少,均衡价格也不能确定。② 当需求增加,供给减少时,均衡价格必然上升,但均衡产量的变动不能确定,可能增加、减少或者保持不变。同样地,需求减少,供给增加,均衡价格必然下降,均衡产量也不能确定。

有了上面的分析,我们也就掌握了供求定理的主要内容。

重要问题 2　供求定理有哪些主要内容？

供求定理是指在需求与供给变动时，均衡价格与均衡产量的变动规律。其具体内容包括：(1) 需求变动引起均衡价格与均衡数量同方向变动。(2) 供给变动引起均衡价格反方向变动，均衡数量同方向变动。

☞**供求定理**

是指在需求与供给变动时，均衡价格与均衡产量的变动规律。

三、市场机制与价格管制

以上我们分析了在理想的竞争性市场经济条件下，需求、供给两种力量的对比决定了市场的均衡价格，而均衡价格又影响着供求的变化。在这里，价格有着信息传送、行为指导的功能：生产者根据商品价格的涨跌来判断市场的供求变化，从而调整自己的产量；消费者也根据价格的涨跌来合理安排自己的商品消费组合，从而使自己的利益最优。因此，价格机制就像是一只"看不见的手"，指挥着人们的经济活动。

然而，完美的竞争性市场经济只是一种理论上的假设，在现实的经济生活中并不存在。我们发现，政府经常出于某些社会或政治目的对价格进行干预。比较常见的价格管制形式有支持价格和限制价格，另外，政府的税收政策对均衡价格水平也有影响。

1. 支持价格

支持价格是政府为了扶持某一行业的生产而规定的该行业产品的最低价格。支持价格一定高于均衡价格。由于高于均衡价格，供给量将大于需求量，该商品市场将出现过剩。在 2-12 中，在支持价格 P^* 下，商品过剩量为 (Q_2-Q_1)。为了维持支持价格，政府必须采取相应措施。这类措施有：一是政府收购过剩商品，或用于储备，或用于出口。在出口受阻的情况下，就必将增加政府财政开支。二是政府对商品的生产实行产量限制，但在实施时需有较长的指令性且有一定的代价。

☞**支持价格**

是指政府为了扶持某一行业的生产而规定的该行业产品的最低价格。

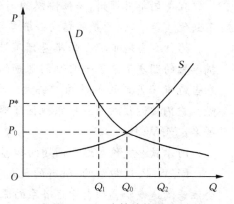

图 2-12　支持价格图示

世界各国通常都对农产品实行支持价格。在我国目前的情况下对农业的采取支持价格政策是有必要的，对于发展农业经济有着积极的意义：第一，稳定农业生产，减缓经济波动对农业的冲击；第二，通过对不同农产品实行不同支持价格，可以调整农业结构，使之适应市场的变动;第三,扩大农业投资,促进农业现代化的发展和劳动生产率的提高。

2. 限制价格

限制价格是政府为了限制某些物品的价格而对它们规定低于市场均衡价格的最高价格。其目的是为了抑制某些生活必需品价格上涨,稳定经济生活。但由于限制价格低于均衡价格,需求量将大于供给量,该商品市场将出现短缺。在图 2-13 中,在限制价格 P^* 下,商品短缺量为(Q_2-Q_1)。在这种情况下,市场可能出现抢购现象或黑市交易。为解决商品短缺,政府可采取的措施是控制需求量,一般采取配给制,发放购物券。但配给制只能适应于短时期内的特殊情况,否则,一方面可能使购物券货币化,还会出现黑市交易,另一方面会挫伤厂商的生产积极性,使短缺变得更加严重。

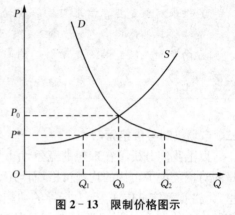

图 2-13 限制价格图示

限制价格
是指政府为了限制某些物品的价格而对它们规定低于市场均衡价格的最高价格。

网络资源
http://netec.wustl.edu/NetEc.html

非常棒的网上经济学资源站点。它位于美国华盛顿大学圣路易斯分校,是一个连接全球经济学家的联机论坛,强调原创作品的发布。主要包括四部分:BibEc(关于工作论文的信息)、WoPEc(经济学工作论文的链接)、WebEc(网上经济学资源)、JokEc(关于经济学家和经济学的笑话)。可检索。

> **参考资料　苹果与阿尔钦—艾伦定理**
>
> 　　价格理论告诉我们,商品价格是由该商品的供给和需求共同决定的。应当注意,还有其他一些影响价格的因素,比如上面分析的政府价格管制。另外,税收、运输费用等也会影响商品价格。下面我们就看一个关于苹果的例子。
> 　　在美国华盛顿州,一位愤怒的消费者抱怨说在当地水果店里买不到优质苹果,他于是写信向经济学家阿尔钦和艾伦请教:
> 　　为什么当地市场上的华盛顿苹果又小又难看呢?最近,几个采摘苹果的朋友带来了一些他们刚摘的苹果,这些苹果至少是那些能在当地市场买到的苹果的四倍大。这些美味大苹果都到哪儿去了呢?它们被运往欧洲或中东地区了吗?在西雅图这里能买得到吗?
> 署名:M.W.P.
> 　　阿尔钦和艾伦对这个问题的回答如下:
> 　　M.W.P.所抱怨的"所有的优质苹果都运到中东去了",你可能会注意到这是华盛顿大学经济系的课堂上或考试中常碰到的一个问题。但这也是实际现象。很容易得到解释:例如,我们假定在当地买一个优质苹果要花 10 分钱,而次等苹果需 5 分钱,那么,吃一个优质苹果的花费与吃两个次等苹果的花费相等。我们可以说一个优质苹果"值"两个次等苹果,两个优质苹果就值四个次等苹果。假定将

一个苹果运到中东的成本是 5 分钱。那么在中东,一个优质苹果就值 15 分,而次等苹果值 10 分。但现在吃两个优质苹果的花费就等于吃三个而不是四个次等苹果。尽管两者的价格都提高了,但相对而言,优质苹果变得便宜了。因此,中东地区对优质苹果的消费比例比这里高。这不是在要什么花招,只不过是需求规律在起作用。

第四节 弹 性 理 论

 重要问题

1. 需求价格弹性的类别及影响因素有哪些?
2. 供给弹性的类别及影响因素有哪些?

我们已经知道了需求法则,它告诉我们:当商品价格上升时,需求量下降;当商品价格下降时,需求量增加。但是,仅仅有这样的定性分析还不够,在经济决策中,我们还想知道两者在量上的关系,这就是弹性理论要解决的问题。本节首先介绍弹性理论的一些基本概念,然后在此基础上分析需求弹性和供给弹性。需求弹性主要有需求的价格弹性、收入弹性和交叉弹性。供给弹性也有几种类型,我们主要介绍供给的价格弹性。

一、弹性的概念

经济学中的弹性是指经济变量之间存在函数关系时,因变量对自变量变动的反应程度,其大小可以用两个变量变动的比率之比,即弹性系数来表示。弹性的一般公式为

$$\text{弹性系数} = \frac{\text{因变量的变动率}}{\text{自变量的变动率}}$$

对于函数 $Y = f(X)$,变量 X 为自变量,Y 为因变量,E 为弹性系数,则:

$$E = Y \text{变动的比率} / X \text{变动的比率}$$
$$= (\Delta Y/Y)/(\Delta X/X) = (\Delta Y/\Delta X) \cdot X/Y \quad (1)$$

若函数 $y = f(x)$ 是可微函数,当经济变量的变化量趋于无穷小时,弹性就等于因变量的无穷小的变动率与自变量的无穷小的变动率之比。弹性公式为

$$E = \lim_{\Delta x \to 0} \frac{\frac{\Delta y}{y}}{\frac{\Delta x}{x}} = \frac{\frac{dy}{y}}{\frac{dx}{x}} = \frac{dy}{dx} \cdot \frac{x}{y} \quad (2)$$

☞**弹性**
经济学中的弹性是指经济变量之间存在函数关系时,因变量对自变量变动的反应程度,其大小可以用两个变量变动的比率之比,即弹性系数来表示。

☞**需求价格弹性**
需求的价格弹性只是需求弹性的一种,表示为需求量变动的百分比比商品自身价格变动的百分比。

我们称(1)式为弧弹性公式,其值为弧弹性,称(2)式为点弹性公式,其值为点弹性。顾名思义,弧弹性指函数在某一段的弹性,点弹性指函数在某一点的弹性,求解点弹性的前提是函数在该点可微。

二、需求的价格弹性

1. 定义与计算

在明白了弹性的基本概念后,我们将具体分析需求的价格弹性。需求的价格弹性只是需求弹性的一种,表示为需求量变动的百分比比商品自身价格变动的百分比。它用来衡量商品的需求量变动对于商品自身价格变动反应的敏感性程度。我们假定需求函数为 $Q=f(P)$,ΔP 和 ΔQ 分别表示需求量和价格的变动量,以 E_d 表示需求弹性系数,则需求的价格弹性公式为

$$E_d = \frac{\Delta Q/Q}{\Delta P/P} = \frac{\Delta Q}{\Delta P} \cdot \frac{P}{Q} \tag{3}$$

严格地说,上式是一个弧弹性公式。对于弧弹性来说,要注意的一个问题是,对需求曲线上任意两点的起点、终点的不同选择而计算出来的弧弹性的结果是不同的。比如需求函数 $Q=1\,800-200P$,其需求曲线见图 2-14。图 2-14 中需求曲线上 a、b 两点的价格分别为 6 和 5,相应的需求量分别为 600 和 800。根据公式(3),由 a 点到 b 点和由 b 到 a 点的弧弹性计算结果是不同的:

由 a 点到 b 点:$E_d = \dfrac{\Delta Q}{\Delta P} \cdot \dfrac{P}{Q} = \dfrac{800-600}{5-6} \cdot \dfrac{6}{600} = -2$

由 b 点到 a 点:$E_d = \dfrac{\Delta Q}{\Delta P} \cdot \dfrac{P}{Q} = \dfrac{600-800}{6-5} \cdot \dfrac{5}{800} = -1.25$

> **网络资源**
> http://www.globalink.org/tobacco/wb/wb04.shtml
> 国际香烟控制网络。非常棒的关于香烟需求弹性的分析。

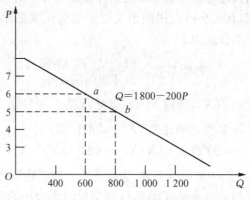

图 2-14 不同起点的弧弹性计算

显然,由 a 到 b 点和由 b 点到 a 点的需求弧弹性系数值是不相同的。其原因在于:尽管在上面两个计算中,ΔP 和 ΔQ 的绝对值相等,但由于 P 和 Q 所取的基数值不同,所以,它们的计算结果也不相同。这样一来,在

需求曲线的同一条弧上,涨价和降价产生的需求弹性系数值是不相等的。为了克服这一缺陷,通常采用变动前后价格和需求量的算术平均数来计算弹性系数,其计算公式为

网络资源
http://hadm.sph.sc.edu/Courses/Econ/Elast/Elast.html
关于弹性理论的交互式教学网页。非常清晰易懂!

$$E_d = \frac{\frac{\Delta Q}{(Q_1+Q_2)/2}}{\frac{\Delta P}{(P_1+P_2)/2}} = \frac{\Delta Q}{\Delta P} \cdot \frac{(P_1+P_2)}{(Q_1+Q_2)} \quad (4)$$

由于需求函数 $Q = 1\,800 - 200P$ 是可微函数,我们还可以求它的点弹性。根据公式(2),有

$$E_d = \frac{\mathrm{d}Q}{\mathrm{d}P} \cdot \frac{P}{Q} = (-200) \times \frac{P}{1\,800-200P} = \frac{P}{P-9}$$

这时可求出任何价格水平下的弹性系数,如 $P = 4$ 时,$E = -0.8$。

点弹性还可以用几何图形来表示和测度。用图 2-15 说明。图 2-15 中有一条线性的需求曲线,它交坐标纵轴和横轴分别于 A、B 两点,R 点为该需求曲线上的任意一点。根据(2)式,R 点的需求点弹性可以表示为

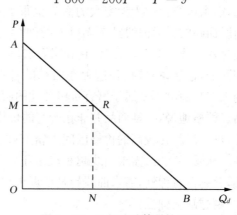

图 2-15 几何法计算弹性系数

$$E_d = \frac{\mathrm{d}Q}{\mathrm{d}P} \cdot \frac{P}{Q} = -\frac{NB}{RN} \cdot \frac{RN}{ON} = -\frac{NB}{ON} = -\frac{RB}{AR} = -\frac{OM}{MA} \quad (5)$$

由此可见,如果需求曲线为直线,则需求曲线 AB 上任何一点 R 的价格弹性均可用 RB 与 RA 的比值来表示。若 R 位于 AB 的中点则该点的弹性系数的绝对值等于1;若 R 位于 AB 的中点以上,则该点的弹性系数的绝对值大于1;若 A 位于 AB 的中点以下,则该点的弹性系数的绝对值小于1。这也说明,就同一种商品而言在不同的价格水平下,其需求价格弹性的大小是不同的。

2. 需求价格弹性的类别

上面说了,同一种商品在不同的价格水平下,其需求价格弹性的大小是不同的。不仅如此,不同商品的需求价格弹性也是不同的。根据它们的弹性系数绝对值的大小可分为五种类型:需求完全无弹性,即 $|E_d|=0$(图 2-16(a));需求缺乏弹性,即 $|E_d|<1$;需求具有单位弹性,即 $|E_d|=1$(图 2-16(b));需求富有弹性,即 $|E_d|>1$;需求具有无穷大弹性,即 $|E_d|=\infty$(图 2-16(c))。

在需求价格弹性的五种分类中,完全无弹性、单位弹性、无穷大弹性是三种极端特殊的情况。如果需求是完全无弹性的,则不管价格如何变化,

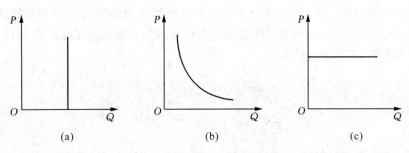

图 2-16 需求价格弹性的类别

需求都不会变化。生活中很难找到完全无弹性的商品,通常认为像棺材、火葬、特效药这样的商品或劳务接近于这一类商品。就整个市场需求而言,需求价格弹性为无穷大的商品也很少见。但在完全竞争市场,单个厂商所面临的需求曲线具有无穷大的弹性。具有单位弹性的商品的需求曲线是双曲线,如 $Q=1/P$,它表明需求量变化的幅度与价格变化的幅度是相同的,显然,很难找到这种在曲线的各点上价格弹性都等于1的商品。绝大多数商品不是属于富有价格弹性的商品,就是属于缺乏价格弹性的商品。严格地说,一种商品并非在所有的价格区间上都富有弹性或都缺乏弹性,许多商品在较高的价格区间上富有弹性,在较低的价格区间上缺乏弹性。从图形上看,需求曲线越是接近于水平,并且越是靠近价格坐标的上端,就越富有弹性;需求曲线越是接近于垂直,并且越是靠近数量坐标的右端,就越缺乏弹性。

3. 影响需求价格弹性的因素

一种商品需求价格弹性的大小受多种因素的影响,其中主要因素有该商品替代品数目的多寡以及可替代程度,消费者对商品的需求强度,以及该商品用途的多寡等。

商品替代品数目的多寡以及替代程度是影响商品需求价格弹性大小的最主要因素。一种商品的替代品数目越多、替代品之间越相近,该商品需求的价格弹性就越大。例如,香烟的替代品较多,对于某种牌号香烟,其需求的价格弹性可能就比较大。食盐的替代品比较少,食盐需求的价格弹性就比较小。把一种商品规定得越具体、越明确,并且该商品的替代品越多,该商品就越富有价格弹性。若商品间可以完全替代,那么商品就具有无穷大的弹性。例如,对于某个别农场主小麦的需求就具有无穷大的弹性。

一般而言,消费者对生活必需品的需求强度大且比较稳定,受价格变化的影响较小,因而需求价格弹性小;而消费者对奢侈品的需求强度小且不稳定,受价格变化的影响较大,因而需求弹性大。

在其他条件不变的情况下,一种商品的用途越多,其需求弹性就越大。例如,羊毛有广泛的用途,当其价格提高时,以其为原料的各种纺织品的价格也随之提高。因此,人们对这些纺织品的需求的减少,必然会从多渠道

> **完全竞争市场**
> 是指不包含任何垄断因素的市场,它具有产品同质、投入要素自由流动及信息充分等特征。

> **需求收入弹性**
> 是指一种商品的需求量变动对消费者收入变动的反应程度,是需求量变动的比率与收入变动的比率之比。

影响对羊毛的需求,从而使其以较大的幅度减少。

重要问题1 需求价格弹性的类别及影响因素有哪些?

不同商品的需求价格弹性也是不同的。根据它们的弹性系数绝对值的大小可分为五种类型:需求完全无弹性,即 $|E_d|=0$;需求缺乏弹性,即 $|E_d|<1$;需求具有单位弹性,即 $|E_d|=1$;需求富有弹性,即 $|E_d|>1$;需求具有无穷大弹性,即 $|E_d|=\infty$。

一种商品需求价格弹性的大小受多种因素的影响,其中主要因素有该商品替代品数目的多寡以及可替代程度,消费者对商品的需求强度,以及该商品用途的多寡等。

三、需求的其他弹性

除了需求的价格弹性外,需求的收入弹性、需求的交叉弹性等也是需求弹性理论中需要讨论的重要问题。

需求收入弹性是指一种商品的需求量变动对消费者收入变动的反应程度,是需求量变动的比率与收入变动的比率之比。若用 Q 表示某商品的需求量,用 M 表示收入,则需求收入弹性的公式是

$$E_m = \frac{\Delta Q/Q}{\Delta M/M} = \frac{\Delta Q}{\Delta M} \cdot \frac{M}{Q} \tag{6}$$

在影响需求的其他因素既定的条件下,需求的收入弹性系数可正可负。根据收入的变动对商品需求量产生的不同影响,我们把商品分为两类:一类是正常品,$E_m>0$。正常品的需求量随收入的增加而增加,其需求收入弹性系数可等于1,大于1(奢侈品)或小于1(必需品),它们也分别为单位弹性、富有弹性和缺乏弹性。另一类是劣等品,劣等品的需求量随收入的增加而减少,比如那些低档的日用消费品,就可能具有负的收入弹性,因为随着人们收入水平的提高,人们会更多地购买高档的消费品取而代之。

需要注意的是:不同商品在一定的收入范围内具有不同的收入弹性,同一商品在不同的收入水平下也可能具有不同的收入弹性。收入弹性并不取决于商品本身的属性,而取决于消费者购买时的收入水平。这是因为,收入水平提高时,本来被认为是奢侈品的东西也许会被认为是必需品,本来被认为是正常商品的东西,可能会被认为是劣等品。电视机就是一个例子。20世纪80年代初,黑白电视机对大多数中国家庭来说,是奢侈品。如今,由于城镇居民收入水平的提高,黑白电视机已进入劣等品的行列,逐渐被淘汰。

需求的交叉弹性是需求的交叉价格弹性的简称,它是指一种商品的需

正常品
在经济学中,指需求量随收入的增加而增加的商品。

劣等品
在经济学中,指需求量随收入的增加而减少的商品。

☞ 需求的交叉弹性
是需求的交叉价格弹性的简称,它是指一种商品的需求量对另一种商品的价格变动的反应程度,其弹性系数是一种商品(x)需求量变动的比率与另一种商品(y)价格变动的比率之比。

求量对另一种商品的价格变动的反应程度,其弹性系数是一种商品(x)需求量变动的比率与另一种商品(y)价格变动的比率之比。其公式是

$$E_{xy} = \frac{\Delta Q_x/Q_x}{\Delta P_y/P_y} = \frac{\Delta Q_x}{\Delta P_y} \cdot \frac{P_y}{Q_x} \tag{7}$$

需求的交叉弹性可以是正值,也可以是负值,它取决于商品间关系的性质,即两种商品是互补品还是替代品。

如果商品 x、y 的需求交叉弹性是正值,即 $E_{xy}>0$,表示随着 y 商品的价格的提高(降低),x 商品的需求量也随之增加(减少),则 x、y 商品之间存在替代关系,为替代品。其弹性系数越大,替代性就越强。如果商品 x、y 的需求交叉弹性是负值,即 $E_{xy}<0$,表示随着 y 商品的价格的提高(降低),x 商品的需求量也随之减少(增加),则 x、y 商品之间存在互补关系,为互补品。其弹性系数越大,互补性就越强。

当然,如果商品 x、y 的需求交叉弹性为零,即 $E_{xy}=0$,则说明 x 的需求量并不随 y 商品的价格变动而发生变动,x、y 既非替代品亦非互补品,它们之间没有什么相关性,是相对独立的两种商品。

四、供给的价格弹性

前面学习了各种需求弹性,接下来是供给弹性。供给弹性可分为供给价格弹性、供给交叉弹性、供给成本弹性等,我们只讨论供给价格弹性。供给价格弹性的学习可以比照需求价格弹性来进行。

1. 定义与计算

☞ 供给的价格弹性
描述一种商品的供给量对其价格变动的反应程度,其弹性系数等于供给量变动的百分比与价格变动的百分比之比。

供给的价格弹性(以下简称供给弹性)描述一种商品的供给量对其价格变动的反应程度。其弹性系数等于供给量变动的百分比与价格变动的百分比之比。以 E_s 表示供给弹性系数,以 Q 和 ΔQ 分别表示供给量和供给量的变动量,P 和 ΔP 分别表示价格和价格的变动量,则供给弹性系数为:

$$E_s = \frac{供给量变动的百分比}{价格变动的百分比} = \frac{\Delta Q/Q}{\Delta P/P} = \frac{\Delta Q}{\Delta P} \cdot \frac{P}{Q} \tag{8}$$

同需求的价格弹性系数一样,我们也可以写出供给弹性的弧弹性中点公式和点弹性公式,其分别为

$$E_s = \frac{\dfrac{\Delta Q}{(Q_1+Q_2)/2}}{\dfrac{\Delta P}{(P_1+P_2)/2}} = \frac{\Delta Q}{\Delta P} \cdot \frac{(P_1+P_2)}{(Q_1+Q_2)} \tag{9}$$

$$E_s = \lim_{\Delta P \to 0} \frac{\dfrac{\Delta Q}{Q}}{\dfrac{\Delta P}{P}} = \frac{\dfrac{dQ}{Q}}{\dfrac{dP}{P}} = \frac{dQ}{dP} \cdot \frac{P}{Q} \tag{10}$$

由于商品的供给量与价格的变动在一般情况下是同方向变动的,因此供给弹性系数为正值。同样,我们也可以通过几何方法来计算供给曲线上

各点的供给弹性,请读者自行仿照前面的方法计算。

2. 供给弹性的类别

同需求价格弹性一样,供给弹性也可以分为五类:供给完全无弹性,即 $E_s=0$(图2-17(a));供给缺乏弹性,即 $E_s<1$;供给具有单位弹性,即 $E_s=1$(图2-17(b));供给富有弹性,即 $E_s>1$;供给弹性为无穷大,即 $E_s=\infty$(图2-17(c))。

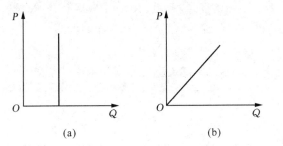
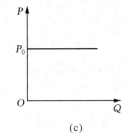

图2-17 供给价格弹性的类别

整条供给曲线完全无弹性比较少见。一些不可再生资源例如土地的总供给,以及那些无法复制的古董的供给弹性等于零,因为无论这类资源或物品的价格如何变动,其供给量都不会有任何变动。

供给弹性为无穷大的情况也比较少见。通常认为在劳动力严重过剩地区的劳动力供给曲线具有无穷大的供给弹性。在这些地区,一旦把劳动力的价格确定在某一水平,比如确定在图2-17(c)中 P_0 的水平,便会得到源源不断的劳动力的供给。

供给曲线的某一点或某一段供给曲线等于1是可能的,但整条供给曲线的弹性都等于1的情况是非常罕见的。只有供给量的相对变动始终等于价格的相对变动,才能保证供给线上各点的弹性都等于1,几乎没有一种商品能够满足这一条件。

大多数商品的供给不是属于富有弹性一类,就是属于缺乏弹性一类,就短期情况而言,在劳动力资源丰富的国家,其劳动力密集型行业较容易在价格提高时大幅度提高供给,因此这些地区的劳动力密集型产品的供给富有价格弹性。那些资本密集型的产品短期内因技术问题难以随商品价格的提高而增加供给,因此其供给价格弹性较小。

3. 影响供给弹性的因素

一般而言,某种产品生产周期越长,该产品供给弹性越小;产品生产周期越短,其供给弹性越大。生产的技术状况在这里是指生产产品需要用劳动密集型方法,还是采取资本或技术密集型方法。如果产品需要采用劳动密集型方法生产,则产品的供给价格弹性比较大;如果产品需要采用资本密集型或技术密集型方法生产,则产品供给价格弹性比较小。就生产规模而言,产品生产所需要的规模大,调整周期长,产品的供给弹性就小;产品生产所需要的规模小,应变能力强,产品的供给弹性就大。

> **重要问题 2　供给价格弹性的类别及影响因素有哪些?**
>
> 　　同需求价格弹性一样,供给弹性也可以分为五类:供给完全无弹性,即 $E_s=0$;供给缺乏弹性,即 $E_s<1$;供给具有单位弹性,即 $E_s=1$;供给富有弹性,即 $E_s>1$;供给弹性为无穷大,即 $E_s=\infty$。
> 　　影响供给弹性的因素很多,其中主要有产品生产周期的长短,生产的技术状况,产品生产所需要的规模及规模变化的难易程度等。

五、弹性与经济决策

　　研究商品的弹性问题,对于经济决策有着非常重要的意义。我们以需求的价格弹性为例来说明。

　　对于厂商来说,制定正确的价格策略非常重要,而价格策略的制定和需求的价格弹性就有着非常密切的关系。以决定是否要降低销售为例,如果商品需求的价格弹性很大,那么降低价格就会带来需求数量的迅猛增长,这样就会抵消价格下降给销售收入带来的不利影响而提高销售收入;如果商品需求的价格弹性很小,那么降低价格带来的需求数量增长就不明显,此时销售收入就有可能反而减少。我们从下面的计算中看得更清楚。

　　假定某商品现在价格为 100 元,销售量为 100 件,此时销售总收入为 10 000 元。我们准备采取的降价幅度为 20%,即降价到 80 元。

　　如果该商品需求富有价格弹性,假定这一弹性为 2,那么价格下降 20% 时,销售量将增加 40%,即现在的销售量为 140,那么现在的销售收入为 $80\times140=11\,200$ 元。显然,销售总收入增加了。

　　如果该商品需求缺乏弹性,假定这一弹性为 0.5,那么价格下降 20% 时,销售量将增加 10%,即现在的销售量为 110,那么现在的销售收入为 $80\times110=88\,000$。显然,此时降价销售就得不偿失了。

　　一般来说,商品需求富有弹性时,销售收入和价格是反向变动的,即销售收入随着价格的降低而增加,随着价格的提高而减少;商品需求缺乏弹性时,销售收入和价格是同向变动的,即销售收入随着价格的降低而减少,随着价格的提高而增加;而商品供给为单位弹性时,不论价格上升或者下降,销售收入都不变。

本章小结

　　1. 在市场经济中,市场这只"看不见的手"起着主要的调节资源配置的作用。而市场总是由买卖双方组成,因此,对于需求和供给的分析便成为微观经济学的基础知识。

2. 需求曲线表示价格如何决定一种物品的需求量。根据需求法则，当一种物品价格下降时，需求量增加，因此需求曲线向右下方倾斜。除价格外，消费者的偏好、收入、相关商品的价格，以及消费者对未来的预期等都对商品的需求构成影响。如果这些因素改变，需求曲线就会移动。

3. 供给曲线表示价格如何决定一种物品的供给量。根据供给法则，当一种物品价格上升时，供给量增加，因此供给曲线向右上方倾斜。除价格外，技术状况和管理水平、生产要素的价格、其他商品价格、对价格的预期以及政府税收等都对商品的供给构成影响。如果这些因素改变，供给曲线就会移动。

4. 需求曲线与供给曲线相交决定了市场均衡。当价格为均衡价格时，需求量等于供给量。买者与卖者的行为使市场自然趋于均衡。当市场价格高于均衡价格，商品过剩，引起市场价格下降；当市场价格低于均衡价格，商品短缺，引起市场价格上升，这就是供求定理。

5. 经济学中的弹性是指经济变量之间存在函数关系时，因变量对自变量变动的反应程度，其大小可以用两个变量变动的比率之比来表示。重要的弹性有需求的价格弹性、需求的收入弹性、供给的价格弹性。一般来说，长期比短期较富有弹性。

网络资源

http://alpha.montclair.edu/~lebelp/CourseReserveReadings.html
微观经济学经典阅读文献，仅供学有余力的同学参考。

本章练习题

一、简答题

1. 说明均衡价格的决定与变动。
2. 用图分别说明需求的价格弧弹性和点弹性的五种类型。
3. 用图分别说明供给的价格弧弹性和点弹性的五种类型。

二、 某人对消费品 X 的需求函数为 $P = 250 - 3\sqrt{Q}$，分别计算价格 $P = 40$ 和 $Q = 900$ 时的需求价格弹性系数。

三、 在商品 X 的市场中，有 10 000 个相同的个人，每个人的需求函数均为 $D=12-2P$；同时又有 1 000 个相同的生产者，每个生产者的供给函数均为 $S=20P$。请：

(1) 推导商品 X 的市场需求函数和市场供给函数；

(2) 在同一坐标系中，给出商品 X 的市场需求曲线和市场供给曲线，并表示出均衡点；

(3) 求均衡价格和均衡产量；

(4) 假设每个消费者的收入有了增加，其个人需求曲线向右移动了 2 个单位，求收入变化后的市场需求函数及均衡价格和均衡产量，并在坐标图上予以表示；

(5) 假设每个生产者的技术水平有了很大提高，其个人供给曲线向右移动了 40 个单位，求技术变化后的市场供给函数及均衡价格和均衡产量，并在坐标图上予以表示。

四、讨论： 出租汽车工人工资提高后导致出租汽车公司提高车费，这种做法是否合适?

网络学习导引

http://www.eia.doe.gov/emeu/env/canada.html

美国能源部网站的一个关于加拿大能源政策的网页。加拿大政府同世界上其他市场经济国家一样,对某些能源的使用征税而对某些能源的使用进行补贴。综合运用本章所学知识分析税收和补贴的政策效果。

1. 本章并没有介绍税收和补贴的分析,但其原理在需求供给曲线的变动里面已经提示过。请尝试独立推导出税收对需求与供给的影响的分析方法,如果有困难可参考其他微观经济学教材。

2. 根据以上网页,画出汽油的需求和供给图。汽油税是由商家交纳的,因此,如果想使得商家供给同样多的汽油量,价格必须比没征税前的价格高出相当于税收额的大小。现在利用需求和供给图分析解释征税对供给曲线的影响,以及对最终的汽油消费量的影响。

3. 根据以上网页,画出使用天然气的汽车的需求供给图。分析补贴对于供给曲线的影响以及对这种汽车消费量的影响。

第二部分

理想的世界——
完全竞争下的经济运行

在第二部分中,我们介绍理想状态下的微观经济是如何运行的,这里所说的理想的状态,就是建立在一系列严格假定下的完全竞争市场,此时不需要考虑信息、交易成本等一系列外在因素,市场的参与者的数量如恒河沙数,以至于每个市场主体都是沧海一粟,作为个体的经济行为既影响不到市场的最后运行结果也影响不到其他主体。此时,价格就成为了控制经济运行的唯一因素,价格水平如同乐团中的指挥棒,通过它的跳动,无数个有着同样装束的经济主体按照统一的节奏韵律随着音乐翩翩起舞,在乐声中达到一个稳定的和谐状态。在这一部分中,我们分别介绍代表市场需求方面的消费者行为理论,代表市场供给方面的厂商行为理论,综合了市场需求与供给后的完全竞争市场运行理论,以及使得所有市场同时达到均衡的经济一般均衡理论。

第三章

需求曲线的背后：消费者行为理论

学习目标
- 掌握基数效用论与消费者均衡
- 掌握序数效用论与消费者均衡

基本概念
    效用 边际效用递减 预算约束线 无差异曲线 恩格尔曲线

参考资料
- 第四个鸡蛋烤蛋糕
- 恩格尔定律与恩格尔系数

中国消费者协会信息网

http://www.cca.org.cn

从这里可以得到关于消费者选择的第一手信息。

通过第二章的学习,我们知道产品的需求与其价格之间具有反向变动关系,需求曲线的斜率为负。为什么会形成这样的需求曲线呢? 需求曲线的特征是由消费者行为决定的。第一章的知识告诉我们,经济学假定所有消费者都是"理性人",他们追求效用的最大化(或追求最大的满足)。因此,要研究消费者行为理论,就必须研究效用理论。下面我们分别介绍基数效用论(边际效用分析)和序数效用论(无差异曲线分析),并在此基础上说明消费者均衡原理。

第一节 基数效用论与消费者均衡

 重要问题

1. 如何理解消费者均衡的含义?
2. 简述基数效用论的基本内容。

效用
就是人们通过消费某种物品或劳务所能获得的满足程度。

一、效用

效用(Utility)就是人们通过消费某种物品或劳务所能获得的满足程度。消费者消费某种物品能获得的满足程度高就是效用大,反之,就是效用小。应当注意,这里所说的效用不同于使用价值。某种商品对消费者有无效用及效用的大小,不仅在于物品本身具有的满足人们欲望的客观的物质属性(如面包可以充饥、衣服可以御寒),还主要取决于消费者的主观感受。

网络资源

http://www.ucl.ac.uk/Bentham-Project/
在学术史上首次对"效用"概念进行思考的哲学家、政治经济学家边沁(Bentham)的网站。

同一种物品对于不同的人,效用是不同的。因此,除非给出特殊的假定,否则,效用是不能在不同的人之间进行比较的。但是对于同一个人而言,不同物品的效用是可以进行比较的。

既然效用大小可以比较,那么比较效用大小的标准是什么? 一些经济学家认为,效用的大小是可以测度的,它可以像计量货币和物品一样,用统一计数单位和基数(1, 2, 3, …)来表示并可加总计量。例如,消费者消费5杯咖啡的效用可分别表示为 U_{x1},U_{x2},U_{x3},U_{x4},U_{x5} 单位的效用,并可将这些效用加总起来得到消费咖啡的总效用(Total-utility,简写 TU)。这就是基数效用论。当然,另外一些经济学家认为,效用可以比较,但不可以度量,只能根据偏好的程度排列出第一、第二等等,我们称这种理论为序数效用论。本节讨论基数效用。下节讨论序数效用与无差异曲线。

总效用
是指消费者从消费某一定量的物品或劳务中所获得的总满足程度,用 TU 表示。

二、总效用与边际效用

根据上述效用的理解,总效用是指消费者从消费某一定量的物品或劳务中所获得的总满足程度,用 TU 表示。假定消费者所消费的是 X 商品组合,则总效用函数表示为 $TU = f(x)$。

根据总效用的概念,我们还可以了解什么是平均效用(Average-utility,简写 AU)。它指消费若干数量的商品或劳务时,平均每单位商品或劳务可提供的效用。如果以 x 表示消费某商品 X 的数量,则 $AU = TU/x$。

基数效用论中另一个重要概念是边际效用。边际效用(Marginal Utility,简写 MU)是指每增加一单位某种商品的消费所增加的满足程度。在总效用在非连续、不可以求导的情况下,边际效用表示为 $MU = \Delta TU/\Delta x$;在总效用函数连续并可以求导的情况下,边际效用表示为 $MU = dTU/dx$。表 3-1 可以帮助我们理解总效用和边际效用的关系。

平均效用
它指消费若干数量的商品或劳务时,平均每单位商品或劳务可提供的效用。

边际效用
是指每增加一单位某种商品的消费所增加的满足程度。

网络资源
http://socserv.mcmaster. ca/~econ/ugcm/3ll3/wieser/index.html
Friedrich Wieser,奥地利学派经济学家,在历史上第一次引入边际效用概念。

表 3-1 总效用和边际效用

消费梨子的数量 (x)	总 效 用 (TU)	边际效用 (MU)
0	0	
1	12	
2	18	6
3	22	4
4	24	2
5	24	0
6	22	-2

一般而言,效用是所消费的商品的增函数,即随着所消费的商品量的增加,总效用是增加的。但是总效用增加的速率是递减的。这一特征被称为边际效用递减规律。边际效用递减规律可以这样表述:假定消费者对其他商品的消费保持不变,则消费者从连续消费某一特定商品中所得到的满足程度将随着这种商品消费量的增加而递减。用数学语言表示,总效用函数是增函数,表示为 $f'(x) > 0$;边际效用递减表示为 $f''(x) = MU' < 0$。当 $MU = 0$ 时,函数取极大值,而后函数值开始下降,如图 3-1 所示。

边际效用递减规律
假定消费者对其他商品的消费保持不变,则消费者从连续消费某一特定商品中所得到的满足程度将随着这种商品消费量的增加而递减。

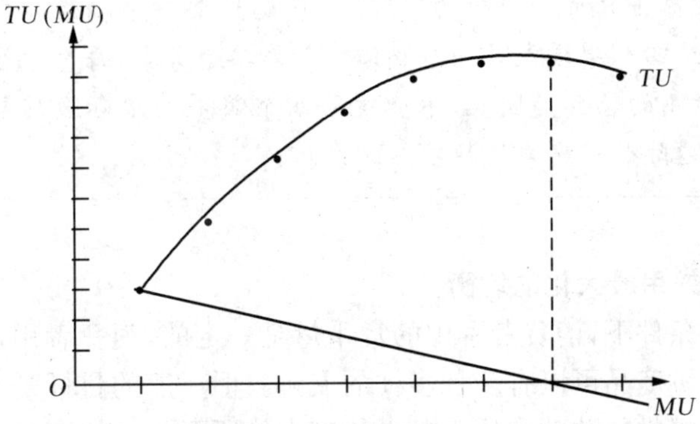

图 3-1 总效用和边际效用

如果总效用为商品 X 使用量的函数,且该函数连续,则 $MU = dTU/dx$。在图形上表现为边际效用为总效用曲线之斜率,即边际效用为总效用函数的导数,总效用为边际效用函数的积分。边际效用为正值时,总效用递增;边际效用为负值时,总效用递减;边际效用为 0 时,总效用极大。

网络资源

http://www.finfacts.ie/Private/win_rst/w_mar24.htm
边际效用递减规律使得品酒师在鉴定不同种类的酒时遇到了棘手的问题……

为什么边际效用递减呢?有两个方面的原因:一是因为生理或心理的原因。人的欲望虽然多种多样,永无止境,但生理等因素的限制,就每个具体的欲望满足来说则是有限的。最初欲望最大,因而消费第一单位商品时得到满足也最大,随着消费的增加,欲望也随之减少,从而感觉上的满足程度递减,以致当要满足的欲望消失时还增加消费的话,反而会引起讨厌的感觉。二是设想物品有多种多样的用途,并且各种用途的重要程度不同,人们总会把它先用于最重要的用途也就是效用最大的地方,然后才是次要的用途,故后一单位的物品给消费者带来的满足或提供的效用一定小于前一单位。

参考资料　第四个鸡蛋烤蛋糕

边际效用递减规律表明,每增加一单位商品的消费,该商品对消费者的效用是递减的。那么,假设用四个鸡蛋烤制一个蛋糕,在这种情况下,第一个、第二个和第三个鸡蛋的边际效用没有第四个鸡蛋的大,因为有了第四个鸡蛋,才能做成蛋糕。第四个鸡蛋的效用大于前三个鸡蛋的效用,因为没有它,蛋糕就不能做好。你怎么使这种情况与边际效用递减规律相吻合呢?

回答这个问题需要我们对边际效用递减规律有更深入的理解。边际效用是指物品的消费者每增加(或减少)一个单位所增加(或减少)的总效用的量。这里的"单位"是指一个完整的商品单位。这种完整的商品单位,是边际效用递减规律有效性的前提。比如,这个定律适用于一双鞋子,但不适用于单只鞋子。你决不能说第二只鞋子的效用比第一只大。同样的道理,我们这里要四个鸡蛋才能做成蛋糕,那么这四个鸡蛋就是一个整体。如果单个考察,每个鸡蛋都不是一个有效用的物品。因此,不能说第四个鸡蛋的边际效用超过前三个鸡蛋,边际效用递减规律依然成立。

消费者均衡
是指在商品现行价格和不变的消费者收入的条件下,消费者不愿意再变动购买量。

三、消费者效用最大化的均衡

在一定条件下,消费者手中的货币量是一定的,消费者用这一定的货币来购买各种商品可以有多种多样的安排。但一般的目标是要使他买进的各种商品提供的总效用达于极大值。当他所要买进的商品提供的总效用达到最大化的时候,消费者就不再改变他的购买方式,这也就是消费者的需求行为达于均衡状态，即消费者均衡。

那么怎样才能使得花费一定量货币所买得的各种一定量的商品的总效用达到极大值呢？为了回答这个问题，我们假定：(1) 消费者的嗜好与偏好是给定的，就是说，消费者对各种消费品的效用和边际效用是已知和既定的；(2) 消费者决定买进各种消费品 X、Y 和 Z，X 的价格 P_X、Y 的价格 P_Y 和 Z 的价格 P_Z 是已知和既定的；(3) 消费者的收入 M 是既定的。还假定他的收入全部用来购买这几种商品。于是问题归结为：他买进的 X、Y 和 Z 的数量应各为多少才能使他支出 M 买进的 X、Y 与 Z 提供的效用总和达到最大？

我们知道，由于收入是固定不变的，他买进某种商品的数量越多相应地能够买进其他商品的数量就越少。而随着数量的增加，该种商品的边际效用递减；与此同时，其他商品由于数量递减而使其边际效用递增。为了使得他花费 M 元所购得的各种商品效用之和即总效用达到极大值，他将调整其买进的各种商品的数量，直到他买进的各种商品的边际效用之比等于它们的价格之比。或者说，他在每种商品上花费的最后一元钱所获得的边际效用都相等。

在这个时候，他花费一定量收入于 X、Y 和 Z 所得到的效用总和已达到极大值。如果再改变这一组合，将移用购买某种商品的钱去增加购买另一种商品，就会使得因少买前一种商品所损失的效用，超过他多买后一种商品所增加的效用（因为边际效用递减）。因此在这时，他不会再改变其购入的 X、Y 和 Z 的数量，亦即消费者在这个问题上的决策行为已达到均衡状态。所购各种商品的边际效用之比等于它们的价格之比，这就是消费者均衡的条件。这一条件可以表示为

$$MU_X/P_X = MU_Y/P_Y = MU_Z/P_Z = \lambda$$

式中，λ 表示单位货币的边际效用。

货币收入的边际效用
指增加或减少一单位的货币收入所增加或减少的效用。

举个例子说，假定某人购买 10 千克苹果时，苹果的边际效用为 10，如果苹果的价格 $P=2$ 元，则每 1 元购买苹果时买到的边际效用为 5。再假定他购买 14 千克的西红柿时，西红柿的边际效用为 8，如果西红柿的价格 $P=1$ 元，则每 1 元购买西红柿时买到的边际效用为 8。这时该消费者一定会感到与其用货币买苹果不如用货币多买点西红柿，因为买苹果时每 1 元可买到的边际效用只有 5，而买西红柿时有 8，即 10/2＜8/1。假定他逐渐多买西红柿到 18 千克西红柿的边际效用降为 6，而逐渐减少苹果购买到只买 8 千克时，苹果的边际效用增加为 12，则该消费者就会决定买 18 千克西红柿和 8 千克苹果，因为这时他用每 1 元无论买西红柿还是苹果都会买到数量为 6 的边际效用 12/2=6/1。如果这时他再进一步多买西红柿少买苹果，则西红柿的边际效用会进一步递减，苹果的边际效用会进一步增加，从而使他的每 1 元在买西红柿和苹果时所获得的边际效用不相等，于是使总效用减少。

应该注意,均衡条件所讲的是每一元钱所得到的边际效用相等,而不是每一种商品的边际效用相等。每一种商品的边际效用相等并不能保证消费者获得最大的效用,因为各种商品的价格是不同的。另外,消费者获得了最大效用并不是指消费者的欲望得到完全满足,而是指在货币收入和商品价格为一定的条件下得到了能够实现的最大效用。

重要问题 1　如何理解消费者均衡的含义？

在一定条件下,消费者手中的货币量是一定的,消费者用这一定的货币来购买各种商品可以有多种多样的安排。但一般的目标是要使他买进的各种商品提供的总效用达于极大值。当他所要买进的商品提供的总效用达到最大化的时候,消费者就不再改变他的购买方式,这也就是消费者的需求行为达于均衡状态,即消费者均衡。消费者均衡的条件是所购各种商品的边际效用之比等于它们的价格之比,这一条件可以表示为

$$MU_1/P_1 = MU_2/P_2 = \cdots = MU_n/P_n$$

四、需求规律与基数效用论

需求定理表明,消费者愿意买进的任一商品的数量与该商品价格呈反方向变化,价格高(或提高)则需求量少(或减少)。为什么消费品的需求量与其价格之间具有这样的关系呢？这也可用边际效用递减规律来说明。

消费者购买各种物品是为了从消费这些物品中获得效用,他所愿意付出的价格取决于他以这种价格所获得的物品能带来的效用。这也就是说,消费者所愿意付出的货币表示了他用货币所购买的物品的效用。例如,某消费者愿意以 2 元购买一本书或一斤苹果,这就说明一本书或一斤苹果给消费者所带来的效用是相同的。

消费者为购买一定量某物品所愿意付出的货币的价格取决于他从这一定量物品中所获得的效用。效用大,愿付出的价格高;效用小,愿付出的价格低。根据边际效用递减规律,随着消费物品数量的增加,该物品给消费者所带来的边际效用是递减的,而货币的边际效用是不变的。这样,随着物品的增加,消费者所愿付出的价格也在下降。因此,需求量与价格必然成反方向变动。

☞ **消费者剩余**
是消费者为消费某种商品而愿意付出的总价值与他购买该商品时实际支出的差额。

五、消费者剩余

消费者剩余(Consumer's Surplus)是消费者为消费某种商品而愿意付出的总价值与他购买该商品时实际支出的差额。消费者剩余是边际效用

递减的直接结果。

举例来说,消费者欲购买苹果,在消费者一点苹果也没有消费的情况下,为得到一斤苹果消费者愿意支付 2.50 元的价格。在消费者获得了一斤苹果以后,为得到第二斤苹果消费者愿意支付的价格是 2.00 元……如果苹果的市场价格为 1.50 元一斤,消费者购买第一斤苹果获得的消费者剩余是 1.00 元,购买第二斤苹果获得的消费者剩余是 0.50 元,两斤苹果共获得剩余 1.50 元。消费者获得消费者剩余的多寡依赖于所购商品的市场价格与所购商品的数量,商品的市场价格越低,消费者购买的数量越多,他所获得的消费者剩余越多。

用需求曲线来测算消费者剩余是一种简便的方法。在图 3-2 中,当市场均衡价格为 P^*,均衡数量为 Q^* 时,阴影部分的面积即是消费者所获得的剩余。

消费者剩余是一种心理现象,消费者在自己的日常购买行为中很少想到它。这是经济分析抽象出的概念。消费者对于这种现象最明显的感觉是大量购买时的优惠价,这时他真正感觉到自己得到了消费者剩余。消费者剩余的概念常常被用来研究消费者福利状况的变化,以及评价政府的公共支出与税收政策等。

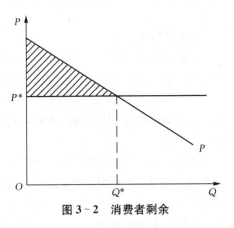

图 3-2 消费者剩余

🌐 **实际生活中的消费者剩余**
http://finance.sina.com.cn/view/market/2000-06-30/39069.html
梁小民的文章《消费者之声:我为什么不买某报》

 重要问题 2 简述基数效用论的基本内容。

1. 基数效用论认为效用是可以用基数为衡量的。以基数来衡量的效用可以划分为总效用、平均效用和边际效用。在消费者对某种商品消费的数量不断增加的情况下,边际效用趋于递减,这就是边际效用递减规律。

2. 根据基数效用论,当消费者把确定数量的同一种商品分配到多种用途上的时候,如果该商品在每一种用途上的边际效用都相等,那么消费者从一定数量的商品中可以得到最大效用。另外,当消费者用一定的收入去购买不同种类的商品的时候,如果消费者从每一种商品得到的边际效用与该商品的价格之比分别相等,那么他从一定数量的收入中可以得到最大效用。

第二节 序数效用论与消费者均衡

重要问题

1. 无差异曲线有哪些重要特性？消费品的边际替代率递减有何理论基础？
2. 简述序数效用论的基本内容。

一、序数效用与偏好

序数效用理论认为，效用是心理现象，不可以度量，只能根据偏好的程度排列出第一、第二……的顺序。因此，效用的大小只与偏好排列的顺序有关，而与效用绝对值的大小无关。关于偏好的含义，前面已经做过介绍。为了加深对序数效用的理解，我们再对经济学中偏好的特性作一番通俗的解释。

通常认为，偏好满足如下三个假定。如果消费者被限制在两个消费组合里，每一个都包括不同数量的各种商品。例如，一个消费组合可能包括一张篮球比赛的入场券和三个苹果，另一个则有三瓶苏打水和一张巴士车票。经济学家所做的第一个假设是消费者能够决定他们喜欢第一个组合甚于第二个，还是喜欢第二个超过第一个，或者他们在两者之间并无差别。

第二，我们假设消费者偏好是可传递的。例如，如果一个人喜欢百威啤酒超过燕京啤酒，喜欢燕京啤酒又超过了青岛啤酒，那么与青岛啤酒比起来他一定就更喜欢百威啤酒。一旦偏好不是可传递的，那就意味着他的偏好将是矛盾的和不一致的。与此相类似，如果一个消费者对碎肉馅饼和南瓜馅饼的偏好是无差别的，而且南瓜馅饼和苹果馅饼对他也是无差别的，那么碎肉馅饼和苹果馅饼对他也一定是没有差别的。

第三，我们假设消费者总是喜欢更多的商品而不是较少的。例如，如果一个商品组合包括 15 个口琴和三辆自行车，而另一个组合包括五个口琴和三辆自行车，我们假设第一个组合，显然包括了更多的商品，会得到人们的青睐。我们还假设，如果给第二个组合增加一定数量的自行车，我们也可以使它在消费者眼中具有同第一个组合同样的价值；也就是说，使它们对于消费者来说无差别。这些假设，像前两个一样，在序数效用理论分析中是不可动摇的。

二、无差异曲线

☞ 无差异曲线
是代表消费者感到无差异的市场组合的点的集合。

无差异曲线（Indifference Curve）是代表消费者感到无差异的市场组合的点的集合。例如，表 3-2 所示的四个商品组合上，其中第一个商品组合包括一只苹果和六只香蕉,第二个组合包括两只苹果和三只香蕉等等。对消费者来说,这些组合给他们带来的效用是相同的。当然,要保持这样的效用水平,消费者肯定还有许多其他的商品组合。然后我们将每一个商品组合的点画在一个坐标图上,如图3-3。得到的曲线AB就是代表对消费者无差别的商品组合的点的集合。

表3-2 无差异表

商品组合	苹果的购买量	香蕉的购买量
(X_1, Y_1)	1	6
(X_2, Y_2)	2	3
(X_3, Y_3)	3	2
(X_4, Y_4)	4	1

所有的无差异曲线都有一些共同的特点:

(1)坐标平面上任意一点都有一条无差异曲线通过,表示消费者可以比较任意两种组合形式的商品,确定它们是无差别的,还是一种优于另一种。

(2)无差异曲线是一条向右下方倾斜且凸向原点的曲线,其斜率为负值。

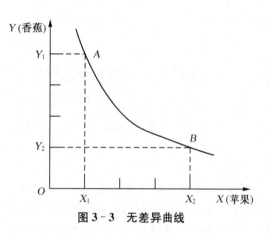

图3-3 无差异曲线

无差异曲线是向右下方倾斜的,其斜率为负,这是因为,在收入和价格既定的条件下,消费者要得到相同的总效用,在增加一种商品的消费时,必须减少另一种商品的消费,两种商品不能同时增加或减少。无差异曲线是一条向右下方倾斜且凸向原点的曲线,这是因为边际替代率递减。消费者为了保持同等的效用水平,要增加1单位X物品就必须放弃一定数量的Y物品,这Y物品的减少量与X物品的增加量之比,便称为边际替代率(Marginal Rate of Substitution)。设ΔX为X物品的增加量,ΔY为Y物品的减少量,MRS_{XY}为X对Y的边际替代率,则有$MRS_{XY} = \Delta Y/\Delta X$,边际替代率的值应为负数,但人们一般取其绝对值。边际替代率之所以呈递减趋势,这是因为无差异曲线也是一条等效用曲线,曲线上各点的效用水平是相等的,因此,X增加所增加的效用必须等于Y减少所减少的效用,用数学公式表示就是:$\Delta X \cdot MU_X = \Delta Y \cdot MU_Y$,或者$\Delta Y/\Delta X = MU_X/MU_Y$,否则总效用就会改变。然而由于边际效用递减规律的作用,随着Y的减少,它的边际效用在递增,因而每增加一定量的X,所能代替的Y的数量便越来越少,由此可见,若X以同样的数量增加时,所减少的Y越来越少,因而MRS_{XY}也就必然是递减的。

边际替代率
是指消费者在维持自己的效用水平不变的情况下,为多得到一单位X的愿意放弃的Y的数量。

诗歌的效用
http://bbs2.netease.
com/culture/readthread.
php?forumcode=22&
postid=322398
看看这个来自网易诗歌论坛的帖子是如何利用无差异分析来探讨诗歌的效用。

（3）在同一平面图上有无数条无差异曲线，且任意两条无差异曲线不能相交，如图 3-4。在同一平面图上有无数条无差异曲线，每一条无差异曲线代表的效用水平不相等，而且离原点越远的无差异曲线所代表的效用越大，即 $I_1 < I_2 < I_3$。由于每一条无差异曲线代表不同的效用水平，因此同一无差异曲线图上任何两条无差异曲线不可能相交。如果可以相交，其交点就是具有同等的效用水平，这就是说，两条无差异曲线

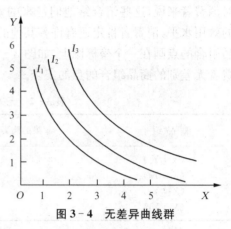

图 3-4　无差异曲线群

可以有相同效用水平，显然，这和前提是相矛盾的，因而是不可能的。

 重要问题 1　无差异曲线有哪些重要特性？消费品的边际替代率递减有何理论基础？

通常的无差异曲线具有下列几点特性：第一，平面上任一点都有一条无差异曲线通过，表示消费者可以比较任意两种组合形式的商品；第二，通常的无差异曲线具有负的斜率，说明商品是越多越好；第三，任意两条无差异曲线不能相交，否则交点的效用无法判断；第四，离开原点越远的无差异曲线所表示的效用水平越高。

边际替代率 MRS_{XY}（用 X 替代 Y）是指消费者在维持自己的效用水平不变的情况下，为多得到一单位 X 的愿意放弃的 Y 的数量。MRS_{XY} 是递减的。因为随着 X 商品数量的消费数量逐渐地增加，增加的每一单位 X 的效用（即边际效用）是递减的。假定 Y 的边际效用不变，为了保持总效用不变，每单位 X 商品替代的 Y 商品的量也是不断减少的。而实际上，如果所消费的 Y 商品量减少，其边际效用会递增，这样，每单位 X 商品能替代的 Y 商品的量递减就更快。可见，MRS_{XY} 是递减的，其根本原因在于随着商品消费量的增加，边际效用递减。

三、预算线及其移动

上面我们说明了，消费者对于两种物品可能有各种选择。但在现实生活中，对某一消费者来说，在一定时期内的收入水平和他所面对的两种物品的价格都是一定的，他不可能超越这一现实而任意提高自己的消费水平，也就是说，他的购买受到收入和价格的制约。我们引入预算线来解释这一问题。

无差异曲线的数学表述及有趣习题
http://episte.math.
ntu.edu.tw/applications/ap_curve/

预算线是一条表明在消费者收入与商品价格既定的条件下，消费者所能购买到的两种商品数量最大组合的线。预算线表明了消费者消费行为

的限制条件。这种限制条件可以写为

$$M = P_X \cdot Q_X + P_Y \cdot Q_Y$$

上式也可写为

$$Q_Y = M/P_Y - P_X/P_Y \cdot Q_X$$

这是一个直线方程式,其斜率为 $-P_X/P_Y$

因为 M、P_X、P_Y 为既定的常数,所以给出 Q_X 的值,就可以解出 Q_Y,当然给出 Q_Y 的值,也可以解出 Q_X。如果 $Q_X = 0$,则 $Q_Y = M/P_Y$;如果 $Q_Y = 0$,则 $Q_X = M/P_X$。根据预算方程,就可以绘出预算线。如 $M = 60$ 元,$P_X = 10$ 元、$P_Y = 15$ 元,则 $Q_X = 0$ 时 $Q_Y = 4$;$Q_Y = 0$ 时 $Q_X = 6$。这样,就可以作出图 3-5。

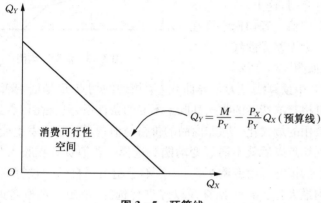

图 3-5 预算线

在预算线上的任何一点都是在收入与价格既定的条件下,能购买到的 X 商品与 Y 商品的最大数量的组合。

图 3-5 中的预算线是在消费者的收入和商品价格既定条件下作出的,如果消费者的收入和商品的价格改变了,则预算线就会变动。如果商品价格不变而消费者的收入变动(或收入不变而两种商品的价格同比例上升或下降),则消费可能线会平行移动,如图 3-6 所示。如果收入不变而两种商品的价格一种(如 Y)不变,一种(如 X)上升或下降,则消费可能线变动如图 3-7 所示。

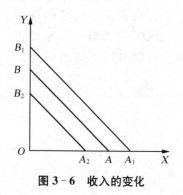

图 3-6 收入的变化

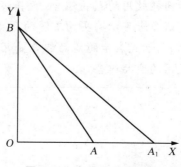

图 3-7 商品 X 价格变化

轻松一下！用无差异曲线分析如何使爱情天长地久
http://www.cnread.net/cnread1/net/other/15/050.htm

四、消费者均衡

我们已经假定消费者的行为是追求效用最大化。消费者均衡是消费者达到效用最大化时的一种均衡状态。消费者如何才能达到效用最大化呢？如果消费者把其既定货币收入用于购买 X 和 Y 两种商品，那么消费者从 X，Y 两种商品的消费中获得效用最大化的必要条件是两种商品的边际效用之比等于它们的价格之比，即 $MU_X/MU_Y = P_X/P_Y$。这个条件在基数效用论中已经做过介绍，这里，我们揭示其几何意义。消费者均衡条件在几何上表现为无差异曲线与预算线的切点，如图 3-8 所示。

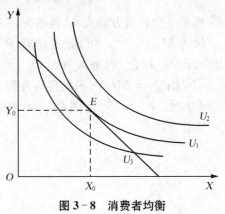

图 3-8　消费者均衡

图 3-8 中预算线与无差异曲线 U_1 相切的切点 E 是消费者均衡点。在商品的价格与消费者的收入都既定不变的条件下，只有在切点处消费者才能获得效用的最大化。除非商品的价格与消费者的收入发生变化，否则消费者达到切点以后就不愿意变动购买选择。若消费者在收入与商品的价格都不变的情况下改变购买选择，他不是超出了自己的预算约束，就是达不到效用最大化。若在预算线以外进行选择，超出了消费者的预算约束，意味着消费者要负债；若在预算线以内进行选择，获得的效用小于切点。

 重要问题 2　简述序数效用论的基本内容。

序数效用论认为效用只能用序数来衡量。因为效用只有次序的不同而没有在绝对量上的大小的不同，所以它应该用无差异曲线来表示。根据序数效用论，无差异曲线是在偏好不变的前提下表示同样效用的点的组合，预算线是在收入和商品价格既定的条件下消费者可以购买的不同的商品组合。当无差异曲线与预算线相切时，切点表示的商品组合是用一定数量的收入所能得到的最大效用的商品组合。

第三节 消费者选择

重要问题

需求曲线和恩格尔曲线是如何形成的？

在偏好与效用理论以及消费者均衡理论的基础上，本节探讨消费者在确定性情况下的选择行为，即在确定性情况下，分析价格变化与收入变化条件下的消费者选择。

一、价格变化与消费者选择

假定消费者的货币收入不变，商品的相对价格发生变化，这将会导致商品购买量的变化。这一变化改变了消费者的均衡点。分析因商品相对价格变化而引起的消费者均衡点的变化可以导出价格—消费线。价格—消费线表示在货币收入不变的情况下，由于商品相对价格发生变化所导致的不同商品组合均衡点的轨迹。

> ☞ **价格—消费线**
> 表示在货币收入不变的情况下，由于商品相对价格发生变化所导致的不同商品组合均衡点的轨迹。

我们利用图形分析由商品相对价格变化而产生的价格—消费线。在图3-9(a)中，X商品的价格P_X不断发生变化而Y商品的价格P_Y不变，得到三条预算线。这些预算线在纵坐标轴上有相同的截距，但是斜率不同，表示随着X商品的降价，消费者可以购买更多的X商品而对Y商品的购买量不变。这三条不同斜率的预算线与三条表示不同效用水平的无差异曲线(I_0，I_1，I_2)分别相切，得到三个切点。可以设想，如果价格连续变化，我们将得到众多的切点。连接这些切点便得到一条价格—消费线。

前面我们已经用边际效用递减规律说明了需求量与价格的反向变动关系。同样，我们也可用无差异曲线的分析方法推导需求曲线。借助已经得到的价格—消费线，在

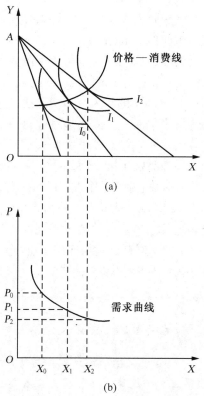

图3-9 消费者的需求曲线

图 3-9(b) 中,我们将价格—消费线转换为对于 X 商品的需求曲线。随着 X 商品价格的降低,预算线斜率的绝对值不断缩小,对 X 商品的均衡购买量不断增加。因此,可以在价格—数量坐标系中建立 X 商品的价格与需求量之间的对应关系,如图 3-9(b) 所示。该图表明,当 X 商品的价格为 P_0 时,对 X 的需求量为 X_0,当 X 商品的价格为 P_1 时,对 X 的需求量为 X_1,当 X 商品的价格为 P_2 时,对 X 的需求量为 X_2,连接 (P_0,X_0),(P_1,X_1),(P_2,X_2) 这些点,便得到一条需求曲线。

二、收入变化与消费者选择

在分析收入变化对消费者均衡的影响时,我们假定消费者的偏好和商品的价格不变,那么,收入的上升或下降将使预算线平行的左右移动。我们可以设想保持商品价格不变而让消费者的收入连续发生变化,这样可以得到许多条互相平行的预算线。这些预算线分别与不同的无差异曲线相切,得到若干个切点,连接这些切点就得到一条收入—消费线,如图 3-10(a)。

利用收入—消费曲线可以导出恩格尔曲线(Engel Curve),它是描述某种商品均衡购买量与货币收入水平之间关系的曲线。例如,将图 3-10(a)中的收入—消费曲线转换为恩格尔曲线。方法是对应每一种收入水平,找出该种收入水平下的某种商品购买量,从而在收入—购买量坐标系上确定一个点。比如在收入为 M_1 时,X 商品的购买量为 X_1,于是确定 (X_1, M_1) 这个点。不同收入水平下的不同购买量构成许多点,连接这些点便得到恩格尔曲线。

恩格尔曲线
描述某种商品均衡购买量与货币收入水平之间关系的曲线,它是以 19 世纪德国统计学家恩斯特·恩格尔的名字命名的。

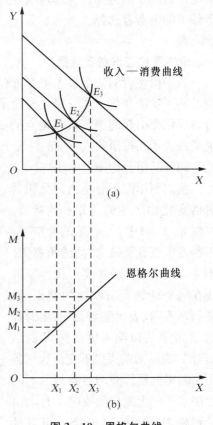

图 3-10 恩格尔曲线

参考资料 恩格尔定律与恩格尔系数

19世纪德国统计学家恩格尔根据统计资料,对消费结构的变化得出一个规律:一个家庭收入越少,家庭收入中(或总支出中)用来购买食物的支出所占的比例就越大,随着家庭收入的增加,家庭收入中(或总支出中)用来购买食物的支出则会下降。推而广之,一个国家越穷,每个国民的平均收入中(或平均支出中)用于购买食物的支出所占比例就越大,随着国家的富裕,这个比例呈下降趋势。

第二个公式又称为食物支出的收入弹性。

恩格尔定律是根据经验数据提出的,它是在假定其他一切变量都是常数的前提下才适用的,因此在考察食物支出在收入中所占比例的变动问题时,还应当考虑城市化程度、食品加工、饮食业和食物本身结构变化等因素都会影响家庭的食物支出增加。只有达到相当高的平均食物消费水平时,收入的进一步增加才不对食物支出发生重要的影响。

恩格尔系数是根据恩格尔定律得出的比例数,是表示生活水平高低的一个指标。其计算公式为

$$恩格尔系数 = \frac{食物支出金额}{总支出金额}$$

除食物支出外,衣着、日用必需品等的支出在总支出中的比重也呈现出相近的变化规律。

我国的恩格尔系数
http://www.dzwww.com/caijing/guanzhu/200109170535.htm
《价格理论》的电子版,包括需求理论和不确定情况下的效用两章,张五常认为需求理论一章堪称经典。作者米尔顿·弗里德曼是当今世界著名的经济学家之一,货币主义的创始人,1976年诺贝尔经济学奖获得者。弗里德曼是芝加哥学派的领袖,主张经济自由主义,他说:"我相信芝加哥学派与其他经济学家之间的区别是非常不同的另一种东西。它更多地与对'价格理论'的态度有关。芝加哥学派在方法上是马歇尔式的,是把经济理论看作用于分析具体问题的一部发动机;而瓦尔拉斯学派及其他学派则倾向于强调抽象理论本身的意义。"品味经济学大师的著作,加深对需求理论的理解。

 重要问题 需求曲线和恩格尔曲线是如何形成的?

在消费者均衡变动的分析中,我们得到了需求曲线和恩格尔曲线。当消费者收入不变而商品价格变动时,预算线斜率变动,消费者均衡点也变动,其轨迹即价格消费曲线,它反映价格与需求量之间的关系,故从此线可导出需求曲线。当价格不变而消费者收入变动时,预算线平行移动所造成的消费者均衡点移动的轨迹是收入消费曲线,从中可导出反映收入与需求量相互关系的恩格尔曲线。

本章小结

1. 基数效用论认为效用是可以用基数为衡量的。在消费者对某种商品消费的数量不断增加的情况下,边际效用趋于递减,这就是边际效用递减规律。

2. 根据基数效用论,当消费者把确定数量的同一种商品分配到多种用途上的时候,如果该商品在每一种用途上的边际效用都相等,那么消费者从一定数量的商品中可以得到最大效用。另外,当消费者用一定的收入去购买不同种类的商品的时候,如果消费者从每一种商品得到的边际效用与该商品的价格之比分别相等,那么他从一定数量的收入中可以得到最大

效用,可表示为 $MU_1/P_1 = MU_2/P_2$。

3. 序数效用论认为效用只能用序数来衡量。因为效用只有次序的不同而没有在绝对量上的大小的不同,所以它应该用无差异曲线来表示。根据序数效用论,无差异曲线是在偏好不变的前提下表示同样效用的点的组合,预算线是在收入为一定的条件下消费者可以购买的不同的商品组合。当无差异曲线与预算线相切时,切点表示的商品组合是用一定数量的收入所能得到的最大效用的商品组合。

4. 基数效用论认为,需求曲线向右下方倾斜是由边际效用递减规律和消费者购买商品的最大效用原则造成的。序数效用论认为,需求曲线向右下方斜率是由消费者购买商品的最大效用原则造成的。

网络资源
http://www.elsevier.
com/homepage/sae/
econworld/hes.htm
Kenneth Arrow 和
Michael D. Intriligator
主编的经济学手册
系列,是经济学教
学与研究必备的参
考书。

本章练习题

1. 什么是边际效用递减规律? 边际效用和总效用的关系如何?
2. 什么是基数效用论和序数效用论,两者相比,基本观点和采用的分析方法有什么不同?
3. 比较下列两种情况,每一种情况都有两个物品:
(1) 可口可乐与非常可乐;
(2) 滑雪板与滑雪板上的皮鞋固定装置。
请画出两种情况的无差异曲线。在哪一种情况下,消费者对两种物品相对价格的变动反应更大?
4. 什么是消费者均衡? 用公式表示消费者均衡的条件。当 $MU_X/P_X > MU_Y/P_Y$ 时,应减少哪种物品,增购哪种物品? 为什么?
5. 钻石用处极小而价格昂贵,生命必不可少的水却非常便宜。请用边际效用的概念加以解释。
6. 设无差异曲线的形式为 $U = X^{0.6}Y^{0.4} = 9$,商品 X 的价格为 3 元,商品 Y 的价格为 2 元,求:
(1) X、Y 的均衡消费量。
(2) 效用为 18 时的最小支出。

网络学习导引

http://www.stats.gov.cn/
中国国家统计局。上面有丰富的经济数据,试查阅这些数据来计算我国近年来的恩格尔系数。

第四章

供给曲线的背后(上)：厂商生产理论

学习目标
- 了解企业及生产函数的概念
- 掌握短期生产函数及其分析应用
- 掌握长期生产函数及其分析应用
- 理解规模报酬

基本概念

　　企业　生产函数　报酬递减规律　规模报酬

参考资料
- 企业理论的发展
- 马尔萨斯和人口危机
- 移动梦网短信的故事

在第三章，我们从需求——消费者的行为角度研究市场。现在，我们换个角度，从供给方面来研究市场，考察生产者行为。在本章中，我们将要分析厂商如何有效地组织生产。我们将会看到厂商行为与消费者的最优化决策之间有着惊人的相似之处，所以，对第三章消费者行为的理解有助于我们考察生产者行为。对生产者行为的考察，将分几个步骤进行。首先要明确生产的主体及其目标；接着，我们要学会把具体的生产活动抽象为生产函数这种形式，并在此基础上研究投入与产出之间的变化关系；最后，我们分析企业的合理规模。

第一节 企业及其生产函数

重要问题
1. 企业有哪几种组织形式？
2. 如何划分经济学中的长期与短期？

一、生产的主体——企业

📖 **企业**
企业作为生产的主体，是指把投入转化为产出的生产经营性组织。

企业作为生产的主体，是指把投入转化为产出的生产经营性组织。市场和企业是两种相互替代的资源配置方式：市场交易通过不同经济主体间的合同实现，由价格机制从外部调节；企业则把市场交易活动变成同一经济主体内部的活动，由企业家运用权威协调人们的活动，以节省交易成本，降低市场风险。

企业按其法律组织形式可分为如下四类。

1. 个体企业

个体企业是由业主个人出资兴办，由业主自己直接经营的企业。业主享有企业的全部经营所得，同时对企业的债务负有完全责任，如果经营失败，出现资不抵债的情况，业主要用自己的家财来抵偿。

🔗 **中国企业改革过程中的企业组织形式变革**
http://www.jjxj.com.cn/news_detail.jsp?keyno=882
了解这个过程有助于我们更深刻地理解企业的概念，同时熟悉中国的现实经济环境，这是我们在作经济分析时要特别注意的。

2. 合伙制企业

合伙制企业由两个或两个以上的个人联合经营的企业，合伙人分享企业的所得，并对营业亏损共同承担责任。它可以由部分合伙人经营，其他合伙人仅出资并共负盈亏，也可以由所有合伙人共同经营。

3. 有限责任公司，又称有限公司

它是指由两个以上股东共同出资，每个股东以其认缴的出资额对公司行为承担有限责任，公司以其全部资产对其债务承担责任的企业法人。有限责任公司设立程序比较简单，公司内部机构设置灵活，中小企业一般采用这种形式。

4. 股份有限公司，又称股份公司

它指注册资本由等额股份构成，并通过发行股票筹集资本，公司以其全部资产对公司债务承担有限责任的企业法人。股份有限公司可能获准在交易所上市，上市后，由于面向社会发行股票，具有大规模的筹资能力，能迅速扩展企业规模，增强企业在市场上的竞争力。因此，股份有限公司是现代市场经济中最适合大中型企业的组织形式。

网络资源

http://vm.uconn.edu/~LANGLOIS/e386syl.HTML
美国康涅狄格大学经济学教授 R. N. Langlois 开设的组织经济学课程。有关于企业组织的经典研究论文。

参考资料　企业理论的发展

在现代经济社会中，伴随着早期资本主义的家族式企业向巨型公司的演进，企业的理论、结构以及管理模式经历了一些广泛而深刻的变革，一些大公司、大集团业已成为现代经济运行的中流砥柱。企业规模通过纵向一体化或横向一体化得以扩张的目的只是单纯地追求规模经济吗？企业为什么会产生？如何界定企业的性质？在这些问题上，新古典经济学的解释不是牵强无力，就是置之不顾，只是简单地把企业处理为一种生产函数——一个被高度抽象化了的投入产出的"黑箱"。其行为目标也简单设定为利润最大化。这就引起许多学者的强烈不满。他们一方面对新古典经济学的分析方法加以部分保留（主要是边际分析）。一方面积极使用非合作博弈论和交易成本分析方法，深入企业内部，打开"黑箱"，开展多种经济组织形式的比较分析，一时间，交易成本学说、产权理论、信息经济理论分析、"声誉"观点、"议价成本"见解，"知识理论"等众多流派都抛弃新古典经济学的苛刻又不现实的假设，发表各自的理论见解，相互批判同时又注意相互吸收。犹如决堤的江水一发不收。最终构成了"流派纷呈，百家争鸣"的精彩画面和现代企业理论的主流趋向。稍后就会看到这种企业本身的理论——现代企业理论。企业理论关注的问题在于(1)企业为什么会产生？(2)企业的性质是什么？(3)企业的边界在哪里？

1. 交易成本学说的解释

从交易成本的角度研究企业制度始自罗纳德·科斯1937年发表的经典论文"企业的性质"，科斯首先认为市场运行是有成本的，这种成本科斯称为交易成本，当市场交易成本大于企业组织成本时，资源配置就会以企业这种经济组织来进行。正是由于市场运行是有成本的，故通过创建企业并允许某个权威来支配资源，可以将交易内部化，以一个长期契约替代一系列短期契约，减少契约数量，简化契约调整过程，节约交易费用。科斯还指出企业的运营具有组织成本，当企业规模持续扩大时，经营管理层次的增加使得组织的运营成本增加，进而限制了企业的扩充边界。

2. 产权理论的解释

与科斯的观点不同,产权理论的代表人物阿尔钦和德姆塞茨认为,企业并没有比普通市场更为优越的命令、强制和纪律约束等权力,它本质上是一种契约。正如雇主是否雇佣员工与消费者选择买或不买物品一样,通过市场交易与企业内部交易也并无差别。那么,企业的性质是什么呢?阿尔钦等人认为,企业实质上是一种"团队生产"方式,企业的产生主要是由于单个的私产所有者为了更好地利用他们的比较优势,采用专业化原理进行合作生产,从而使得合作的总产品比他们分别进行生产所得的产出之和还多,这样一来每个参与合作生产的人的报酬也比独自生产时要高。但每个成员各自的贡献难以观测和精确地分解,这就使得团队生产具有外部性,从而降低经济组织的效率。阿尔钦不相信市场机制能够解决该效率问题。因此,要想减少偷懒的企图就必须依赖于适当的产权结构安排,这就要求合作成员之间达成协议,由某人专门从事监督其他成员的工作;为保证监督者行使更有效的监督,合作成员就必须将企业的剩余索取权交给监督者。这样一来,团队成员生产越有效率,监督者的剩余就越多,从而越有动力监督团队成员的投入绩效,形成良性循环。这个获取剩余收入的人就是企业家,所形成的生产方式就是经典意义上的资本主义企业。

3. 信息经济理论的分析

信息经济理论分析的代表人物肯尼迪·阿罗运用信息经济理论对企业的产生及其性质进行了分析,认为"市场失灵"尤其是信息不对称是企业存在的必要条件。现代化的生产要求人们分工从事专业化的职业,这就导致每个人掌握了不同的信息。由于个人间利益相互冲突,且受到接受、处理信息能力的限制,故有必要通过企业将许多掌握不同信息的个人联合起来,以协调经济活动,增加效率。

重要问题 1　企业有哪几种组织形式?

企业按其法律组织形式可分为个体企业、合伙制企业、有限责任公司和股份有限公司等。不同的组织形式具有各自的特点,一家企业在不同的发展阶段可能采取不同的组织形式。

📖 关于生产函数的 MBA 课程

http://mba.netbig.com/teach/courses/973/20000707/sld001.htm

这是网大上的一个在线 MBA 课程,从管理经济学的角度进行教授,提供大量实际数字例子。

二、生产函数

在生产过程中,企业将生产要素变为产品。例如,烘烤店使用的生产要素包括工人劳动、面粉和糖等原料，以及投资在烤炉、搅拌器上的资本和其他一些设备，生产出面包、蛋糕等产品。

通常，投入的生产要素可以分为劳动、土地、资本三类，每一类又可以进行更具体的细分。如劳动的投入包括技术工人和非技术工人，以及企业经理人员的创造行为；土地是个广义的概念，包括矿藏等一切自然资源；资本则包括建筑物、设备等资本品，此外，有的经济学家认为企业家才能也是一种生产要素。

生产过程中投入的要素与最终产出之间的关系可以用生产函数来描述，生产函数描述的是产品产出量与为生产这种产品所需要投入的要素量之间的关系。用 Q 表示产量，为简便起见，我们假定有两种生产要素：劳动 L 和资本 K，生产函数可以表达为 $Q = F(K, L)$。

这个方程显示了产出与劳动和资本这两种要素之间的数量关系。例如，生产函数可能描述的是一家拥有特定数量的机床和特定装配工人的企业每年生产的笔记本电脑的台数。

需要指出的是，生产函数中的产量，是指一定的投入要素组合所可能生产的最大的产品数量，或者说，生产函数所反映的投入与产出之间关系是以企业经营管理得好，一切投入要素的使用都非常有效为假定的。一般我们不提及这个假定，因为完全有理由相信追逐利润最大化的企业不会浪费资源。

生产函数中的投入与产出关系，取决于投入的设备、原材料、劳动力等诸要素的技术水平。生产方法（包括技术、生产规模）的改进，可能会改变投入要素的比例，导致新的投入产出关系，即新的生产函数。例如，一种更新、更快的计算机集成电路板的问世，使得计算机厂商能在一定的时间内生产出更多的高速计算机。

各种产品生产中投入的各种要素之间的配合比例，称为技术系数。它通常是可以改变的，但也可能是固定的，例如，一辆汽车配一个司机，两辆汽车要配两个司机。

三、短期与长期

在对生产函数进行深入分析之前，有必要先区分生产中的长期与短期。注意，这里的"短期"、"长期"，不是指一个具体的时间跨度，而是指能否使厂商来得及调整生产规模（固定的生产要素和生产能力）所需要的时间长度。"长期"是指时间长到可以使厂商调整生产规模来达到调整产量的目的；"短期"则指时间短到厂商来不及调整生产规模以达到调整产量的目的，而只能在原有厂房、机器、设备条件下来调整产量。换句话说，在长期内，所有投入要素都是可变的；而在短期内，至少一种生产要素的投入是无法变更的。

短期与长期之间，并没有一个特定的时间标准，要视具体情况而定。例如，对一个汽水摊而言，长期可能仅意味着一两天；而在汽车制造厂，长期也许是三五年。

☞ 生产函数
描述的是产品产出量与为生产这种产品所需要投入的要素量之间的关系。

 网络资源
http://www.census.gov/csd/ace/
美国国家统计署关于企业各种要素投入的报告。

明确了长、短期的概念后,我们将对生产函数进行类似的区分。在短期内,假设资本数量不变,只有劳动可随产量变化,则生产函数可表示为 $Q = F(L)$,这种生产函数可称为短期生产函数。在长期,资本和劳动都可变,则生产函数可表示为 $Q = F(K, L)$,这种生产函数可称为长期生产函数。

重要问题 2　如何划分经济学中的长期与短期?

在经济学上,长、短期不是指一个具体的时间跨度,如果在一个时期内,厂商能对生产规模进行调整,我们就可称之为长期;反之,则为短期。并且,长短期对不同的行业而言,差异可能会很大。通常,劳动密集型的行业调整规模所需时间较短,资本密集型行业调整规模所需时间较长。

第二节　短期生产函数

重要问题

1. 总产出、平均产出和边际产出的关系?
2. 什么是要素边际报酬递减规律?理解这个规律需要注意哪些问题?

短期生产函数描述的是在资本投入不变的情况下,产出量与劳动投入之间的关系,我们在本节中对之进行分析。假如你是一家服装厂的经理,拥有的设备是固定的,但雇佣来操作设备的工人是可以变动的。你必须对生产多少服装,雇佣多少工人进行决策。本节的分析将有助于你了解服装产量随工人数量变动而变化的情况,这正是你正确决策所必需的。

一、总产出、平均产出和边际产出

劳动的总产出、平均产出和边际产出分别从不同的角度给出了产出与劳动投入之间的关系。

劳动的总产出(TP_L)是指投入一定量的劳动以后,所得到的产出量总和,公式表示为 $TP_L = F(L)$。

劳动的平均产出(AP_L)是指平均每单位劳动投入带来的产出量,公式表示为 $AP_L = TP_L/L$。

☞**劳动的总产出**
劳动的总产出(TP_L)是指投入一定量的劳动以后,所得到的产出量总和,公式表示为 $TP_L = F(L)$。

劳动的边际产出（MP_L）是指增加或减少 1 单位劳动投入量所带来的产出量的变化，公式表示为 $MP_L = \Delta TP_L / \Delta L$。

例 4-1：

已知生产函数 $Q = TP_L = 21L + 9L^2 - L^3$

求：AP_L, MP_L？

解：$AP_L = \dfrac{Q}{L} = 21 + 9L - L^2$

$MP_L = \dfrac{\Delta Q}{\Delta L} = \lim\limits_{\Delta L \to 0} \dfrac{\Delta Q}{\Delta L} = \dfrac{\mathrm{d}Q}{\mathrm{d}L} = 21 + 18L - 3L^2$

TP_L, AP_L 和 MP_L 三者之间严格的数学关系可以通过上例看出。当然，我们还可以通过图形定性地分析它们之间的关系，如图 4-1 所示。

☞ **劳动的平均产出**
劳动的平均产出（AP_L）是指平均每单位劳动投入带来的产出量，公式表示为 $AP_L = TP_L / L$。

☞ **劳动的边际产出**
劳动的边际产出（MP_L）是指增加或减少 1 单位劳动投入量所带来的产出量的变化，公式表示为 $MP_L = \Delta TP_L / \Delta L$。

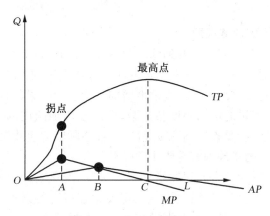

图 4-1　TP_L, AP_L 和 MP_L

第一，在资本量不变的情况下，随着劳动量的增加，最初总产量、平均产量和边际产量都是递增的，但各自增加到一定程度以后就分别递减。所以总产量曲线，平均产量曲线和边际产量曲线都是先上升而后下降。

第二，边际产量曲线与平均产量曲线相交于平均产量曲线的最高点。在相交前，边际产量大于平均产量，平均产量是递增的；在相交后，边际产量小于平均产量，平均产量是递减的；在相交时，边际产量等于平均产量，平均产量达到最大。

第三，当边际产量增加时，总产量以递增的速度增加；当边际产量减小时，总产量以递减的速度增加；边际产量最大时，总产量曲线位于拐点处。当边际产量为零时，总产量达到最大，以后，当边际产量为负数时，总产量就会绝对减少。

上面第二点和第三点可以这样理解：就任何一组平均量与边际量的关系而言，只要边际量大于平均量，边际量就把平均量往上抬；只要边际量小于平均量，边际量就把平均量往下拉。举一个例子，对于你的某一次期末考试，其他科目的成绩都知道了，尚有经济学成绩没有发布。如果你的经济学成绩高于你其他科目的平均成绩，那么，你的总平均成绩就会上升；反之，如果你在经济学上没有用功，成绩很低，就可能使你的总平均成绩下降。

💡 《世界经理人》杂志
http://www.cec.globalsources.com/ 提供现实经济中的管理决策案例，在里面可以找到厂商短期生产决策的案例。

至于第一点的理解,有赖于我们对一个规律的认识。这个规律是生产要素边际报酬递减规律。

> **重要问题1　总产出、平均产出和边际产出的关系?**
>
> 总产量曲线,平均产量曲线和边际产量曲线都是先上升而后下降;边际产量曲线与平均产量曲线相交于平均产量曲线的最高点;当边际产量增加时,总产量以递增的速度增加;当边际产量减小时,总产量以递减的速度增加;边际产量最大时,总产量曲线位于拐点处。

二、要素边际报酬递减规律

在图4-1中,我们可以看到总产量曲线、平均产量曲线和边际产量曲线都是先上升而后下降,这种现象是由如下规律决定的:在一定技术水平条件下,若其他生产要素不变,连续地增加某种生产要素的投入量,在达到某一点之后,总产量的增加幅度会递减,即产出增加的比例小于投入增加的比例,这就是生产要素报酬递减规律,亦称边际收益递减规律。

对上述规律的正确理解需要注意以下几点:

首先,随着可变要素的连续增加,边际产品变化要经历递增、递减,最后变为负数的全过程。递增是因为固定要素在可变要素很少时潜在效率未充分发挥出来。一旦固定要素潜在效率全部发挥出来了,边际产品就开始出现递减。但是,边际产品递增并不与报酬递减律相矛盾。因为这个规律的意义在于:当一种要素连续增加时,迟早会出现边际产品递减的趋势,而不是规定它一开始就递减。

其次,边际报酬递减规律只适用于可变要素比例的生产函数。如果要素比例是固定的,这个规律也不成立。

最后需要指出,报酬递减规律的前提条件是技术水平不变。若技术水平发生变化,这个规律就不存在。在历史上,英国经济学家马尔萨斯正是没有考虑到长期的技术进步,错误地预计了人口增加带来的后果。

> **参考资料　马尔萨斯和人口危机**
>
> 经济学家马尔萨斯(1766—1834)的人口论的一个主要依据便是报酬递减定律。他认为,随着人口的膨胀,越来越多的劳动耕种土地,地球上有限的土地将无法提供足够的食物,最终劳动的边际产出与平均产出下降,但又有更多的人需要食物,因而会产生大的饥荒。幸运的是,人类的历史并没有按马尔萨斯的预言发展(尽管他正确地指出了"劳动边际报酬"递减)。

☞生产要素报酬递减规律

在一定技术水平条件下,若其他生产要素不变,连续地增加某种生产要素的投入量,在达到某一点之后,总产量的增加会递减。

在20世纪,技术发展突飞猛进,改变了许多国家(包括发展中国家,如印度)的食物的生产方式,劳动的平均产出因而上升。这些进步包括高产抗病的良种,更高效的化肥,更先进的收割机械。在"二战"结束后,世界上总的食物生产的增幅总是或多或少地高于同期人口的增长。

粮食产量增长的源泉之一是农用土地的增加。例如,从1961—1975年,非洲农业用地所占的百分比从32%上升至33.3%,拉丁美洲则从19.6%上升至22.4%,在远东地区,该比值则从21.9%上升至22.6%。但同时,北美的农业用地则从26.1%降至25.5%,西欧由46.3%降至43.7%。显然,粮食产量的增加更大程度上是由于技术的改进,而不是农业用地的增加。

在一些地区,如非洲的撒哈拉,饥荒仍是个严重的问题。劳动生产率低下是原因之一。虽然其他一些国家存在着农业剩余,但由于食物从生产率高的地区向生产率低的地区的再分配的困难和生产率低地区收入也低的缘故,饥荒仍威胁着部分人群。

——摘自平狄克、鲁宾费尔德《微观经济学》,经济科学出版社,2002年。

边际报酬递减规律像边际效用递减规律一样无需提出理论证明,它是从生产实践中得来的基本生产规律,边际产量是可以计量的。与之相比,边际效用递减规律是从消费者心理感受中得来的,边际效用是不可计量的。

边际报酬递减规律给我们提出了一个问题。既然可变要素投入的增加,到最后反而引起总产量的减少,那么,作为决策者的你,肯定想知道可变要素的最佳投入量。事实上,这正是问题的关键。下面产量三阶段的分析将有助于解决这一问题。

三、生产阶段的划分

根据总产量、平均产量、边际产量的变化,我们把生产划分为三个阶段,如图4-1所示。

① B 点以前为第一阶段,随着劳动投入的增加,平均产量、总产量持续增加,因此,追加劳动投入,扩大生产规模对厂商总是有利的。

② C 点以后为第三阶段,随着劳动投入的增加,平均产量、总产量持续减少,因此,减少劳动投入,缩小生产规模对厂商总是有利的。

③ B 点与 C 点之间为第二阶段,理性的厂商将把生产规模和劳动投入维持在 B、C 之间,这一区间即为短期生产的均衡区域。

也许你还不满足,B、C 之间为均衡区域,那均衡点在何处呢?至于推进到第二阶段的哪一点,要看生产要素的价格。如果相对于资本的价格而

> 天津石化公司短期生产决策案例分析
> http://www.spc.cn/spcspc/Chinese/tep/2002/200201/gl-03.htm
> 看看实际生活中的厂商是如何决策的。

网络资源

http://ingrimayne.
saintjoe. edu/econ/
TheFirm/Production-
Funct. html

一个关于生产函数
和要素报酬递减的
互动式教学网页。

言,劳动的价格较高,则劳动的投入量靠近 B 点对于生产者较有利;若相对于资本的价格而言,劳动的价格较低,则劳动的投入量靠近 C 点对于生产者较有利。但无论如何,都不能将生产维持在第一阶段或推进到第三阶段。

还需注意,有不少行业产品的生产不存在这样三个阶段的划分。这些行业可能不存在边际产量递增阶段,而边际产量一直是递减的。这些行业可能也不存在边际产量为负值的阶段。尽管其边际产量是递减的,但是边际产量却始终是正值。

 重要问题2 什么是要素边际报酬递减规律?理解这个规律需要注意哪些问题?

要素边际报酬递减规律是指在一定技术水平条件下,若其他生产要素不变,连续地增加某种生产要素的投入量,在达到某一点之后,总产量的增加幅度会递减。

理解这个规律时必须注意:边际产品递增与边际报酬递减并不矛盾;边际报酬递减规律只适用于可变要素比例的生产函数;报酬递减规律的前提条件是技术水平不变。

第三节 长期生产函数

 重要问题

1. 等产量曲线有哪些重要性质?
2. 我们如何得到长期生产均衡点?

上一节研究了短期生产函数,现在我们将它推广到长期。在长期内,所有要素的投入都是可变的,我们的目的就是要寻求最优的要素投入组合。在方法上,可以比照消费者均衡来学习。回想一下,在用序数效用理论分析消费者均衡的时候,我们先给出无差异曲线,再给出预算线,将两者结合起来,便得到消费者均衡点。同样地,现在我们要通过等产量曲线和等成本曲线来寻找最优的要素投入组合点。

**世界经理人——
商务门户**

http://www.icxo.
com

一个出色的商务门
户网站,可以了解
几乎所有商业新
闻。当然,可以从
里面找到学习所需
的厂商长期生产决
策案例。

一、多种投入要素的最优组合

生产产品,需要有多种投入要素。在实际生活中,特别是在长远规划中,在多种投入要素之间往往是可以互相替代的。例如,建一个一定规模的织布厂,需要用设备和劳动力。我们可以采用先进的技术织布,即使用贵重的设备与少量劳动力相组合。另外,我们也可以使用落后的设备与更多的劳动力相组合。可见,在确定如何新建一个织布厂时,在设备与劳动力之间是可以互相替代的。既然投入要素之间可以互相替代,这里就有一个最优组合的问题。在成本一定的条件下,投入要素之间怎样组合,才能使产量最大;或在产量一定的条件下,怎样组合,才能使成本最低。这类问题就是这里要讨论的多种投入要素最优组合问题。人们常常通过它来选择最优的技术。

为了寻找投入要素的最优组合,需要利用等产量曲线和等成本曲线。

二、等产量曲线

同无差异曲线相似,等产量曲线是表示两种生产要素的不同数量的组合可以带来相等产量的一条曲线。简单地说,就是在总产量不变的前提下,劳动与资本不同组合的轨迹。表 4-1 是某种产品产量为 100 时的四种不同要素投入组合。根据该表绘制图 4-2 中的等产量曲线。

☞ **等产量曲线**
是表示两种生产要素的不同数量的组合可以带来相等产量的一条曲线。

表 4-1 等产量表

组合方式	资 本(K)	劳 动(L)	产 量(Q)
A	6	1	100
B	3	2	100
C	2	3	100
D	1	6	100

注意,上面的分析有一个隐含的假定,就是维持同一产量水平,要素间可以相互替代(并且是不完全替代)。研究要素间相互替代关系的一个重要的概念是边际技术替代率(Marginal Rate of Technical Substitution,简称 MRTS)。边际技术替代率用来测度在维持产出水平不变的条件下,增加一单位某种要素投入所能够减少的另一要素投入量。若用劳动 L 去代替资本 K,边际技术替代率表示为 $MRTS_{LK}$;若用资本 K 去代替劳动 L,边际技术替代率表示为 $MRTS_{KL}$。

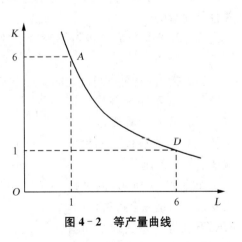

图 4-2 等产量曲线

☞ **边际技术替代率**
是用来测度在维持产出水平不变的条件下,增加一单位某种要素投入所能够减少的另一要素投入量。

边际技术替代率的几何意义是,等产量曲线上任一点的边际技术替代率等于该点切线斜率的相反数。即(用劳动 L 去代替资本 K)$MRTS_{LK} = -\Delta K/\Delta L = -dK/dL$。取负号的目的是为了保证 $MRTS_{LK}$ 的值为正。可以证明,边际技术替代率等于两要素的边际产量之比,即 $MRTS_{LK} = MP_L/MP_K$。我们用微分的方法来证明。

对于生产函数 $Q = Q(K, L)$,用劳动代替资本而维持产出水平不变意味着当劳动投入增加而资本投入减少时,产出水平保持为 $Q(K, L) = Q_0$,对该式进行全微分,得到

$$\frac{\partial Q}{\partial L}dL + \frac{\partial Q}{\partial K}dK = 0$$

整理上式,可得

$$-dK/dL = \frac{\partial Q/\partial L}{\partial Q/\partial K} = \frac{MP_L}{MP_K} = MRTS_{LK}$$

可见,任意一点的边际技术替代率等于这点上投入的两种要素的边际产量之比。还可这样理解,即增加劳动所增加的产量与减少资本所降低的产量相等,所以总产量维持不变。

通常,边际技术替代率是递减的,这是为什么呢?

从经济学上讲,边际技术替代率递减是要素的边际报酬递减规律作用的结果。由 $MRTS_{LK} = MP_L/MP_K$,我们知道,当用劳动替代资本时,劳动使用量增加,劳动的边际产量 MP_L 递减;资本使用量减少,资本的边际产量 MP_K 递增。所以,MP_L/MP_K 递减。

等产量线具有以下性质:

(1) 表示某一生产函数的等产量曲线图中,可以画出无数条等产量曲线,并且任何两条等产量曲线不能相交。否则,不合逻辑。

(2) 等产量曲线上任何一点的边际技术替代率等于该点斜率的负值,并且是递减的。

(3) 由于等产量曲线斜率绝对值递减,因此等产量曲线一般都凸向原点。

还需指出,上面我们讨论的是最常见的等产量曲线,即要素间可以相互替代但又不完全替代的情况。下面就来看看要素间完全替代和不能替代这两种极端情形的生产函数。

如图 4-3 所示,两种投入要素之间是完全可替代的,MRTS 在等产量曲线上所有点处均为常数。我们可以用 A、B、C 三种组合方式生产出同样的产量。这样的例子很多,比如,公路或大桥的收费可以采用自动化手段(几乎只投入资本),也可以由工人完成(投入大量

《财富》杂志
http://www.fortune.com
《福布斯》杂志
http://www.forbes.com
美国最权威的两本商业杂志,从它们的网站可以了解大量世界 500 强企业的生产决策案例。

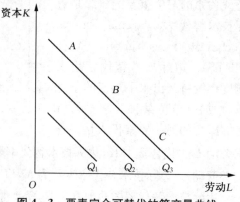

图 4-3 要素完全可替代的等产量曲线

劳动);再如,乐器的制造,可以完全由机器制作,也可以由技艺高超的匠人借助少量的工具完成。

图4-4显示了另一种极端情形——投入要素间不能进行任何替代。我们称要素间不能进行替代的生产函数为固定比例的生产函数。这种情况下,任一特定的产量水平需要特定的劳动与资本组合。只有按相同的比例增加劳动和资本的投入,才可增加产量。因此,等产量线为L型。譬如说,用风镐对混凝土马路进行翻建,一个工人用一台风镐,一台风镐也只能由一个人操作。

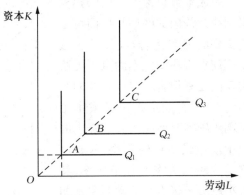

图4-4 要素间不可替代的等产量曲线

重要问题1 等产量曲线有哪些重要性质?

边际技术替代率递减是要素的边际报酬递减规律作用的结果。由 $MRTS_{LK} = MP_L/MP_K$,当用劳动替代资本时,劳动使用量增加,劳动的边际产量 MP_L 递减;资本使用量减少,资本的边际产量 MP_K 递增。

等产量曲线具有以下性质:任何两条等产量曲线不能相交;等产量曲线上任何一点的边际技术替代率等于该点斜率的负值,并且是递减的;由于等产量曲线斜率绝对值递减,因此等产量曲线一般都凸向原点。

三、等成本线

等产量曲线告诉我们,生产一定数量的某种产品可以采取多种要素组合方式,那么,厂商在生产过程中选择哪一种要素组合才最好呢?它取决于生产这些产量的总成本。而成本依存于要素的价格,为此,要讨论要素的最优组合,需要引入等成本线这个概念。

等成本线(Isocost Line)是指在约定的时期内,在现行市场价格下,厂商花费同样的总成本能够购买的两种要素所有可能的组合。其假定是单个厂商是生产要素价格的接受者,不能改变市场上生产要素的价格。用 w 代表劳动的价格,用 r 代表资本的价格,厂商用于购买劳动和资本总成本为 C。在既定的成本 C 下,厂商对于两种要素的购买选择受到这个成本方程的约束:$C = rK + wL$,将它反映在坐标图上,即得等成本

☞ **等成本线**

是指在约定的时期内,在现行市场价格下,厂商花费同样的总成本能够购买的两种要素所有可能的组合。

线。如图4-5所示。

等成本线也称为厂商的预算限制线。线内的区域是厂商可以购买到的要素组合,线外的区域是厂商在现在的成本约束下无法实现的要素组合。等成本线的截距为 C/r,它表示把全部成本用于购买资本时所能购买的资本的数量。等成本线的斜率为 w/r,它是劳动与资本的价格比率,其大小取决于资本与劳动两要素相对价格的高低。

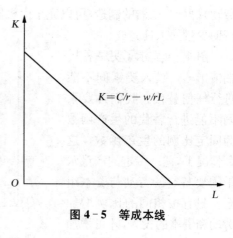

图4-5 等成本线

四、最优投入组合与扩展路线

正如知道效用函数和预算方程就可求解消费者均衡点一样,我们了解了生产函数和成本方程以后,就很容易求解最优要素投入组合的均衡点。最优要素投入组合是指在成本既定的情况下使产出最大的要素组合,或者,在产出既定的情况下使成本最小的要素组合。根据这样的理解,能满足最优要素投入组合的两个条件是:(1)要素投入的最优组合应处在等成本线上,这意味着厂商必须充分利用资金,而不让其剩余下来;(2)要素投入的最优组合发生在等产量曲线和等成本线相切之点上,即要求等产量曲线的切线斜率与等成本线的斜率相等。

☞**最优要素投入组合**
是指在成本既定的情况下使产出最大的要素组合,或者,在产出既定的情况下使成本最小的要素组合。

第一个条件很好理解,第二个条件我们借助图4-6来分析。图4-6中的 A 点位于等成本线上,其产量水平为 Q_1,满足第一个条件。但在这点上生产不能使产量达到最大,因为我们从 A 点沿着等成本线向 E 点移动,产量会逐渐增加,并在 E 点达到最大水平 Q_2。E 点正是等产量曲线和等成本线相切之点。产量 Q_3 在当前成本约束下无法实现。

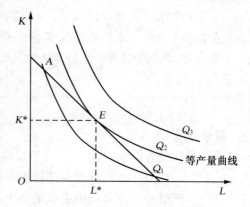

图4-6 成本既定下产量最大的均衡

我们已经知道,等产量曲线的斜率的绝对值等于边际技术替代率 MRTS,等成本线的斜率是要素价格之比的负数,因此,第二个条件可表述为:$MRTS_{LK} = w/r$,即达到最优要素投入组合均衡的必要条件是资本与劳动两种要素的边际技术替代率等于这两种要素的价格比率。

当要素价格不变,厂商产出规模变化时,均衡情况会如何变化?我们引入扩展线来说明。扩展线是在假定生产要素的价格不变下,当厂商成本支出扩张或产出扩张时,最优投入组合点的轨迹。

如图4-7所示,E_1、E_2、E_3分别表示当产量为Q_1、Q_2、Q_3时的最佳投入组合。它们都是不同产量的等产量曲线与等成本线相切的切点,把这些切点连接起来所形成的曲线就是扩展线,它是在生产函数和要素价格既定时的生产扩展的路线,又称扩展轨道、规模曲线。生产扩展线的形状有着多种可能,图4-7中所示的仅是其为直线的情况。

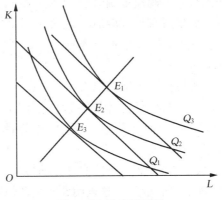

图4-7 生产扩展线

 重要问题2　我们如何得到长期生产均衡点?

与消费者理论中的分析相似,我们先得到一组生产的等产量线(同一产量的不同生产要素组合);然后通过厂商的成本方程得到等成本线,也即生产预算约束线,在等成本线与等产量线相切之处得到生产的均衡点,我们称为最优要素投入组合,指在成本既定的情况下使产出最大的要素组合,或者,在产出既定的情况下使成本最小的要素组合。

第四节　规模报酬

 重要问题

规模报酬递增的原因是什么?

在讨论了最优要素投入组合的问题之后,我们重新回到生产函数上来。关于生产函数,我们已经讨论了在短期只有一种投入要素可变动的情况;我们也讨论了在长期两种投入要素均可变动时,如何通过要素间的替代维持既定的产出水平。我们还没有讨论厂商规模扩大情况下生产函数的特征。为了使问题简化,我们假定厂商在生产中所投入的要素按相同的比例变动。生产要素按相同的比例变动所引起的产出变动称为规模报酬

☞ **规模报酬的变动**
指生产要素按相同的比例变动所引起的产出变动。

(Return to Scale)的变动。我们根据产出变动与投入变动之间的关系将生产函数分为规模报酬递增、规模报酬不变、规模报酬递减三种情况。

如果所有投入增加一倍，而产出的增加超过一倍，则存在规模报酬递增。这时，对于生产函数 $Q = F(K, L)$ 而言，意味着 $F(\lambda K, \lambda L) > \lambda F(K, L)$。

规模报酬递增的原因有三点：

(1) 生产专业化程度提高。当生产要素同时增加的时候，可以提高生产要素的专业化程度。例如，劳动者分工更细了。这会提高劳动生产效率。

(2) 生产要素具有不可分的性质。有些要素必须达到一定的生产水平，才能更有效率。这表明原有生产规模中含有扩大生产的潜力。假如一个邮递员以前每天给某小区送 100 封信，现在有 2 000 封信要送时，也许只要增加 2 个或 3 个人就够了，并不需要配备 20 名邮递员。

(3) 管理更合理。生产规模扩大时，容易实行现代化管理。现代化的管理，会造成一种新的生产力，合理的、先进的管理可以更进一步充分发挥各要素的组合功能，带来更大的效率和收益。

规模报酬的第二种可能是，投入增加一倍，产出也增加一倍，在这种情况下，我们称规模报酬不变。对于生产函数 $Q = F(K, L)$ 而言，意味着 $F(\lambda K, \lambda L) = \lambda F(K, L)$。此时，企业的经营规模不影响它的要素生产率，不管企业是大是小，企业投入品的平均和边际生产率都保持不变。

规模报酬递减指两倍投入得到少于两倍的产出的情况。对于生产函数 $Q = F(K, L)$ 而言，意味着 $F(\lambda K, \lambda L) < \lambda F(K, L)$。一些大型企业可能存在规模报酬递减。组织的复杂性和规模的过于庞大带来了管理上的困难，这就降低了劳动和资本的生产率，经理人员难以有效监督工人的工作，工作场所会变得更混乱无序。因此，规模报酬递减往往与任务协调的困难和维持管理者与工人之间有效交流的困难相关。

通常，一个企业在发展过程中会经历规模报酬递增、规模报酬不变和规模报酬递减三个阶段。当生产处于规模报酬递增阶段时，随着生产规模的扩大，产品平均成本会下降，这可称为规模经济(Economics of Scale)。反之，则称为规模不经济。

企业集团扩展须警惕"规模陷阱"
http://management.icxo.com/htmlnews/2003/12/22/53567.htm
阅读这篇文章有助于你理解企业的适当规模。

参考资料　移动梦网短信的故事

Monternet(移动梦网)是中国移动 2001 年推出的移动互联业务全国统一品牌。中国移动集团推出梦网计划以来，手机短信以其特有的技术和业务优势，很快打破电话声讯业务在信息平台的垄断，形成竞争格局。据中国移动统计，2002 年上半年中国移动用户发送短信总数为 282 亿条，远远超过 2001 年全年 158 亿条的总量，接近中国移动原定全年300亿条的预期目标。另外,在第六届中国GSM年会上,中国移动高层人员向媒体透露,目前中国手机用户正以每月500万的数量高速增长,预计2002年以手机短信为代表的移动数据业务将会为移动数据市场贡献至少60亿元收入。2000年只有10亿元市场规模,两年后可能上升到60亿元,短信市场高速发展令人惊叹不已。我们可以从规模经济的角度来分析这一市场快速发展的原因。

为实现向用户提供更有价值服务这一最终目标,中国移动将走出运营商的传统定位,转而与众多内容/应用提供商合作,实现开放和公平接入,并以客户聚集者的身份架起服务提供商与用户之间的桥梁。现有的WAP平台、短消息平台都可向社会不同合作伙伴开放,并以"一点接入、全网服务"为原则,通过不断升级和完善计费系统,给合作伙伴充分施展才能提供条件。

中国移动之所以能够提供网络平台和网络服务,关键在于这类网络信息产品具有很强的规模经济效应。移动电话系统包括遍布全国的交换和传输系统以及成千上万个基站,但它传输的是信息产品,传递每个呼叫或短信的边际成本很小。由于边际成本小,运营商的话务量越大,其平均成本就越低。移动梦网"一点接入、全网服务",进一步降低了运营商的边际成本。反观固定电话声讯系统,由于是以本地网为单位建立,每增加一个节目源,或者不能全网服务,或者每个本地网都要修改和增加相应数据(涉及流程装载、计费和结算等内容),因而需要耗费大量额外人力物力,难以提供真正意义的全网服务功能。从供给方面看,移动梦网竞争力的基础是强大的规模经济效应。

——摘自卢锋《商业世界的经济学观察》,北京大学出版社,2003年。

中国移动与规模报酬
http://www.china-mobile.com/
从这个巨无霸的企业身上进一步体会规模报酬的含义。

重要问题 规模报酬递增的原因是什么?

规模报酬递增的原因有三点:生产专业化程度提高;生产要素具有不可分的性质;管理更合理。

本章小结

1. 生产函数描述任意特定的投入品组合下一家企业所能生产的最大产出。等产量曲线描述在一定产量水平下,投入品的各种组合。与不同产出水平相连的等产量曲线可以反映生产函数。

2. 在短期,一种或多种投入品是固定不变的;在长期,所有投入品都可以变化。

☞ 从农村边际报酬递减看农村人口流动

http://www.sociology.cass.net.cn/shxw/shld/t20031014_1479.htm

看看经济分析是如何解释社会问题的。

3. 根据报酬递减规律,当一种或多种投入品固定不变时,可变投入品的边际产品通常随着投入品的增加而下降。

4. 与消费者理论中的分析相似,我们先得到一组生产的等产量曲线(同一产量的不同生产要素组合);然后通过厂商的成本方程得到等成本线,也即生产预算约束线,在等成本线与等产量曲线相切之处得到生产的均衡点,我们称为最优要素投入组合,指在成本既定的情况下使产出最大的要素组合,或者,在产出既定的情况下使成本最小的要素组合。

5. 规模报酬的变动指生产要素按相同的比例变动所引起的产出变动,一般分为规模报酬递增、规模报酬不变、规模报酬递减三种情况。

本章练习题

1. 什么是生产函数?短期生产函数与长期生产函数有何区别?
2. 为什么在短期生产中,劳动的边际产出会显示出先上升后下降的现象?
3. 单个生产要素的报酬递减与规模报酬不变并不矛盾,为什么?
4. 对于生产者而言,什么样的要素组合才是最优的?怎样实现要素投入组合最优?
5. 下面这两个生产函数的规模效应如何?

    (1) $Q = 0.5KL$

    (2) $Q = 2K + 3L$

6. 已知某企业的生产函数为 $Q = L^{2/3}K^{1/3}$,劳动的价格 w 为 2,资本的价格 r 为 1,求:

    (1) 当成本 $C = 6\,000$ 时,企业实现最大产量时的 L、K、Q 的均衡值。

    (2) 当产量 $Q = 1\,000$ 时,企业实现最小成本的 L、K、Q 的均衡值。

7. 甲、乙两公司生产同类产品,甲公司的生产函数为 $Q = 10L^{0.5}K^{0.5}$,乙公司的生产函数为 $Q = 10L^{0.6}K^{0.4}$,K 为机器工作时数,L 为劳动工作时数。

    (1) 如果两个公司所使用的资本和劳动量相同,哪一个公司生产的产量高?

    (2) 假定资本投入固定为 9 个小时,而劳动投入不受限制,哪一个公司的劳动边际产量高?

网络学习导引

http://www.cec.globalsources.com/CASE_STUDY/

"格兰仕微波炉的营销策略"——案例分析竞赛,此竞赛由《世界经理人》杂志发起。这个案例需要综合应用微观经济学方法进行分析。

1. 现在,把精力集中于市场需求、生产决策及规模报酬等方面,运用第二、三、四章知识尝试进行案例分析。

2. 然后,参考获奖的案例分析,指出自己的不足之处。

第五章

供给曲线的背后(下)：厂商成本理论

学习目标
- 理解成本的含义以及成本函数
- 掌握短期成本理论及其分析
- 掌握长期成本理论及其分析
- 运用边际收益等于边际成本进行利润最大化分析

基本概念

　　机会成本　边际成本　规模经济　范围经济　边际收益

参考资料
- 浪漫民谣隐含玄机
- 沉没成本与企业决策
- 羊绒围巾搓穗工序的学习效应估计

在第一章我们就已经开宗明义,学习经济学的目的主要在于学会"经济思维","经济思维"的主要特点就是成本收益分析。这一章,我们就要登堂入室,专门学习成本理论。首先,我们将分析和比较各种成本概念,以正确把握经济学上成本的含义;其次,我们将在生产函数的基础上引出成本函数,并分别就短期和长期对成本函数进行详细的讨论;最后,我们回到问题的关键,说明企业家是怎样通过成本收益分析来实现利润最大化的。

第一节 成本和成本函数

重要问题

如何理解经济学上的成本概念?

本节要解决的问题是正确识别并计算企业的成本。我们将通过比较各种成本概念,来正确识别经济学上强调的机会成本(Opportunity Cost),在此基础上,我们引入定量地考察成本的方法——成本函数。关于成本函数的详细讨论,将在下面两节陆续展开。

一、识别成本——从会计恒等式说起

在会计学的课程里,老师会给你讲这个恒等式:收入-成本=利润。可以发现,这正是我们所强调的成本收益分析的公式表述。但要注意,经济学家在做经济分析时,对这个公式作了一些修改,最显著的就是采用了机会成本这个概念,一种东西的机会成本是指为了得到那种东西所必须放弃的其他东西的最大可能收益。我们通过例子来看机会成本与会计学中成本的差别。

张百万在大学毕业后开了一家蛋糕厂。为生产蛋糕,张百万要购买面粉、糖、香料和其他糕点材料,还要购买和面机和烤箱,而且他还要雇佣一些工人。当张百万为买面粉花了1 000元时,蛋糕厂的会计师会把这1 000元作为材料成本记入账簿,同样地,会计师也会把购买设备所花的钱和支付给工人的工资记作成本。这些成本都是企业购买所需投入物的实际支出,称之为显性成本。显性成本是一种机会成本,因为张百万将这些钱花在蛋糕厂时,就放弃了用这些钱买其他东西的可能。会计师关注的就是显性成本,而经济学家所关注的机会成本不仅包括显性成本,还包括隐性成本。隐性成本是指企业在生产过程中所使用的自己所拥有的投入物的价值。此例中,设想张百万精通电脑,作为程序员工作每小时可以赚100元,那么,他在蛋糕厂工作每一个小时,他就要放弃100元收入。可见,这种放弃的收入也是他经营蛋糕厂的一部分机会成本。

☞ 机会成本
一种东西的机会成本是指为了得到那种东西所必须放弃的其他东西的最大可能收益。

☞ 显性成本
是企业购买所需投入物的实际支出。

☞ 隐性成本
是指企业在生产过程中所使用的自己所拥有的投入物的价值。

由于经济学家和会计师对成本的理解不同,他们对利润的看法也就会有差异。经济学家考察企业的经济利润,即总收益与机会成本之差;会计师考察企业的会计利润,即总收益与显性成本之差。图5-1显示了这些差异。

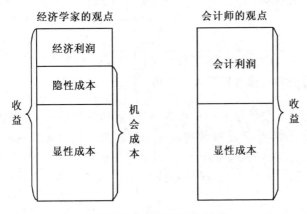

图5-1 经济学家与会计师

从图5-1中可以看出,由于会计师忽略了隐性成本,因此会计利润大于经济利润。从经济学家的观点看,要使企业有利可图,总收益必须弥补全部机会成本,包括显性成本和隐性成本。

还要注意,并不是企业所耗费的所有成本都要列入机会成本之中。机会成本仅包括与企业决策有关的成本,一些与企业决策无关的成本不列入其中。例如,有一种成本,称为沉没成本,它是指已经发生而无法收回的费用。由于它是无法收回的,因而不会影响企业的决策,不包括在机会成本之中。比方说,张百万的蛋糕厂经过几年经营后,打算将公司总部从杭州市迁往上海市。去年,他已经花了50万元获得在上海市购买某项建筑的权利。这50万元支出属于沉没成本。假定他在实际购买该建筑物时还需支付200万元。当他准备支付这200万元时,发现上海市另一处同样的建筑物只需花费220万元的总费用就可以获得其所有权。他究竟购买哪一座建筑物?当然是前一座建筑物。尽管前一座建筑物前后花费的支出为250万元,而后一处建筑物只需花费220万元总支出,但是在进行决策时,不应该考虑去年支付的50万元,这50万元与当前的决策无关。可见,机会成本是与决策有关的成本。

☞ **沉没成本**
它是指已经发生而无法收回的费用。

 重要问题 如何理解经济学上的成本概念?

经济学是一门关于选择的学问,选择了某种方案就意味着放弃其他方案,在放弃的方案中可能获取的最大收益就是选择当前方案的代价,经济学上称之为机会成本。机会成本是指与决策有关的所有成本,包括显性成本和隐性成本。与决策无关的沉没成本不包含在其中。另外,机会成本与会计成本也是有区别的。会计成本是对已经发生的货币支付的记录,是事后成本;而机会成本是一种与事前决策相关的成本。

参考资料　浪漫民谣隐含玄机

台湾地区经济学家高希均在《经济学的世界》一书中指出,爱情亦有机会成本,下面是他的解释——让我们再重温大家熟知的一首青海民歌:《在那遥远的地方》。

在那遥远的地方,有位好姑娘,人们走过她的身旁,都要回头留恋地张望。

她那粉红的小脸,好像红太阳,她那活泼动人的眼睛,好像晚上明媚的月亮。

我愿变一只小羊跟在她身旁,我愿她拿着细细的皮鞭,不断轻轻打在我身上。

我愿抛弃了财产,跟她去放羊,每天看着那粉红的小脸,和那美丽金边的衣裳。

这首民谣中的"男主角",为了追求这位活泼动人的好姑娘,所付出的机会成本是决定"抛弃了财产"。所得到的是"跟她去放羊"以及"每天看着那粉红的小脸",并且乐意承受那"细细皮鞭的抽打"。

机会成本真是无所不在!

机会成本是经济学最重要的基础,有人甚至说没有机会成本就根本没有经济学。这种说法虽然极端,却非没有道理。

——摘自林行止《经济门楣》,社会科学文献出版社,2002年。

软件的成本分析
http://www.blogchina.com/new/display/2208.html

电子商务的交易成本分析
http://info.news.hc360.com/HTML/001/002/009/010/27824.htm

新《婚姻法》颁布后外遇的成本分析
http://www.southcn.com/health/love/privacy/200203251457.htm

阅读以上三则现实生活中的成本分析有助于你明晰经济学中各种成本的概念。

成本函数
描述产品数量和相应的成本之间关系的函数。

二、成本函数

我们已经学习了生产函数,它描述的是产量水平与投入要素之间的关系。通过生产函数,我们可以得到成本函数。比如说,给定生产函数 $Q=F(K,L)$,在要素价格分别为 r,w 时,生产产量 Q 的成本为 $C(Q)=rK+wL$,若能给出具体的生产函数和要素价格,就能算出具体的成本。这种产品数量和相应的成本之间的函数关系称为成本函数,记作 $C=f(Q)$。

与生产函数一样,成本函数也有短期成本函数和长期成本函数之分。在短期,有些要素投入(如机器设备)是固定不变的;在长期,一切投入要素都是可变的。于是,短期中发生的成本和长期中发生的成本就会有区别,下面我们分别论述。

第二节 短期成本理论

重要问题

1. 短期总成本的变动特征有何经济含义?
2. 如何理解平均可变成本曲线 AVC 和平均产量曲线 AP 的关系?

本节将介绍各种短期成本的概念及其相互关系。对于各种成本的关系分析,我们将借助大量的图形,以便留下直观的印象。

一、总成本、固定成本和变动成本

在短期,企业投入生产的要素分为两类,一类要素的投入是固定的,而另一类是变动的。与此对应,企业在短期的总成本 TC(Total Cost)由两部分构成:固定成本 FC(Fixed Cost)和变动成本 VC(Variable Cost)。固定成本是指购买不变要素的费用支出,它不随产量变动而变动,因而是常数,即使企业停产,也要照样支付。对于张百万的蛋糕厂来说,固定成本有银行长期贷款的利息、租用厂房或设备的租金、固定资产折旧费等。可变成本是指购买可变要素的费用支出,它随产量的变动而变动,是产量的函数。变动成本包括临时工人的工资、原材料和燃料的费用等。上述成本关系用公式表示为

☞ **固定成本**
是指购买不变要素的费用支出。

☞ **可变成本**
是指购买可变要素的费用支出,它随产量的变动而变动。

$$总成本(TC) = 固定成本(FC) + 可变成本(VC) \qquad (1)$$

假设蛋糕厂的总成本函数为 $TC = 0.5Q^3 - 6Q^2 + 30Q + 40$,我们来分析其成本构成。固定成本为 40,它不随产量 Q 的变化而变化,变动成本 $VC = 0.5Q^3 - 6Q^2 + 30Q$,两者之和构成总成本。分别把固定成本、变动成本和总成本反映在坐标图上,如图 5-2 所示。

在图 5-2 中,三条曲线分别为固定成本曲线、可变成本曲线和总成本曲线。固定成本曲线 FC 是一条水平线,表明固定成本是一个既定的数量,它不随产量的增减而改变。

可变成本 VC 是产量的函数,它从原点出发,表明产量为零时,可变成本为零,随着产量的增加,

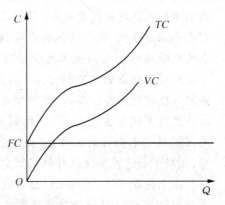

图 5-2 固定成本、变动成本和总成本

可变成本也相应增加。可变成本曲线形状主要取决于投入要素的边际产出。在初始阶段,投入可变要素的边际产出递增,因此,可变成本 VC 以递减的速度增加;到达一定点后,可变投入要素的边际产出递减,于是,可变成本以递增的速度增加。

总成本 TC 是固定成本与可变成本之和,其形状与可变成本曲线一样,可以看作是可变成本曲线向上平行移动一段相当于 FC 大小的距离后形成的。总成本曲线也是产量的函数,其形状也取决于可变投入要素的边际收益率。这一点与可变成本曲线是一致的。

 重要问题 1　短期总成本的变动特征有何经济含义?

短期总成本是由固定成本和变动成本构成的,由于固定成本不随产量的变动而变动,因此,短期总成本的变动特征是由变动成本的变化规律决定的。变动成本 VC 之所以先以递减的速度增加,后以递增的速度增加,是由于可变要素的边际产量先递增后递减,也即我们前面强调的边际报酬递减。所以,短期总成本的变动特征反映了要素的边际报酬递减这个经济规律。

 参考资料　沉没成本与企业决策

QC 公司是世界上最大的食品生产企业之一,1990 年,QC 公司瞄准发展中的中国饮用水行业,投资近 2 亿元人民币在天津兴建矿泉水厂。1998 年又耗资 4 000 万元人民币收购上海某饮料厂,并增加投资 3 亿元人民币扩建成年产 5 亿公升纯净水的现代化生产基地。

然而,QC 在中国饮用水市场上面临严峻挑战。第一,从市场需求角度看,中国由于收入水平、消费者对茶饮料偏好等方面因素,饮用水市场总体规模还比较小。第二,从市场竞争情况看,中国市场上有几千家质量低、效率低但成本也很低的地方瓶装水厂。由于饮用水缺乏明确的卫生和技术质量标准,进入门槛比较低。QC 公司基于在饮用水行业的经验和对自身品牌的严格质量要求,引进意大利、法国等现代化大型设备,严格控制生产流程,检测要求精益求精,使其产品质量优异但生产成本(特别是固定资产折旧成本)高昂。因而,QC 饮用水面临的困难是,相对于国内很多竞争对手缺少价格优势,相对于如达能集团这样的国际竞争对手又缺少规模优势。

在上述背景下,虽然 QC 公司凭借其成功的中国营销队伍、优质品牌效益可以吸引一部分高端客户群并占有一定市场,然而维持低价销售且无法达到规模产量,长期亏损则不可避免,退出似乎成为不得不考虑的选择。然而,实际上,由于存在巨大的沉没成本,QC想要退出也不容易。

依据管理经济学理论,企业在考虑退出一个行业时,需要比较平均成本与价格水平,并且考虑固定成本比例以及固定成本中沉没成本所占比例。在建立生产能力所进行的投资中,通常会有相当部分用于厂房、设备等不变投入,这些固定成本如果在企业退出这一行业时无法变卖回收,便成为沉没成本(Sunk Cost)。另外,投入生产后发生的部分成本,如广告支出等,也具有沉没成本性质。沉没成本数量规模对于企业选择是否退出某个行业时具有重要制约作用。大体来说,在完全没有沉没成本情况下,如果现实和未来预期价格低于平均成本,企业就应退出这一行业以避免亏损。然而,如果成本结构中有不同比例沉没成本,即便价格低于平均成本,企业可能仍然不应退出,因为退出可能意味着承受更大财务损失。极端地说,如果所有固定成本都是沉没成本,那么只要价格没有低于可变成本,企业仍然应当维持亏损经营以避免更大的财务损失。

正是沉没成本使QC难以顺利退出。QC在华饮用水项目固定投资巨大,上海、天津两家工厂总投资迄今超过5.4亿元人民币,再加上每年大约3 000万元人民币广告投入,累计达3亿元人民币。如果退出,厂房、土地、通用机器设备虽有可能部分收回,但资产处置时间很长,针对饮用水的广告成本完全付之东流,沉没成本总计超过8亿元人民币。

反过来看,如果维持经营,市场分析结果表明QC公司仍有机会在高端产品保持优势,占有一定市场份额。特别在5加仑大桶水市场,QC公司有丰富经验,是美国等地的市场领导者,具有明显优势。经过努力,饮用水产量可能达到1.5亿公升以上。虽然仅为设计生产能力的三分之一,但是公司可以至少保持每年20%到30%的毛利,约为2 000万元人民币。

经过全面的市场调研和缜密分析,该公司董事会决定继续饮用水工厂的生产经营。提出利用QC公司在中国的成功的营销网络和经验,继续扩大市场和销售。同时公司还实施减少外籍人员、加快管理人员本地化,压缩广告开支等节流措施,努力降低亏损额。从2002年情况看,公司销售业绩与去年大体持平,但是管理费用和销售费用明显下降,净亏损大幅度下降,董事会维持亏损经营决策得到了较好贯彻。

二、平均成本与边际成本

顾名思义,平均成本 AC(Average Cost)是指平均每一单位产量所分摊的成本,可表示为 $AC=TC/Q$。对于短期成本函数而言,短期平均成本 SAC(Short-run Average Cost)表示为

☞ 平均成本
是指平均每一单位产量所分摊的成本,可表示为 $AC=TC/Q$。

$$SAC = \frac{TC}{Q} = \frac{FC+VC}{Q} = \frac{FC}{Q} + \frac{VC}{Q} = AFC + AVC \quad (2)$$

从公式(2)可以看出,短期平均成本也由两部分构成,一部分是平均变动成本 AVC(Average Variable Cost),另一部分是平均固定成本 AFC(Average Fixed Cost)。AFC 和 AVC 的计算公式分别是

$$平均固定成本(AFC) = \frac{FC}{Q} \quad (3)$$

$$平均可变成本(AVC) = \frac{AC}{Q} \quad (4)$$

从(3)、(4)两式可看出,不管是平均固定成本还是平均变动成本,都随产量的变化而变化。在图 5-3 中,我们描出了三条平均成本曲线,通过这些曲线,可以直观地看出它们之间的关系。

如图 5-3 所示,平均固定成本随着产量的增加而逐渐变小,即产量越大,分摊到每单位产品上的固定成本就越少。平均变动成本随着产量的增加先下降后上升。短期平均成本曲线 SAC 由平均固定成本曲线 AFC 与平均变动成本曲线 AVC 垂直叠加得到。与 AVC 一样,SAC 也是先下降后上升。由于平均固定成本 AFC 一直在下降,因

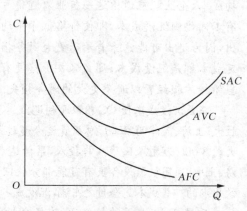

图 5-3 平均固定成本、平均变动成本和短期平均成本

此在平均可变成本 AVC 达到最低点后,短期平均成本 SAC 随着产出继续扩大还要过一段时间才达到最低点,也就是 SAC 曲线最低点位于 AVC 曲线最低点的右方。平均成本变化规律正好与我们上一章所讨论的平均产量曲线的变化规律相反。其实这两者是有着紧密联系的,从平均产量的变化特征可以导出平均成本曲线的变化特征。

假设资本 K 为不变要素,劳动 L 为可变要素,且要素价格均保持不变。平均成本表示为

$$AVC = wL/Q$$

其中,w 为劳动的价格,L 为劳动的投入量,Q 为产量。上式可进一步表示为

$$AVC = w(L/Q) = w(1/AP_L)$$

其中,AP_L 劳动要素的平均产量。显然,平均变动成本与平均产量反方向变化。在坐标图上,如果平均产量先上升后下降,那么平均变动成本就先下降后上升。由于平均固定成本随产量的增加而一直下降,并且到后来下

降的速度低于平均变动成本上升的速度,因此短期平均成本曲线也会先下降后上升。

我们再来讨论短期边际成本 SMC(Short-run Marginal Cost)。短期边际成本是产量的单位增量所引起的总成本的增量,可表示为

$$SMC = \frac{\Delta TC}{\Delta Q} = \frac{\Delta TVC}{\Delta Q} = \frac{dTC}{dQ} = \frac{dTVC}{dQ} \tag{5}$$

> **短期边际成本**
> 是产量的单位增量所引起的总成本的增量。

需要说明的是,因为固定成本不随产出的变化而变化,所以 $\Delta TC = \Delta TVC$;另外,只有当成本函数连续可导时,才能写成微分的形式。

如图 5-4 所示,短期边际成本随产出的变化而变化,其变化特征也是先下降后上升,这一变化特征也可以从边际产量曲线的变化特征导出。假设劳动 L 为可变要素,在要素价格均不变时,短期边际成本表示为

$SMC = dTVC/dQ = dwL/dQ$

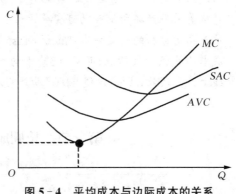

图 5-4 平均成本与边际成本的关系

> **短期中何时停止营业**
> http://www.cet.com.cn/20040405/CAIJING/200404054.htm
> 梁小民在《中国经济时报》上的经济学小品文章,对短期成本分析作了通俗易懂的介绍。

其中,w 为劳动的价格,L 为劳动投入量,Q 为产量。上式可以进一步表示为 $SMC = w(dL/dQ) = w(1/MP_L)$。可见,边际成本与边际产量反方向变化。在坐标图上,如果边际产量先上升后下降,那么边际成本就先下降后上升。

正如生产理论中边际产量与平均产量存在密切的关系一样,在成本理论中,边际成本和平均成本也存在密切的关系。如图 5-4 所示,MC 曲线与 SAC 曲线相交于 SAC 曲线的最低点。也就是说,当 MC 小于 SAC 时,SAC 递减;当 MC 大于 SAC 时,SAC 递增。我们可以通过一个例子来理解这一关系。某支中超球队原有球员 20 人,平均年薪 50 万元,今年引进了一名外援,其年薪是 71 万元。此例中,新外援的年薪可看作是俱乐部的边际成本,其值大于原来的平均成本,所以引起平均成本增加,增加为 51 万元。

另外,我们也可以通过严格的数学方法来证明上述关系。

在 SAC 曲线的最低点上,必有一阶导数 $SAC'=0$。

$$SAC' = \left(\frac{TC}{Q}\right)' = \frac{\frac{d(TC)}{dQ} \cdot Q - TC}{Q^2} = \frac{MC}{Q} - \frac{TC}{Q^2} = 0$$

$$\frac{MC}{Q} = \frac{TC}{Q^2}$$

$$MC = AC$$

可见,在 SAC 曲线的最低点上,$MC=SAC$,即 MC 曲线与 SAC 曲线相交于 SAC 曲线的最低点。

AVC 曲线和 MC 曲线的关系可以比照 SAC 曲线和 MC 曲线的关系来理解。MC 曲线先相交于 AVC 曲线的最低点,再经过 SAC 曲线的最低点,这是因为 AVC 曲线比 SAC 曲线更早到达最低点,我们在前文已经分析过。

重要问题 2 如何理解平均可变成本曲线 AVC 和平均产量曲线 AP 的关系?

平均可变成本曲线呈 U 形,平均产量曲线呈倒 U 形;当平均产量曲线上升时,平均可变成本曲线下降;当平均产量曲线位于最高点时,意味着单位产品所消耗的可变要素最少,在要素价格不变的情况下,单位产品所分担的可变成本就最低,也就是平均可变成本最低,平均可变成本曲线位于最低点;而后,随着平均产量曲线下降,平均可变成本曲线上升。因此,AVC 曲线与 AP 曲线存在反向变动关系。

第三节 长期成本理论

重要问题:
1. LTC 曲线与 STC 曲线的关系如何?
2. LAC 曲线的最低点是哪些曲线的交点,有何经济意义?

在学习了短期成本理论后,我们进入长期成本理论的学习。在长期,企业的生产规模也是可以调整的,所以没有固定成本,这是与短期的最大差异。

一、长期总成本

☞**长期总成本**
长期中生产一定量产品所需要的成本总和。

长期总成本 LTC(Long-run Total Cost)是长期中生产一定量产品所需要的成本总和。前面已经讲过,所谓长期是指企业能根据所要达到的产量来调整其全部生产要素的时期。因此,在长期中也就没有固定成本与可变成本之分,一切生产要素都是可以调整的,一切成本都是可变的。

如图 5-5 所示,长期总成

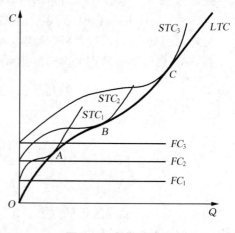

图 5-5 长期总成本

本曲线是短期总成本曲线的包络线,即长期总成本曲线与每条短期总成本曲线相切但不相交,从下方将无数条短期总成本曲线包围起来。长期总成本曲线形状的经济含义是:长期总成本是每一种产出水平下可以实现的最低总成本。这是因为,企业在长期可以调整生产规模,对于任一个产量水平,企业总可以通过生产规模的调整来实现最低的生产成本。在图5-4中,LTC是连接A、B、C等点形成的,A、B、C点都是对应的产出水平下产生最低长期总成本的点。在这些点上,短期总成本曲线与长期总成本曲线相切。

LTC曲线从原点开始,表示没有产量时没有总成本,这是LTC曲线与STC曲线最大的区别。在图5-5中可以看出,每一条STC曲线都不是从原点开始,表示一旦从短期的角度看待成本,就存在一些固定成本,且规模越大,固定成本就越大,STC曲线在纵坐标上的截距就越大。然后,长期总成本随产量的增加而增加,具体的特征是先以递减的速度增加,而后以递增的速度增加。

LTC曲线的形状主要是由规模经济因素决定的。在开始生产时,要投入大量生产要素,而产量少时,这些生产要素无法得到充分利用,因此,LTC曲线很陡。随着产量的增加,生产要素开始得到充分利用,这时成本增加的比率小于产量增加的比率,表现为规模报酬递增。最后,由于规模报酬递减,成本的增加比率又大于产量增加的比率。可见,LTC曲线的特征是由规模报酬先递增后递减决定的。注意,在长期中所有的投入要素都是可变的,因此边际报酬递减规律在此时不起作用,也就是说LTC曲线形状和STC曲线形状的决定因素是不同的。

重要问题1 LTC曲线与STC曲线的关系如何?

LTC曲线是无数条STC曲线的包络线,与短期总成本一样,长期总成本也是先以递减的速度增加,后以递增的速度增加。虽然两条曲线的基本形状相同,但两者形成的原因则不一样。LTC曲线的形状是由规模报酬因素决定的,而STC曲线的形状归根到底是由要素边际报酬递减决定的。另外,STC曲线不从原点出发,而LTC曲线从原点出发,因为在长期没有固定成本。

二、长期平均成本与规模选择

长期平均成本LAC(Long-run Average Cost)是长期中平均每一单位产品的成本,在数值上等于长期总成本除以产量。图5-6给出了长期成本曲线,可以看出,长期平均成本曲线是短期平均成本曲线的包络线,表明长期平均成本是在每一个产量水平下可能达到的最低平均成本。其原因

长期平均成本
长期中平均每一单位产品的成本,在数值上等于长期总成本除以产量。

仍然是企业可调整规模来实现这个目标。

从图 5-6 可以看出，LAC 曲线呈 U 形，即长期平均成本随着产量的增加，先下降后上升。LAC 曲线的这种特征可以从规模经济与规模不经济的角度来理解。在初始阶段，规模经济带来平均成本下降；产量超过 Q_2 后，规模

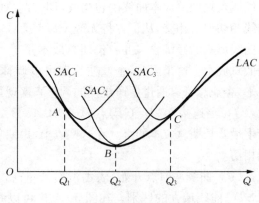

图 5-6 长期平均成本

不经济又引起平均成本上升。规模不经济通常是由信息不通，管理无效，决策失误等造成的。

另外，范围经济也是引起企业长期平均成本下降的重要因素。范围经济是指在相同的投入下，由一个单一的企业生产关联产品比多个不同的企业分别生产这些关联产品中的每一个单一产品的产出水平要高。产生范围经济的原因是企业采取联合生产的方式可以使多种产品共同分享生产设备或其他投入物，从而获得产出或成本方面的好处，也可以通过统一的营销计划或统一的经营管理获得成本方面的好处。

再次，企业长期平均成本下降还可以通过学习效应来解释。学习效应是指，在长期的生产过程中，企业的工人、技术人员、经理人员等可以积累起产品生产、产品设计及管理方面的经验，从而导致长期平均成本的下降。

上面的分析可以看出，长期平均成本水平与行业的不同特征有关。有些行业在规模报酬不变阶段持续的时间较长，有些行业甚至可能不存在规模报酬递减的情况。图 5-7 反映了这些行业的长期成本变动情况。

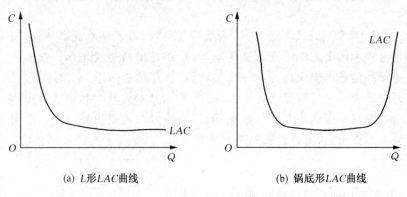

(a) L 形 LAC 曲线   (b) 锅底形 LAC 曲线

图 5-7 长期平均成本曲线的不同形状

图 5-7(a) 反映的是不存在规模报酬递减的行业的长期平均成本曲线，它呈 L 形；图 5-7(b) 呈锅底形的长期成本曲线反映的是规模报酬不变持续时间较长的行业情况。

规模经济
是指由于生产规模扩大而导致长期平均成本下降的情况。

范围经济
是指在相同的投入下，由一个单一的企业生产关联产品比多个不同的企业分别生产这些关联产品中的每一个单一产品的产出水平要高。

信息经济学中的范围经济
http://www.blogchina.com/new/display/11023.html

银行业中的规模经济
http://www.bank-of-china.com/info/99-4/6-1.shtml

参考资料　羊绒围巾搓穗工序的学习效应估计

包头海业羊绒公司是一家专门生产羊绒围巾的民营企业,该企业产品主要用于出口,经济效益较好。生产羊绒围巾有多道生产环节,其中搓穗工序完全是手工操作,劳动密集度很高,每年需要雇用200名左右工人,主要是来自包头郊区邻近农村的女工。搓穗工序生产季节性较强,人员流动性较高,工人轮换率大约在一半上下。新进厂的搓穗工需要经过一段时期实习,技术达到一定水平后才进入正式独立生产序列。不难理解,搓穗工劳动绩效即其单位时间完成的羊绒穗产量(条),与工人累计搓穗数量具有正相关关系:累计搓穗工作时间越长或累计搓穗数量越大,单位时间(每天或每小时)完成的羊绒穗数量越大。

成本与产出是不同经济活动面临的普遍经济关系,降低单位产出成本是管理实践的基本目标之一。管理经济学提炼出规模经济、学习效应、范围经济等概念,从不同角度对成本产出关系特征加以分析概括。学习效应是指把工人或其他从业人员通过实际工作经验积累带来能力提升和降低生产成本的影响,也就是"干中学"带来的成本节省效应。

在羊绒搓穗生产工序中,由于单位时间产量的倒数,度量了单位产量的平均劳动成本(由于该工序完全是手工劳动,平均劳动成本几乎是平均总成本的全部),因而单位时间羊绒穗产量与工人累计搓穗数量之间的正相关关系,也就是羊绒穗产品劳动成本与搓穗工累计产量之间的反相关关系,具有学习效应的涵义。

本文试图度量搓穗工序的学习效应关系。样本数据收集方式是:从搓穗工人中随机(不重复)抽取6名工人;样本数据采集两个月的12个时点数据(即6、7月每月5、10、15、20、25、30日)。以平均每天工作时间8小时计算,可以得到每条围巾搓穗需要的小时数即"单位产量时间"。

学习效应统计表

	日产量(条)											
	六　月						七　月					
	5日	10日	15日	20日	25日	30日	5日	10日	15日	20日	25日	30日
新工人1	3	6	8	11	12	14	15	15	17	18	19	21
新工人2	3	5	7	8	8	12	14	14	16	18	18	19
新工人3	4	5	7	8	9	13	15	15	17	16	19	19
新工人4	3	4	7	8	9	12	14	14	15	17	18	19
新工人5	3	5	7	8	12	13	15	15	17	18	19	20
新工人6	3	4	7	8	10	12	15	15	17	18	19	21
日产量平均	3.2	4.8	7.2	8.5	9.3	12.5	14.5	14.7	16.2	17.2	18.7	19.8
单位产量时间	2.5	1.7	1.1	0.9	0.9	0.6	0.6	0.5	0.5	0.5	0.4	0.4

供给曲线与成本曲线——弗里德曼的《价格理论》节选
http://www.cnread.net/cnreadl/jjzp/f/fulideman/jgll/009.htm

> 可以看出,工人在6月初每搓一个穗所需要的时间较长,随着工作时间延长和累计产量增加,他们变得越来越熟练,搓穗速度加快了,每搓一条穗所需要的时间越来越短,体现了学习效应的作用。但是学习效应随着生产效率提高渐趋消失。很可能收敛在单位产品需要 0.3—0.4 小时的水平。
> ——摘自卢锋《商业世界的经济学观察》,北京大学出版社,2003年。

三、长期边际成本

长期边际成本
是长期中增加每一单位产品所增加的成本,在数值上等于长期总成本对产量的导数。

长期边际成本 LMC(Long-run Marginal Cost):是长期中增加每一单位产品所增加的成本,在数值上等于长期总成本对产量的导数。长期边际成本曲线如图 5-8 所示,它可以从 LTC 曲线推出,因为长期边际成本 LMC 是 LTC 曲线上同一产量时的斜率。

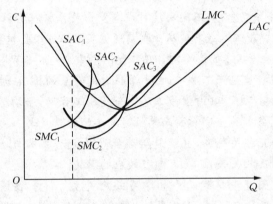

图 5-8 长期边际成本

LMC 曲线与 LAC 曲线的关系和 SMC 曲线与 SAC 曲线的关系一样,两者相交于 LAC 的最低点。当长期边际成本小于长期平均成本时,长期平均成本下降;当长期边际成本大于长期平均成本时,在长期平均成本上升;在长期平均成本的最低点,长期边际成本等于长期平均成本。图 5-8 清楚地表明了这个关系。同样,它也可以用我们前面讲的数学方法进行证明,不妨自己试试。

注意,LMC 曲线不是 SMC 曲线的包络线,这两条曲线相交而不是相切。在图 5-8 中,LMC 曲线与 SMC_1 曲线相交,在交点的正上方,正好是 LAC 曲线与 SAC_1 曲线的切点。

重要问题 2　LAC 曲线的最低点是哪些曲线的交点,有何经济意义?

> 首先,LAC 曲线是众多 SAC 曲线的包络线,在其最低点处必有一条 SAC 曲线与其相切,并且切点仍然是 SAC 曲线的最低点。我

们知道，LMC 曲线、SMC 曲线分别通过 LAC 曲线、SAC 曲线的最低点，所以，LAC 曲线的最低点是 LAC 曲线、SAC 曲线、LMC 曲线和 SMC 曲线的交点。这个点的经济意义是代表了该行业所有企业的最优规模。

第四节 企业收益与利润最大化

重要问题

1. 在进行企业收益分析时，应注意哪些问题？
2. 企业利润最大化的必要条件是什么？

经济主体在决策时需要进行成本收益分析。经过前面成本理论的学习，我们已经能够对成本进行正确的衡量。下面，我们简单介绍有关收益的知识，并进一步说明企业如何作出利润最大化的决策。

一、企业收益

收益是企业出售产品所取得的货币收入。有三个与收益相关的基本概念：总收益 TR(Total Revenue)，平均收益 AR(Average Revenue)，边际收益 MR(Marginal Revenue)。

总收益是企业出售产品所取得的全部收入，它等于产品价格与销售数量的乘积。用公式表示为 $TR = P \cdot Q$。

平均收益是平均每一单位产品的销售收入，它等于总收益除以总销量，即 $AR = TR/Q = P$。可见，平均收益也就等于单位产品的市场价格。

边际收益是每增加或减少单位产品的销售所引起的总收益的变动量，可表示为 $MR = \Delta TR / \Delta Q$。

在现实中，企业可能面临水平的需求曲线，也可能面临向下倾斜的需求曲线。前者意味着价格水平不变，后者意味着随销量的增加，价格下降。两种不同的需求曲线会使得企业的收益曲线也不一样。

图 5-9 是价格为常数时的收益曲线，横轴表示销售量 Q，纵轴表示收益 R 或价格 P。如图所示，在价格为常数时，平均收益曲线、边际收益曲线与需求曲线完全重合。总收益曲线的斜率为常数，等于价格 P。

图 5-10 是线性需求情况下的收益曲线。如图所示，需求曲线向右下方倾斜，商品的价格随销售量的增加而下降。平均收益 AR 和边际收益 MR 都随销售量的增加而下降。由于边际收益递减，总收益 TR 以递减的速率增加，当边际收益为零时，总收益达到最大。

☞**收益**
是企业出售产品所取得的货币收入。

☞**总收益**
是企业出售产品所取得的全部收入。

☞**平均收益**
是平均每一单位产品的销售收入，它等于总收益除以总销量，即 $AR = TR/Q = P$。

☞**边际收益**
是每增加或减少单位产品的销售所引起的总收益的变动量，可表示为 $MR = \Delta TR / \Delta Q$。

关于利润最大化
详细的数学推导
http://episte.math.
ntu.edu.tw/applica-
tions/ap. profit/

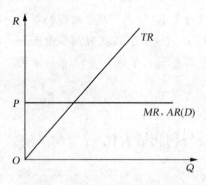
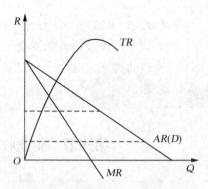

图 5-9 价格为常数时的收益曲线　　图 5-10 线性需求下的收益曲线

注意，AR 曲线和 MR 曲线在纵轴上的截距相等，但 MR 曲线的斜率是 AR 曲线斜率的两倍。这点我们可以进行证明。

假定需求函数为
$$P = a - bQ$$
则总收益为
$$TR = PQ = Q(a - bQ)$$
平均收益为
$$AR = P = a - bQ$$
边际收益为
$$MR = TR' = a - 2bQ$$

可见，边际收益曲线的斜率是平均收益曲线的两倍。

重要问题 1 在进行企业收益分析时，应注意哪些问题？

分析企业收益，应正确理解三个收益概念及其相互关系。总收益指销售产品所取得的全部收入；平均收益是平均每一单位产品的销售收入，在理论上它等于总收益除以产品销量所得的均值，实际上它就是单位产品的销售价格；边际收益是每增加或减少单位产品的销售所引起的总收益的变动量，它经常被用于企业的产量决策分析。

公路施工企业
成本分析
http://www.hncd.
gov.cn/zazhi/jtkeji/
1999disiqi/p55.htm
看看实际中企业是
如何进行成本分
析的。

二、利润最大化及其条件

会计恒等式告诉我们，利润等于总收益减总成本，即
$$\Pi = TR - TC$$

其中 Π 表示经济利润，TR 为总收益，TC 为总成本。由于收入与成本都是产量的函数，所以利润也是产量的函数，即 $\Pi = \Pi(Q)$。就利润函数对产量求一阶导数，可得

$$\frac{d\Pi}{dQ} = \frac{dTR}{dQ} - \frac{dTC}{dQ} = MR - MC$$

当 $MR-MC=0$ 时，利润最大。其中，MR、MC 分别表示边际成本和边际收益。也就是说，利润最大化的必要条件是企业把产量维持在边际成本等于边际收益的水平，如图 5-11 所示。

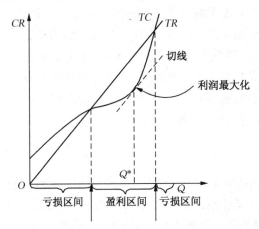

图 5-11 利润最大化的必要条件

图 5-11 表明了在价格不变时，企业短期的盈亏状况。其中，总收益曲线的斜率即是边际收益，总成本曲线的斜率即是边际成本。当企业把产量维持在 Q^* 水平时，边际收益等于边际成本，利润最大。

 重要问题 2 企业利润最大化的必要条件是什么？

> 成本理论告诉我们，随着产量增加，边际成本增加，总成本则以递增的速度增加；收益理论告诉我们，当企业面临向下倾斜的需求曲线时，随着产量增加，边际收益减少，总收益以递减的速度增加。因此，当边际成本小于边际收益时，增加产量会引起利润增加；当边际成本大于边际收益时，减少产量会引起企业利润增加。可见，只有当边际成本等于边际收益时，企业利润才会最大。

本章小结

1. 企业的目标是利润最大化，而利润等于总收益减总成本。分析企业行为时，机会成本的概念非常重要。选择了某种方案就意味着放弃其他方案，在放弃的方案中可能获取的最大收益就是选择当前方案的代价，经济学上称之为机会成本。

2. 短期总成本是由固定成本和变动成本构成的。变动成本（进而总成本）之所以先以递减的速度增加，后以递增的速度增加，是由于可变要素的边际产量先递增后递减,也即我们前面强调的边际报酬递减。所以,短期总成本的变动特征反映了要素的边际报酬递减这个经济规律。

3. 对一个典型企业来说,边际成本随着产量增加而增加。平均总成本随着产量增加先减少,然后随着产量进一步增加而增加。边际成本曲线总是与平均总成本曲线相交于平均总成本曲线的最低点。

4. 一个企业的成本取决于所考虑的时间长短。许多成本在短期是固定的,但在长期是可变的。在长期,随着规模经济效应的出现,长期平均成本有可能到达一个最低点。这个最低点就是企业的规模选择。

5. 当边际成本小于边际收益时,增加产量会引起利润增加;当边际成本大于边际收益时,减少产量会引起企业利润增加。可见,只有当边际成本等于边际收益时,企业利润才会最大。

本章练习题

1. 某小零售店女店主自己做账,你将如何计算她工作的机会成本?

2. 如果某公司雇佣了一个目前失业的工人,那么利用该工人的服务技能的机会成本为零。上述观点正确吗?请解释。

3. 若产品的边际成本递增,这是否意味着平均可变成本递增或递减?请解释。

4. 对于生产函数 $Q=\dfrac{10KL}{K+L}$,在短期中令 $P_L=1$,$P_K=4$,$K=4$。请:

(1) 推导出短期总成本、平均成本、平均可变成本及边际成本函数;

(2) 证明当短期平均成本最小时,短期平均成本和边际成本相等。

5. 假设某产品生产的边际成本函数是 $MC=3Q^2-8Q+100$,若生产 5 单位产品时总成本是 595,求总成本函数、平均成本函数、可变成本函数和平均可变成本函数。

6. 区分规模经济和范围经济的差别。为什么其中一个能在另一个不存在的情况下存在?

网络学习导引

  http://www.ccer.edu.cn/download/2080-1.doc

研究报告一:《移动公司的成本结构和弹性分析》,作者为中富证券公司的魏军锋和北京大学中国经济研究中心的平新乔。报告以移动公司的成本结构为中心,根据 2000 年 1 月至 2001 年 8 月各个分公司的成本数据估计成本模型。在此框架下,分析移动公司的成本函数特点以及各个投入要素(劳动、资产和物料)的替代弹性、价格弹性和产出成本弹性,并且简要分析了移动公司的收入和盈利空间及趋势。

  http://www.cicc.com.cn/chinese/research/China.Mobile.pdf

研究报告二:《中国移动通信公司企业债券分析》,作者为中国国际金融有限公司研究部。报告通过对中移动的成本和定价策略以及财务状况进行分析,为机构投资者提供中移动企业债的投资意见。

阅读以上两份研究报告,集中精力在移动公司的成本分析,尝试运用本章所学知识写一个移动通信公司的成本案例分析。

第六章

完全竞争市场理论

学习目标
- 理解完全竞争市场的相关概念
- 学会分析完全竞争市场的瞬时均衡和短期均衡
- 学会分析完全竞争市场的长期均衡
- 理解要素市场的均衡

基本概念

完全竞争　短期均衡　长期均衡　边际产品价值

参考资料
- 张五常论竞争
- 泛美航空公司的终结
- 完全竞争市场上其他要素报酬的决定

迄今为止,我们已经研究了消费者行为理论和生产者行为理论,本章将两者结合起来,进一步研究它们之间的交易行为怎样共同决定市场的均衡价格和均衡产量。在消费理论中,我们分别从基数效用论和序数效用论的角度解释了需求曲线;在厂商理论中,我们对厂商的生产理论和成本理论进行了分析,但并未提出任何的供给曲线。这是因为,厂商的供给曲线不仅取决于生产曲线和成本曲线,还与厂商所处的市场环境密切相关,市场环境不同,均衡条件也不同。通常,厂商所处的市场环境依据垄断程度的不同,可以分为完全竞争市场、垄断竞争市场、寡头垄断市场和完全垄断市场。

本章首先在假定要素投入价格已知的情况下研究了完全市场下的价格和产量的确定问题,推导出各种供给曲线。接着我们转入对要素价格的研究,探讨了收入分配的问题。需要主要的是,在分析方法上,我们仍然进行了短期和长期的划分。另外,我们的分析对象有两个,一个是单个厂商,一个是所有厂商所组成的行业。牢记上述注意事项将会有助于本章的学习。

第一节 完全竞争市场简介

重要问题

1. 什么样的市场是完全竞争市场?
2. 完全竞争市场的需求曲线如何?

完全竞争(Perfect Competition)是指一种竞争不受任何阻碍和干扰的市场结构。下面我们将描述它的一些具体特征。

一、完全竞争市场的特征

完全竞争市场有以下四个特点。

1. 市场上有许多买者和卖者

市场上有大量相互独立的买者和卖者,他们的供求总量决定市场的价格。但就个别家庭或厂商来说,任何一个买者或卖者的行动对市场价格的影响都是微不足道的,他们都面临着一个既定的市场价格,都是价格的接受者。所谓价格的接受者(Price Taker)是指任何单个买者或卖者都不影响商品的市场价格,商品的市场价格是由众多个买者所形成的需求与众多个卖者所形成的供给所决定的。

2. 产品同质

所有厂商都提供标准化的产品,也就是同质的、无差异的产品。它们不仅在原料、加工、包装、服务等方面一样,而且对买者来说,根本不在乎是

☞**完全竞争**
又称为纯粹竞争,是指一种竞争不受任何阻碍和干扰的市场结构。

☞**价格的接受者**
是指任何单个买者或卖者都不影响商品的市场价格,商品的市场价格是由众多个买者所形成的需求与众多个卖者所形成的供给所决定的。

和讯网
http://www.homeway.com.cn

新浪财经
http://finance.sina.com.cn

Yahoo finance
http://finance.yahoo.com

股票市场常被认为是完全竞争市场,通过上面的金融门户网站了解股票市场。

中国农产品市场协会
http://www.chama.org.cn/

农产品市场是典型的完全竞争市场,通过上面的网站了解中国农产品市场。

哪家厂商的商品。由于产品无任何差别,厂商无法利用产品的特征通过销售方面的策略(比如通过做广告)影响消费者。各个厂商的产品间可以完全替代。

3. 要素自由流动

企业所投入的各种资源可以自由流动。比如,劳动力的流动不存在任何限制。劳动力不仅可以在地区间自由流动,而且可以在不同的职业间自由流动。任何阻碍劳动力的障碍都是不存在的。资本也可以自由地流入或流出某一行业。

4. 信息充分

所有的顾客和厂商都具有充分的知识,完全掌握现在和将来的价格信息,因而不会有任何人以高于市场的价格进行购买,以低于市场的价格进行销售。

显然,这样理想的完全竞争市场实际上是几乎不存在的。通常,农产品市场被认为是接近于完全竞争。以小麦为例,世界小麦市场对每一个参与小麦交易的买者与卖者来讲是完全竞争的市场,因为就单个买者或卖者而言,其买卖的数量都只占整个世界小麦交易量的一个很小的比重。因此每一个交易者都是价格的接受者,而无法对价格施加影响。另外,所有小麦生产者所生产的小麦可以认为是同质的。而且在许多小麦主要生产国,农业实行自由经营,意味着生产农产品的资源可以自由流动。可见,世界小麦市场基本满足上述四个条件,接近完全竞争。

虽然完全竞争市场在我们生活中是罕见的,但我们不能据此否认完全竞争市场理论分析的重要意义。由于完全竞争市场的资源利用最优,经济效益最高,可以作为经济政策的理想目标。同时,完全竞争市场理论又是其他类型市场理论的基础,因此必须首先加以研究。

重要问题 1　什么样的市场是完全竞争市场?

完全竞争市场是我们将要分析的四种市场结构中的一种,也是最基础的一种。在这个市场上,有众多的买者和卖者,并且他们中的每一个都是既定价格的接受者;市场上的产品是同质的;生产产品的各种要素可以自由流动;所有的顾客和厂商都有充分的信息。同时具备这四个特征的市场就是完全竞争市场。完全竞争市场在现实中很少见,但它是我们市场理论分析的标准参照系,具有重要的理论意义。

PC 市场遭遇完全竞争
http://tech.sina.com.cn/roll/2003-10-13/1041243123.shtml
完全竞争市场的一个现实案例。

二、完全竞争市场的需求曲线

对于单个厂商而言,其所面临的需求曲线非常简单,就是一条水平线。

我们来看看这条水平的需求曲线是如何确定的。

在图6-1(a)中,行业需求曲线是在对单个消费者需求曲线加总的基础上得到的,同样,把所有厂商的供给曲线加总就得到行业供给曲线。需求曲线和供给曲线的交点E是市场均衡点,对应的均衡价格和均衡产量分别为P和Q。

就一个厂商来说,由于市场上的产销者成千上万,即使他把产销量增加一倍,对市场的总销售量的影响也微乎其微,可以忽略不计。这就是说,在完全竞争市场上,他可以不用降价,而按照当前市场价格出售他愿意出售的产品数量,即他面临的是一条水平的、弹性无穷大的需求曲线。如图6-1(b)所示,厂商需求曲线是一条价格水平为P的水平线,且与平均收益和边际收益曲线重合。

由于技术进步等原因,整个行业的供给曲线会向右移,并在E'处达到均衡,此时的均衡价格为P'。相应地,厂商需求曲线也会下移,如图6-1(b)所示。

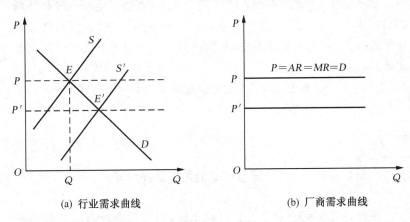

(a) 行业需求曲线　　　　　　　　(b) 厂商需求曲线

图6-1　完全竞争市场的需求曲线

参考资料　张五常论竞争

在一个没有市场的社会中,竞争也是层出不穷的,只不过竞争的形式有所不同罢了。弱肉强食是竞争,权力斗争是竞争,走后门、论资排辈、等级特权等等,也是竞争形式。

在鲁滨逊的荒岛上,在那一人世界中,竞争是不存在的。当然,那荒岛上可能有其他的野兽,与鲁滨逊竞争抢食,但那里不会有人与人之间的竞争。经济学上的"竞争"(Competition)是指人与人之间的竞争——这是因为所有经济学的基础假设都是为人而设,要解释的行为大都是人与人之间的竞争行为。

在鲁滨逊的一人世界中,有免费物品,也有经济物品。在争取较多的某种经济物品时,鲁滨逊是要付出代价的。想多吃一尾鱼,他就得减少休息;为了多获得一些木材取暖,减少苹果的种植就是代价;

今年要多吃一点麦,明年就得少吃一点。是的,在荒岛上,鲁滨逊也要面对供不应求的现实,有经济物品的存在,要付代价,所以像我们那样,他也要在选择中作其取舍。唯一不同之处是:鲁滨逊的世界没有人与人之间的竞争。

经济学的复杂湛深,完全是因为在鲁滨逊的世界中增加了一个人。有两个或更多人的世界,就变成社会——这是"社会"最明确的定义。经济学的趣味也是因为"社会"的存在而引起的。我们也可以这样看:经济学的复杂,百分之九十九以上是因为我们不是生存在一个鲁滨逊式的世界,而是生存在一个多人的社会。

请随着这推理的演进去看吧。一种经济物品是多胜于少。在社会中,一个人对某种物品多要一点,其他的人也同样对这物品多要一点。僧多粥少,竞争于是就无可避免。竞争的定义,是指一种经济物品的需求有多于一人的需求。在我们所知的社会中,这样的物品比比皆是。是的,在现实世界中,免费物品——如新鲜空气——还是存在的,虽然越来越少了。

——摘自张五常《经济解释》,商务印书馆,2 000年。

重要问题2　完全竞争市场的需求曲线如何?

在讨论完全竞争市场的需求曲线时,应该区分行业和厂商两种情况。对行业而言,需求曲线是所有家庭的需求曲线的加总,它是向右下方倾斜的,斜率为负;对厂商而言,在既定的市场价格下,它们可以出售任意数量商品,面临着一条水平的需求曲线。厂商面临水平的需求曲线也是完全竞争市场的重要特征。

第二节　完全竞争市场的瞬时均衡和短期均衡

重要问题

1. 短期均衡时,厂商一定有经济利润吗?
2. 如何得到短期内厂商和行业的供给曲线?

美国国会预算办公室
http://www.cbo.gov/
在上面可以找到有关各行业是否根据边际成本定价的讨论。

本节分析在完全竞争市场条件下,厂商处于短期均衡时的均衡价格和产量。另外,我们也将讨论短期供给曲线。对于市场均衡分析,我们应该把握这样一个思路：首先要明确市场均衡的条件是什么，我们知道，市场均衡最基本的条件是边际成本等于边际收益；其次，为达到这一均衡，厂商需要做哪些调整，我们也知道，厂商在长期和短期的调整能力是不一样的；最后，在均衡状态时，厂商的盈亏状况又是如何。下面我们就将这一思路用于短期均衡的分析。

一、瞬时均衡

在极为短暂的市场期间内，由于每个厂商都无法调整自己的产销量，供给都是固定不变的，作为所有厂商供给之和的市场供给也是固定不变的，因此市场供给曲线是一条垂直于横轴的直线，如图6-2所示。

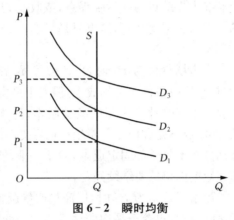

图6-2 瞬时均衡

一般来说，市场的供给曲线与需求曲线共同决定市场均衡。但由于在很短的期间内，供给是一条不变的垂直线，所以需求曲线就能单独决定市场均衡价格，而供给曲线单独决定市场均衡数量。在图6-2中，不同的需求曲线决定了不同的均衡价格水平，但均衡数量始终是Q，固定不变。

当市场需求曲线决定了市场价格以后，厂商的需求曲线、平均收益曲线、边际收益曲线也就相应确定。

二、短期均衡

在固定投入不变的短期内，厂商面对既定的市场价格，可以在一定范围内调整可变要素的投入，从而调整产销量，以求利润最大或损失最小。当每个厂商都达到自己的均衡状态时，整个产业也达到均衡状态。

我们知道，厂商收益最大化的条件是边际成本等于边际收益。在完全竞争情况下，厂商面临的水平需求曲线同时也是边际收益曲线和平均收益曲线。边

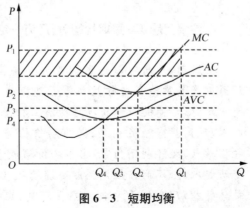

图6-3 短期均衡

际成本可以通过引入厂商的成本曲线得知。因此，我们可以结合厂商的需求曲线和成本曲线讨论完全竞争条件下厂商的短期均衡。如图6-3

所示。

在短期,厂商不能调整规模,因此成本曲线不能移动。由于在完全竞争情况下,厂商是市场价格的接受者,所以他只能通过调节可变要素的投入,把产量维持在边际收益等于边际成本的水平。结合图6-3,我们分析在不同的市场价格下厂商的盈亏状况。

当价格水平为P_1时,厂商会把产量调整到Q_1的水平,此时边际收益等于边际成本,厂商的利润最大。其获得的最大利润为图中的阴影部分。

☞ **盈亏临界点**
指厂商利润为零的点,也叫收支相抵点,在图中即是平均成本曲线的最低点。

当市场价格为P_2时,厂商的产销量为Q_2,此时利润为零。我们称厂商利润为零的点为盈亏临界点,或收支相抵点,在图中即是平均成本曲线的最低点。但要注意,这里只是厂商的经济利润为零,厂商仍然获得了正常利润。

当市场价格为P_3时,厂商会亏损,在Q_3的产量水平下亏损量最小。此时,平均收益低于平均成本,但大于平均变动成本。也就是说,厂商的销售收入不仅弥补了全部的变动成本,还弥补了一部分固定成本。我们知道,固定成本是即使工厂不生产也要支出的成本。企业开工后即使只能弥补部分而不是全部固定成本,对于企业的短期经营也是有利的。因此,厂商在短期内仍然要继续经营。

☞ **工厂停工点**
厂商的收益恰好弥补变动成本,我们称这样的点为工厂停工点,在图中即是平均变动成本曲线的最低点。

当市场价格为P_4时,厂商把产量调整到Q_4的水平,此时边际成本等于边际收益,也等于平均变动成本。厂商的收益恰好弥补变动成本,我们称这样的点为工厂停工点,在图中即是平均变动成本曲线的最低点。如果企业所面临的市场价格达到或超过这一点,企业在短期内可以继续经营。如果企业所面临的市场价格低于这一点,企业在短期内应该停工,停工后的亏损额就只有固定成本。

通过以上分析我们可以看出,企业的短期经营必须符合两个条件:其一是边际收益等于边际成本;其二是平均收益大于或等于平均变动成本。

重要问题1 短期均衡时,厂商一定有经济利润吗?

在短期,厂商可以通过调整可变要素的投入来调节产量。当厂商把产量维持在边际收益等于边际成本时,它就实现了短期均衡。此时,厂商的盈亏状况可能有三种情况:若市场价格大于平均成本,厂商获得经济利润;若市场价格等于平均成本,厂商处于盈亏临界点,经济利润为零;当市场价格低于平均成本但又大于平均变动成本时,厂商在短期仍然会继续经营,但此时总收益不足以弥补总成本,厂商处于亏损状态。可见,在短期均衡时,厂商不一定有经济利润。

三、厂商的短期供给曲线

完全竞争条件下,厂商的短期供给曲线恰好是其边际成本曲线。我们来探讨造成这一结果的原因。

所谓厂商的供给曲线是指在每一个价格水平下厂商所愿意并能够提供的商品的数量。在市场是完全竞争的情况下,只要市场价格一旦确定,厂商不管出售多少数量的产品,都按照这个相同的价格出售,即需求曲线是水平的。在厂商需求曲线为水平的情况下,厂商的边际收益等于厂商所面临的市场价格。按照利润最大化的假定,商品价格(也就是边际收益)等于边际成本时达到利润最大化。假定市场价格连续发生变动,我们就会得到许多条厂商在不同价格下的水平的需求曲线,并得到许多个需求曲线和边际成本曲线的交点,如图6-4中的E_1、E_2、E_3、E_4等。这些交点又分别对应着一个产量水平Q_1、Q_2、Q_3、Q_4等。

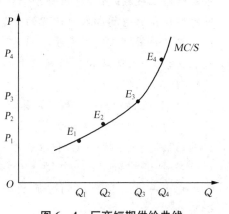

图6-4 厂商短期供给曲线

> 网络资源
> http://www.masystem.com/beergame
> 一个经济学模拟游戏,关于供应链管理,20世纪60年代由MIT开发,风靡一时。

这样,我们就从边际成本曲线导出了价格与厂商所愿意提供的商品数量之间的关系。这恰好是供给曲线所体现的关系。但要注意,供给曲线只是边际成本曲线在平均变动成本曲线最低点以上的那部分。因为该最低点即是工厂停工点,在低于平均变动成本的价格水平上,厂商会选择停工,不提供任何产品。我们还知道,平均变动成本曲线以上部分边际成本都是递增的,因此,由此导出的厂商短期供给曲线是向右上方倾斜的。

四、行业的短期供给曲线

通过对单个消费者需求曲线的加总可以得到市场需求曲线,那我们是否可以通过对单个厂商短期供给曲线的加总得出市场供给曲线呢? 一般而言,这种简单的加总是不可行的。因为在得出各个厂商的短期供给曲线时是假定生产要素的价格不变,所以边际成本不变,从而供给曲线与边际成本曲线一致。若所有的厂商都扩大产量,则生产要素的价格将会发生变化。在这种情况下,要通过对单个厂商短期供给曲线的加总而得到短期行业供给曲线是困难的。一方面,行业供给曲线是个别厂商供给之和,因而具有较小的斜率,比厂商的供给曲线平坦一些;另一方面,由于所有厂商同时扩大产量,很可能引起投入要素价格上涨,又会使行业供给曲线的斜率更大一些。因此,在短期中,行业供给曲线的形状要根据这两方面的因素加以确定。但我们可以推知,由于边际成本递增的性质,行业短期供给曲线是向右上方倾斜的,斜率为正。

重要问题 2　如何得到短期内厂商和行业的供给曲线？

供给曲线是这样一条曲线，它描述了在每一个价格水平下厂商所愿意并能够提供的商品的数量。在短期，厂商应把产量维持在边际成本等于边际收益的水平上，而在完全竞争情况下，边际收益等于市场价格。也就是说，对应每一个市场价格，厂商愿意提供与这个市场价格相等的边际成本所对应的产量。于是，通过边际成本曲线，我们就建立起价格与商品数量之间的联系，而这正是供给曲线的特征。所以，位于平均变动成本曲线以上的那部分边际成本曲线就是厂商的短期供给曲线。

短期行业供给曲线是在加总厂商供给曲线的基础上调整得到的。一方面，行业供给曲线是个别厂商供给之和，因而具有较小的斜率，比厂商的供给曲线平坦一些；另一方面，由于所有厂商同时扩大产量，很可能引起投入要素价格上涨，又会使行业供给曲线的斜率更大一些。综合这两方面的因素，我们就可得到行业的短期供给曲线。

第三节　完全竞争市场的长期均衡

 重要问题

1. 厂商长期均衡是如何形成的？为什么长期均衡时，厂商只能获得正常利润？
2. 行业长期供给曲线一定具有正斜率吗？

长期厂商不仅可以调整产品产量，还可以调整生产规模。亏损的企业可以通过生产规模的调整改变亏损状态。本节我们将详细讨论厂商长期均衡的形成过程。在此基础上，我们分析不同行业的长期供给曲线。

一、长期均衡的形成过程

在长期中，各个厂商都可以根据市场价格来调整全部生产要素和生产规模，也可以自由进入或退出该行业。这样，整个行业供给的变动就会影响市场价格，从而影响各个厂商的均衡。具体来说，当供给小于需求，价格偏高时，各厂商会扩大生产，其他厂商也会涌入该行业，从而整个行业供给增加，价格水平下降。当供给大于需求，价格偏低时，各厂商会减少生产,有些厂商会退出该行业,从而整个行业供给减少,价格水平上升。最终价格水平会达到使各个厂商既无超额利润又无亏损的状态。这时整个行业的供求均衡,各个厂商的产量也不再调整,于是就实现了长期均衡。

下面我们进一步用图 6-5 来描述长期均衡的调整过程。

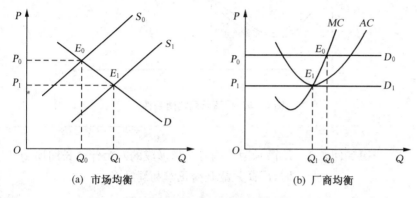

图 6-5　厂商长期均衡:短期超额利润的调整

在图 6-5(a)中,市场需求曲线 D 与供给曲线 S_0 相交于 E_0,决定均衡价格为 P_0。在这一价格上,边际收益曲线 MR 与边际成本曲线 MC 相交于 E_0,决定厂商均衡产量为 Q_0(如图 6-5(b)所示)。总收益大于总成本,厂商获得超额利润。但是经过一段时间,新厂商为了追求超额外利润陆续加入这一行业,老厂商也纷纷扩大工业规模。结果,市场供给曲线 S_0 向右移到 S_1,与其市场需求曲线 D 相交于 E_1,决定新的均衡价格为 P_1,低于 P_0。市场价格的下降使得厂商的需求曲线从 D_0 移到 D_1,与边际成本曲线 MC 相交于 E_1,决定最大利润的产量为 Q_1。在这一产量水平上,总收益与总成本相等,超额利润消失了,厂商只能获得正常利润。

同样地,如果厂商在短期内处于亏损状态,那么必定会引起部分厂商退出该行业,没有退出的厂商也会缩小其生产规模,于是整个行业的总供给减少,市场价格上升。这一调整过程直至市场价格与厂商的平均成本相等时停止。此时,厂商也只能获得正常利润。

通过以上分析可以看出,在完全竞争市场上,厂商在短期可能获得超额利润,也可能遭受亏损,但在长期,厂商只能得到正常利润。由此,完全竞争的短期均衡条件是:$P=MR=SMC$;长期均衡的条件是:$P=MR=SMC=SAC=LMC=LAC$。它们的区别是,短期均衡不要求价格等于平均成本,但长期要求它们相等。长期均衡条件如图 6-6 所示。在图中,厂商的需求曲线 D 与四条成本曲线(两条短期、两条长期)相切(或相交)于 E^*,决定长期的均衡产量为 Q^*。

实现了长期均衡时,平均成本与边际成本相等。这就说明,在完全竞争条件下,厂商可以实现成本最小化,消费者也能以最低的价格购买到商品。这表明社会资源达到了有效的配置,经济效率最高。

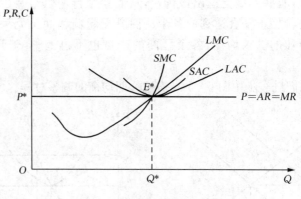

图 6-6 厂商长期均衡条件

 重要问题 1　厂商长期均衡是如何形成的？为什么长期均衡时，厂商只能获得正常利润？

在完全竞争市场中，当厂商在长期达到均衡时，其边际成本等于边际收益，并且市场价格和平均成本也相等。我们知道，在长期，厂商可以调整自身规模，甚至改变经营行业。因此，可以通过两个方面的调整来达到长期的均衡状态：一是行业中厂商的个数；二是行业中每个厂商的规模。比如说，当市场价格高于平均成本时（可能是由需求增加引起，也可能是有重大技术突破），厂商会获得经济利润，这一方面会导致新厂商加入该行业，另一方面会导致该行业的原有厂商扩大生产规模，这两方面的措施都会带来供给的增加，于是市场价格下降。这个调整过程直到市场价格与平均成本相等时为止。

在短期，只要价格高于平均变动成本，厂商在短期就会选择继续经营。然而在长期就不一样。如果存在经济利润，新的厂商就会加入；如果存在亏损，亏损的厂商会选择退出该行业。最终的结果都是厂商只能获得正常利润。

二、行业的长期供给曲线

我们已经知道，完全竞争厂商的短期供给曲线为工厂停工点以上的那部分边际成本曲线所代表，行业的短期供给曲线是在加总厂商供给曲线的基础上得到的，它们都是向右上方倾斜的曲线。那么长期中行业供给曲线的情况怎样呢？由于行业长期均衡点处于行业和厂商的长期平均成本曲线的最低点，所以行业的长期供给曲线为行业长期平均成本曲线的最低点变动的轨迹。当产量随着需求增长而增长时，由于不同的外部经济尤其是生产要素价格变动的不同情况，长期平均成本呈不变、递增或递减这样三种不同的情况，如图 6-7 所示。

长期供给曲线
是行业长期平均成本曲线的最低点变动的轨迹。

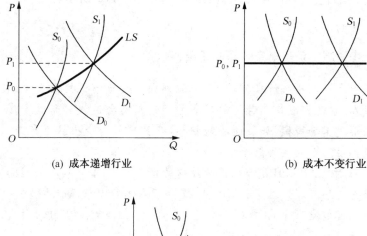
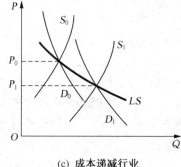

图 6-7 行业的长期供给曲线

1. 成本递增行业

当产业对投入的需求,占整个社会对这种投入需求的很大一部分时,行业产量的扩大对生产要素需求的增加将引起要素价格的上涨,从而单位产品的平均成本(LAC)将提高,表现为厂商面临的水平需求曲线上移,长期平均成本曲线向右上方移动。这类行业的长期供给曲线是一条自左向右上方伸展的曲线,如图 6-7(a)所示。

2. 成本不变行业

当产业对投入要素的需求,只占整个社会对这种投入要素需求的很小一部分时,行业产量的扩大对生产要素需求的增加不会引起要素价格的上涨,因而单位产品的成本不会随产量扩大而增加,即 LAC 不变。此时,厂商面临的需求曲线不动,长期平均成本曲线向右移动。这类行业的长期供给曲线是一条与数量轴平行的曲线,其供给的价格弹性为无穷大,如图 6-7(b)所示。

3. 成本递减行业

当存在外部经济与技术进步时,行业产量的扩大对生产要素需求的增加将引起要素价格的下降,从而单位产品的平均成本(LAC)将降低,表现为厂商面临的水平需求曲线下移,长期平均成本曲线向右下方移动。例如,某一行业扩大了生产规模,附近地区会建立起辅助性行业,专门供给生产工具和原材料,这就会节省该行业内各企业的成本。这类行业的长期供给曲线是一条自左上向右下方倾斜的曲线，如图6-7(c)所示。

参考资料　泛美航空公司的终结

竞争市场理论告诉我们，厂商在短期内只要市场价格大于平均变动成本，它就会继续经营。但厂商亏损的状态会迫使它通过资产处置来调整市场规模，如果还不能扭亏，厂商可能会退出这个行业。下面我们看一个真实的例子。

1991年12月4日是一个值得注意的日子，世界著名的泛美国际航空公司寿终正寝。这家公司自1927年投入飞行以来，数十年中一直保持国际航空巨子的骄人业绩。有人甚至认为，泛美公司的白底蓝字徽记(PAN AM)可能是世界上最广为人知的企业标志。

但是对于了解内情的人来说，这个巨人的死亡算不上什么令人吃惊的新闻：1980—1991年，除一年外，泛美公司年年亏损，总额接近20亿美元之巨。1991年1月，该公司正式宣布破产。在1980年出现首次亏损后，为什么不马上停止这家公司的业务，又是什么因素使这家公司得以连续亏损经营长达12年之久？

从经济学角度看，这是以市场供求曲线为基础的企业进出（市场）模式作用的结果。可变成本是随生产规模变化而变化的成本。按照企业进出模式，只要企业能够提出一个高于平均变动成本的价格并被顾客接受，那么不管该价格是否低于市场平均价格而必将导致企业亏损，这个企业的经营就算是有经济意义的，也就可以继续存在。

当然，企业要想在亏损情况下继续经营，必须通过出售其原有资产来维持。泛美公司在几十年的成功经营中积累了巨大的资产财富，足够它出售好一段时间的。自20世纪80年代起，这家公司先后卖掉了不少大型财产，包括以4亿美元将泛美大厦卖给美国大都会人寿保险公司，国际饭店子公司卖了5亿美元，向美国联合航空公司出售太平洋和伦敦航线，还把位于日本东京的房地产转手。到1991年末，泛美已准备将自己缩减成为以迈阿密为基地的小型航空公司，主要经营拉美地区的航线，而把其余全部航线卖给三角洲航空公司。换言之，在整个80年代，尽管泛美公司仍然坚持飞行，但同时已开始逐步撤出国际航空市场。

——摘自斯蒂格利茨《经济学：小品与案例》，中国人民大学出版社，2002年。

> **重要问题 2　行业长期供给曲线一定具有正斜率吗？**
>
> 首先，我们回顾一下行业长期供给曲线是如何形成的。由于行业长期均衡点处于行业和厂商的长期平均成本曲线的最低点，所以行业的长期供给曲线为行业长期平均成本曲线的最低点变动的轨迹。然而，长期平均成本的变动却比较复杂，通常它会随着供给量的增加而上升。但在少数情况下，行业产量的扩大对生产要素需求的增加将引起要素价格的下降，从而单位产品的平均成本（LAC）将降低。在19世纪末20世纪初，美国的农业就是一个成本递减型的行业。这是因为当农业产量增加时，为农业提供专业化服务的种类水平提高了。农业机械、化肥、运输条件、储存和市场销售设施都得以改善，从而农产品的成本大大降低。由此可见，行业长期供给曲线可能存在负斜率的情况。

第四节　完全竞争状态下的要素市场

> **重要问题**
>
> 1. 要素市场的利润最大化原则是什么？
> 2. 完全竞争市场上的要素均衡条件是什么？

前面分析了产品市场的均衡价格和均衡产量的决定。在那里我们是以生产要素价格已知为前提的。这一节我们则要研究生产要素的价格是如何决定的。

生产要素包括土地、劳动、资本和企业家才能，生产要素的价格就是要素所有者的收入，因此，生产要素价格如何决定的问题就是收入如何分配的问题，也就是微观经济学中的基本问题之一，即"为谁生产"的问题。

为谁生产的问题同生产什么、生产多少、如何生产的问题密切相关。要素价格一方面是作为要素所有者（消费者）的收入存在，另一方面又是生产者使用要素的成本。作为成本，它影响生产者使用要素的品种和数量，进而影响产品产量和价格水平；作为收入，它影响消费者的商品需求数量和需求结构。

一、生产要素需求和供给的性质

我们知道，产品的价格（和产量）是由产品的需求和供给共同决定的。

同样,生产要素的价格(和使用量)是由生产要素的需求和供给共同决定的。但是同产品的需求和供给相比,生产要素的需求和供给又具有不同的性质。

就要素的需求来说,生产要素的需求来自厂商。厂商对要素的需求不同于一般消费者对消费品的需求。消费者对消费品的需求是一种直接需求,也就是为了直接满足自己的欲望。厂商购买要素不像消费者购买商品那样是为了直接满足消费的需要,而是为了用要素来生产产品以供应市场。所以,同消费者对产品的需求是取决于产品的效用和边际效用不同,厂商对生产要素的需求是取决于生产要素所具有的生产出产品的能力。换言之,厂商对要素的需求根源于人们对产品本身的需求,所以,经济学把厂商对生产要素的需求称为派生的需求(Derived Demand),意指厂商对要素的需求是人们对要素所产出的产品的需求派生出来的。

派生需求
意指厂商对要素的需求是人们对要素所产出的产品的需求派生出来的。

生产要素的需求不仅是一种派生的需求,也是一种联合的需求(Joint Demand)或相互依存的需求。这就是说,任何生产行为所需要的都不是一种生产要素,而是多种生产要素,这样各种生产要素之间就是互补的。如果只增加一种生产要素而不增加另一种,就会出现边际收益递减现象。而且,在一定的范围内,各种生产要素也可以互相替代。生产要素相互之间的这种关系说明它的需求之间是相关的。

就要素的供给来看,它不是来自厂商,而是来自个人或家庭。个人或家庭在消费理论中是消费者,在要素价格理论中是生产要素所有者。个人或家庭拥有并向厂商提供各种生产要素。

生产要素主要有四种,即劳动、资本、土地与企业家才能。这四种要素的所有者分别是劳动者、资本所有者、土地所有者和企业家,他们为厂商提供这些生产要素而分别取得工资、利息、地租和利润。工资、利息、地租和利润就是这些生产要素的价格。我们前面说过,产品价格取决于它的效用和边际效用,而厂商需要这些生产要素则是因为它们能生产产品,因此是取决于它们各自对生产产品所作出的贡献。

在商品经济条件下,产品市场和生产要素市场是相互依存相互制约的:厂商作为产品的生产者需求要素而供给产品;与此相对应,生产要素的所有者则供给要素而需求产品。厂商在生产要素市场上买进要素时付出的价款形成要素所有者的收入,同时也构成产品的成本;生产要素的所有者出卖要素取得的收入成为厂商出卖其产品的销售价款的源泉。

二、要素市场的利润最大化原则

在分析商品的均衡价格和产量的决定时,我们已经指出,为了实现最大限度的利润,厂商需要作出决策,是把它的产量调整到这样的水平,即该产量的边际收益 MR 等于该产量的边际成本 MC。现在考察的问题是厂商对生产要素的需求,因而需要回答的问题是厂商将是怎样调整其某种生产要素的投入量,以便由此使所产产品的销售价值与成本之差,即利润总量达于极大值。

在这里,厂商之所以要增加某种生产要素的投入,是因为增加它可以增加产品相应地增加收益。在其他条件不变的情况下,增加一单位某种生产要素所增加的产品($\Delta Q/\Delta F$)或者这种产品所带来的收益($\Delta TR/\Delta F$)叫做该生产要素的边际生产力。每增加一单位某种生产要素所增加的产品($\Delta Q/\Delta F$)叫做边际物质产品(Marginal Physical Product,缩写为MPP),有时被简称为边际产品(MP)。而每增加一单位产品所增加的收益($\Delta TR/\Delta Q$)叫做边际收益(MR)。因此,这里需要引进一个新的概念,厂商每增加一单位某种生产要素所增加的收益,或者说厂商每增加一单位某种生产要素所增加的产品所带来的收益($\Delta TR/\Delta F$),叫做边际收益产品(Marginal Revenue Product,缩写为MRP),它等于边际产品与边际收益的乘积,即$MRP=MPP\times MR$。(因按照定义,$MRP=\Delta TR/\Delta F$,而$\Delta TR/\Delta F=\Delta Q/\Delta F\times \Delta TR/\Delta Q= MPP\times MR$)。

跟厂商通过调整产出量以实现最大利润所需具备条件是$MC=MR$完全一样,厂商通过调整某种生产要素投入量以实现最大利润的条件,是他把投入某种生产要素最后一个单位带来的收益(MRP)恰好等于他增加最后那个单位的生产要素投入所增加的成本,叫边际要素成本(Marginal Factor Cost,缩写MFC),即$MRP=MFC$。其道理也是一样,假如$MRP>MFC$,这表示继续增加该种生产要素的投入带来的收益会超过为此付出的成本,因而增加投入量可以使利润总量有所增加;反之,假如$MRP<MFC$,这表示最后增加的那单位生产要素反而造成损失,从而导致利润总量的减少。因此,无论是$MRP>MFC$,还是$MRP<MFC$,厂商的利润都不是最大的。只有在$MRP=MFC$时,利润才达到最大。也就是说,$MRP=MFC$是要素市场的厂商均衡的一般条件。

☞ **生产要素的边际生产力**
在其他条件不变的情况下,增加一单位某种生产要素所增加的产品($\Delta Q/\Delta F$)或者这种产品所带来的收益($\Delta TR/\Delta F$)。

☞ **边际收益产品**
厂商每增加一单位某种生产要素所增加的收益,或者说厂商每增加一单位某种生产要素所增加的产品所带来的收益($\Delta TR/\Delta F$)。它等于边际产品与边际收益的乘积,即$MRP=MPP\times MR$。

☞ **边际要素成本**
增加最后那个单位的生产要素投入所增加的成本。

重要问题1 要素市场的利润最大化原则是什么?

要素市场的利润最大化原则是厂商的边际收益产品等于边际要素成本,即$MRP=MFC$。

三、完全竞争市场上的厂商行为

1. 完全竞争下的要素供给

在生产要素市场为完全竞争的条件下,厂商无论购买多少某种要素都不影响该要素的价格,要素的价格是由市场的供求关系决定的,单个厂商只能接受市场价格。因此在市场决定的价格水平上,单个厂商面临的生产要素的供给曲线是一条水平线,如图6-8所示。

在图6-8中,横轴OQ表示一种要素的数量,纵轴OP表示该要素的价格。S 即是要素的供给曲线,它是一条平行于数量轴的直线,表示厂商无论购买多少要素都不影响该要素的市场价格。换言之,要素所有者可以按照现行市场价格供给该厂商任何数量的要素。供给曲线 S 与横轴的距离即表示该要素的市场价格,它是由该要素的市场总供给与总需求的均衡所决定的。这与商品市场的价格决定完全是一样的。

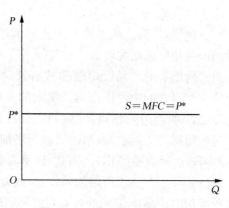

图 6-8 生产要素的供给曲线

由于厂商购买和使用该种生产要素并不影响该要素的价格,因此,它每增加一个单位要素的投入所增加的成本就等于该要素的价格。这样,在完全竞争市场上,单个厂商面临的要素供给曲线 S 与它的边际要素成本曲线 MFC 重合,边际要素成本(MFC)也就等于这种生产要素的价格,即 $MFC = p^*$。对于整个行业来说,要素的市场供给曲线不是一条水平线,一般来说,是一条向右上方倾斜的曲线,因为只有要素价格上升时要素供给才会增加。

2. 完全竞争下的要素需求

前面已指出,边际收益产品等于边际产品与边际收益的乘积。这里我们只考察完全竞争条件下,一种要素可变而其他要素不变的情况。由于收益递减规律的作用,要素的边际产品以及相应的边际收益产品是递减的,因而要素的需求曲线是从左上方向右下方倾斜曲线,如图 6-9 所示。MRP 即为边际收益产品曲线。

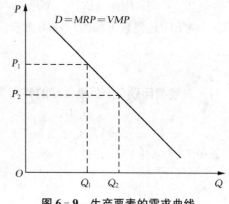

图 6-9 生产要素的需求曲线

在完全竞争商品市场上,由于商品价格是不变的,边际收益始终等于商品价格,即 $MR = P$。因此,边际收益与边际产品的乘积始终等于价格与边际产品的乘积,即 $MR \times MPP = P \times MPP$。价格与边际产品的乘积被叫做边际产品价值(Value of Marginal Product,简写 VMP)。所以在完全竞争下,一种要素的收益产品曲线 MRP 与其边际产品价值曲线 VMP 重合,如图 6-9 所示。

☞ 边际产品价值
价格与边际产品的乘积。

3. 完全竞争下的厂商均衡

把厂商的要素供给曲线与需求曲线结合在一起就可以建立完全竞争

下的厂商均衡。在图 6-10 中，S 为一种要素的供给曲线，在完全竞争下，它就是厂商的边际成本曲线 MFC。D 是对该要素的需求曲线，它也是边际收益产品曲线 MRP，同时也是边际产品价值曲线 VMP。

从图 6-10 中可见，在要素价格为 P^* 的条件下，边际要素成本与边际收益产品在 Q^* 水平上相等，从而 Q^* 是厂商使用该要素的最优数量。因为 $VMP = MRP$，所以 $MRP = MFC = VMP$ 就是在完全竞争下厂商均衡也即实现最大利润的条件。

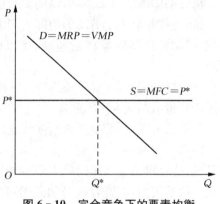

图 6-10　完全竞争下的要素均衡

四、产品分配净尽定理

当产品市场和要素市场都处于完全竞争时候，如果厂商规模报酬不变，那么各生产要素的报酬之和刚好等于全部产值。这一结论称为产品分配净尽定理，也称为欧拉定理。

下面给出一个简单的证明。

假定生产中只有劳动和资本两种要素。生产函数为 $Q = F(K, L)$，如果该生产函数符合规模报酬不变的条件，即

$$\lambda Q = \lambda F(K, L) = F(\lambda K, \lambda L)。$$

对 λ 求导：$Q = \dfrac{\partial F}{\partial K} K + \dfrac{\partial F}{\partial L} L$。其中，$\dfrac{\partial F}{\partial K} = MPP_K$，$\dfrac{\partial F}{\partial L} = MPP_L$。

两边乘以产品价格 P，则有

$$P^* Q = P^* \left(\dfrac{\partial F}{\partial K} K + \dfrac{\partial F}{\partial L} L \right) = P^* MPP_K \cdot K + P^* MPP_L \cdot L$$

在完全竞争市场中，$P^* MPP_K = r$（利息率），$P^* MPP_L = \omega$（工资率）。因此，上式又等于 $PQ = rK + \omega L$。等式左边为总收入，右边第一项为资本报酬，第二项为劳动报酬，表示总收入刚好被各种要素报酬分完。

需要指出的是，产品分配净尽定理只有在规模报酬不变的条件下才成立。在报酬递增情况下，产品收入不够给生产要素分配；而在报酬递减情况下，总收入在分配给各生产要素之后还有剩余。有兴趣的同学不妨自己证明一下。

五、完全竞争市场上工资与就业量的决定

这里所说的完全竞争指在劳动市场上的完全竞争状况，无论是劳动力的买方或卖方都不存在对劳动的垄断。在这种情况下，工资完全是由劳动

的供求关系决定的。

从劳动的需求方面说,劳动的要素价格取决于劳动这一要素的边际收益产量,也就是取决于劳动的边际生产力。随着劳动这一要素的雇用量的增加,劳动的边际收益产量递减,所以劳动需求曲线从左上方向右下方倾斜。

前面已经说明,在完全竞争下,一种要素的收益产品曲线 MRP 与其边际产品价值曲线 VMP 重合。

从供给方面说,劳动的供给曲线比较特殊是一条后弯曲线:最初从左下方向右上方倾斜,在达到一定点以后,便开始转向左上方弯曲。这个意思是说,劳动供给量开始时随工资的提高而增加,后来则随工资的提高而降低。这是因为,工资收入增加固然可以为劳动者增加效用,但也由此牺牲了闲暇时间,这又是一种负效用。当收入达到一定程度后,由工资收入给劳动者增加的正效用不足以抵消劳动的负效用时,人们就宁愿少工作而增加闲暇时间,不愿为多一点工资而多工作牺牲闲暇。

在完全竞争下,一种要素的供给曲线 S 也就是使用这种要素的边际成本曲线 MFC。

劳动的需求与供给共同决定了完全竞争市场上的工资水平,如图 8-7 所示。

图 6-11 的纵横两轴分别代表工资率和劳动数量。劳动需求曲线 D 向右下方倾斜,劳动供给曲线 S 开始向右上方倾斜,过一定点后,转而向左上方弯曲。曲线 D 和曲线 S 的交点 E,决定了劳动要素的均衡数量为 L_0,劳动的均衡价格为 W_0。

根据第二章的供求定理,需求的增加导致均衡价格上升,均衡数量增加。因此,在劳动供给不变的条件下,通过增加对劳动的需求,不但可以使工资增加,而且可以增加就业。同样根据供求定理,供给的减少,导致均衡价格上升,但均衡数量减少。因此,在劳动需求不变的条件下,通过减少劳动的供给同样也可以使工资增加,但这种情况会使就业减少。

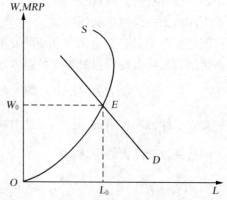

图 6-11 后弯的劳动供给曲线和工资的决定

因此,各国总是通过各种可能办法来增加市场对产品的需求和限制人口的过分增加。工会为着工人的利益,也总努力通过议会或其他活动来增加出口,限制进口,实行保护贸易政策等办法来增加对劳动的需求,以及迫使政府通过强制退休、禁止使用童工、减少工作时间的法律来限制劳动的过度供给。

 网络资源

http://research.stlouisfed.org/fred/data/employ.html

http://www.bls.gov/ces/home.htm

你是否经常在财经媒体上看到美国的就业人数报道? 为什么这个数字如此重要? 访问以上两个官方网站探寻一下。

网络资源

http://www.law.cornell.edu/topics/labor.html
美国劳工法的讨论。

http://www.afge.org/lndex.cfm
美国政府雇员工会。

参考资料　完全竞争市场上其他要素报酬的决定

1. 地租的决定

地租是土地这一生产要素的价格,地租率的高低由土地的供求决定,租地人对土地的需求取决于土地的边际生产力。但由于土地这种自然资源并非人类劳动的产物,也不能通过人类劳动增加其供应量,它具有数量有限、位置不变,以及不能再生产的特点。因此,地租的性质和地租率的大小的决定具有与劳动的工资和资本的利息不完全相同的特点。

由于土地的供给量是固定不变的,因此,土地的供给曲线是一条与横轴垂直的线。而土地的边际生产率是递减的,因此,取决于土地的边际生产力的需求曲线是一条向右下方倾斜的曲线。两条曲线的交点决定地租水平,如图6-12所示。

在图6-12中,横轴OQ代表土地量,纵轴OR代表地租,垂线S为土地的供给曲线,表示土地的

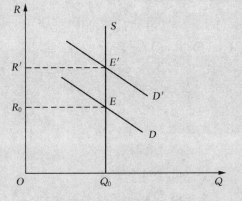

图6-12　地租的决定

供给量固定为Q_0,D为土地的需求曲线,D与S相交于E,决定了地租为R_0。

随着经济的发展,对土地的需求不断增加,而土地的供给不能增加,这样,地租就有不断上升趋势。(根据图6-12自己说明)

2. 利息的决定

资本的价格——利息率也是由资本的需求和供给双方共同决定的。资本的需求主要是企业投资的需求,因此,可以用投资来代表资本需求。资本的供给主要是储蓄,因此,可以用储蓄来代表资本的供给。这样就可以用投资与储蓄来说明利息率的决定。

企业之所以要借入资本进行投资,是因为资本的使用可以提高生产效率,即在于资本具有净生产力。由于投资的边际效率随投资增加即资本的存量的相应增加而递减,所以对资本的需求是一条向右下方倾斜的曲线。(如图6-13曲线D所示),它表达与每一借贷利率相应的投资人对投资资金的需求量。

资本财货即投资资金的供给,依存于人们愿意提供的资本,即人们的收入用于个人消费以后的余额,称为储蓄。利息即是为了诱使

网络资源
http://www.ny.frb.
org/pihome/statistics/
美国利率的权威数据

人们抑制或推迟眼前消费,进行储蓄以提供资本的一种报偿。按照西方经济学的说法,人们具有一种时间偏好,即在未来消费与现期消费中,人们是偏好现期消费的。换句话说,现在多增加一单位消费所带来的边际效用大于将来多增加一单位消费所带来的边际效用。因此,放弃现期消费把货币作为资本就应该得到利息作为补偿。这种补偿随放弃现时消费量的增加而递增,只有相应地提高利率,人们才愿意提供更多的资本,所以资本的供给是一条向右上方倾斜的曲线。(如图6-13曲线 S 所示),它描述与每一利率相应的储蓄者愿意提供的资本量。

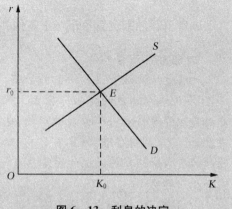

图6-13 利息的决定

两条曲线(D 和 S)的交点为 E,均衡利率为 r_0,它表示利率为 r_0 时,投资者对资本的需求恰好等于储蓄者愿意提供的资本,两者均为 K_0。

3. 企业家才能

在经济学上,一般把利润分为正常利润和超额利润。这两种利润的性质与来源都不相同。

正常利润是企业家才能的价格,也是企业家才能这种生产要素所得到的收入。它包括在成本之中,其性质与工资相类似,也是由企业家才能的需求与供给所决定的。不同的只是由于对企业家需求和供给的特殊性(边际生产力大和培养成本高),决定了它的数额远远高于一般劳动所得的工资。

因为正常利润包括在经济学分析的成本之中,所以收支相抵就是获得了正常利润。在完全竞争中,利润最大化就是获得正常利润。超过正常利润以后的超额利润在完全竞争之下并不存在。

超额利润是指超过正常利润的那部分利润,又称为纯粹利润或经济利润。大家可以回忆到,这样的利润在完全竞争下并不存在。超额利润的产生只有来源于两个方面:一是市场竞争的不完全性(将在以后的章节介绍),二是经济的动态性。

超过正常利润的超额利润可以看作是来自企业家职能的创新(Innovation),即率先改变生产函数或需求函数,以至赚得超过同行业其他厂商的正常利润的超额利润。企业家职能的创新涉及两个方面:一半创新影响产品的生产,如成功地采用降低成本的新技术或管理方法;另一类创新包括所有影响消费者对产品需求的革新,如创造新产品、新式样和广告等等。创新利润只能暂时存在,一旦某种创新为其他生产者仿效时,这种利润随之消失。

超额利润也被看作是企业主进行冒险所承担的风险的一种报酬。未来会发生的事情总是不确定的。一家企业可以从事原来未曾料到的事件中获得意料之外的利润,也可能蒙受没有预料到的损失,前者像其他超过正常利润的企业利润一样,可列入超额利润这个范畴之中。

 重要问题 2　完全竞争市场下的要素均衡条件是什么?

当 $MRP=MFC=VMP$ 时,完全竞争下的厂商达到要素均衡。

本章小结

1. 完全竞争市场是我们将要分析的四种市场结构中的一种,也是最基础的一种。在这个市场上,有众多的买者和卖者,并且他们中的每一个都是既定价格的接受者;市场上的产品是同质的;生产产品的各种要素可以自由流动;所有的顾客和厂商都有充分的信息。同时具备这四个特征的市场就是完全竞争市场。完全竞争市场在现实中很少见,但它是我们市场理论分析的标准参照系,具有重要的理论意义。

2. 由于竞争厂商是价格接受者,所以它的收益与产量是同比例的,产品的价格等于厂商的平均收益和边际收益。

3. 为了实现利润最大化,厂商选择使边际收益等于边际成本的产量。由于竞争厂商的边际收益等于市场价格,所以厂商选择使价格等于边际成本的产量。因此,厂商的边际成本曲线是它的供给曲线。

4. 在短期,当厂商不能收回其固定成本时,如果产品价格小于平均可变成本,厂商将选择停止营业;在长期,如果价格小于平均总成本,当厂商不能收回其固定成本和可变成本时,厂商将选择退出。

5. 在自由进入与退出的市场上,长期利润为零。在长期均衡时,所有厂商在有效规模生产,价格等于最低平均总成本,而且,厂商数量的调整满足在这种价格时的需求量。

6. 要素市场的利润最大化原则是厂商的边际收益产品等于边际要素成本,即 $MRP=MFC$。当 $MRP=MFC=VMP$ 时,完全竞争下的厂商达到要素均衡。

本章练习题

1. 为什么说完全竞争市场厂商是市场价格的接受者?

2. 甘草行业是竞争的。每个厂商每年生产200万根甘草。每根甘草的平均总成本为1.2元,并按1.8元的价格出售。

(1) 一根甘草的边际成本是多少?

(2) 这个行业处于长期均衡吗? 为什么是或不是?

3. 请用图说明完全竞争厂商的长期均衡的形成过程及其条件。

4. 已知某完全竞争行业的单个厂商的短期成本函数为 $STC = 0.1Q^3 - 2Q^2 + 15Q + 10$。求:

(1) 当市场上的产品价格为55时,厂商的短期均衡产量及其利润为多少? 市场价格降为20呢?

(2) 市场价格下跌到什么时候厂商会选择停产? 厂商的短期供给曲线是什么?

5. 假定条件如下:

(1) 某一竞争产业所有厂商的规模都是相同的,这些厂商都是在产量达到500单位时达到 LAC 最低点,LAC 最低点为4元。

(2) 当用最优的厂商规模生产600单位产量时,每一厂商的 SAC 为4.5元。

(3) 市场需求函数与供给函数分别为: $Q_d = 70\,000 - 5\,000P$; $Q_s = 40\,000 + 2\,500P$。

求解下列问题:

(1) 求市场均衡价格。该产业处于短期均衡还是长期均衡?

(2) 当处于长期均衡时,该产业有多少厂商?

6. "好价格通常引起行业扩大,最终会以引起高价格和制造商繁荣为结束。"用适当的图形解释这句话。

7. 厂商利润极大化条件 $MC=MR$,为什么可以重新表述为 $MFC=MRP$? 完全竞争条件下出售产品的利润极大化条件 $MC=P$ 能否重新表述为 $MFC=VMP$? 为什么?

网络学习导引

http://www.lavamind.com/gaz.html

Gazillionaire 是一个商业模拟游戏。在此游戏中,你将经营一个外太空中的贸易公司,判断市场供给和需求情况,独立作出经营决策,从中学习基本经济学及市场竞争的概念,是欧美许多大学用于辅助教学的软件。从这个网站下载一个试用版,看看你能否运用到现在为止所学知识需在游戏中如鱼得水。

第七章

一般均衡和福利经济学

学习目标
- 理解一般均衡的概念及其意义
- 学会分析消费者均衡
- 学会分析生产者均衡
- 理解生产与交换的一般均衡
- 了解社会福利的衡量和各种公平观

基本概念
    一般均衡   帕累托最优

参考资料
- 蝴蝶效应——影响力真能那么大？
- 为什么效率和公平可以分成两步走？
- 阿马蒂亚·森发现的"反公平现象"

在这一章里面，我们将学习如何在一个充斥着相互关联性的模拟经济里进行经济学分析，即一般均衡分析。进一步地，我们还将在考虑经济效率的基础上加进对公平的关注，介绍一些福利经济学的基本概念。

第一节　一般均衡的引入和消费者均衡的实现

重要问题

1. 为什么要引入一般均衡分析？
2. 消费者均衡的实现条件是什么？

本节承上启下，学习中的注意力应该重点放在对一般均衡含义的理解上。另外，明白本章中讨论的一般均衡问题的界定也很有必要。

一、一般均衡分析的引入

在这里我们有必要先梳理一下前面各章的脉络。在前面的章节，我们考察的是孤立而且单一的商品市场，而对不同市场间的相互影响忽略不计。或者说，我们假设"其他条件统统不变"（Ceteris Paribus），在讨论市场均衡条件时仅仅考察某商品自身价格变动与其供求的影响。这种方法被称为局部均衡分析方法。然而，经济学的使命在于解释现实，可是现实永远不会允许我们实现"其他条件统统不变"这样的前提假设。于是，局部均衡分析的有效性就受到了质疑。

经济学家们不得不开始关注多个商品或要素市场间存在的相互影响。这样，一套考虑问题更为全面的一般均衡分析方法便应运而生了。一般均衡分析是研究经济如何调节以使所有市场的需求和供给同时达到均衡的分析方法。在理解它的含义时，我们要注意到下面两个方面：

首先，一般均衡分析追求的是某种整体意义上的均衡。它不像局部均衡那样仅仅分析某个经济变量的变动带来的直接的、单纯的后果，它考虑了经济系统中各个部分间的相互影响，研究一个变量变动所引起的一系列的连锁反应。从这个意义上来说，由局部均衡分析得出的结论会比一般均衡分析武断许多，因而后者往往更能得到人们的赞同。例如，从局部均衡分析来看，降低工资会降低厂商的生产成本，于是它们会增加生产，这意味着更大的劳动力需求，也就意味着就业的增加。然而，从一般均衡分析的角度就会发现，降低工资还会导致收入水平的下降，进而总需求水平普遍下降，厂商会相应的减产，劳动力需求下降，失业增加。由于存在两方面的影响，降低工资的真实效果究竟如何显然不能靠局部均衡分析来得到。

其次，一般均衡只是经济体系的一种趋势，非均衡才是常态。这是因为真

☞ **局部均衡分析**
假设其他条件统统不变，在讨论市场均衡条件时仅仅考察某商品自身价格变动对其供求的影响。

☞ **一般均衡分析**
研究经济如何调节以使所有市场的需求和供给同时达到均衡的分析方法。

📖 关于一般均衡理论
http://business.sohu.com/65/70/article203587065.shtml
一篇概述一般均衡理论发展的文章。

实的经济体系当中每时每刻都有新的变化发生,并且变量间相互影响的强度也会受到具体条件的影响,因此往往是均衡尚未实现就已发生了变化,一般均衡的实现是相当困难的。我们这里的分析,更多的是一种理论上的抽象。

网络资源

http://www.nobelprizes.com/nobel/economics/1972b.html
1972年的诺贝尔经济学奖得主KENNETH J. ARROW,他的一般均衡理论成为现代经济学的基石。

参考资料 蝴蝶效应——影响力真能那么大?

"巴西丛林一只蝴蝶偶然扇动翅膀,可能会在美国得克萨斯州掀起一场龙卷风。"1972年,美国麻省理工学院教授、混沌学开创人之一E·N·洛伦兹在美国科学发展学会第139次会议上发表了题为"蝴蝶效应"的论文,提出了这个貌似荒谬的论断,并最终产生了当今世界最伟大的理论之一"混沌理论"。(混沌理论是研究如何把复杂的非稳定事件控制到稳定状态的方法。)

蝴蝶效应真的存在么?经济领域的例子不胜枚举。如1997年3月,当国际货币基金组织正对东南亚国家金融状况倍加赞赏的时候,索罗斯的突然"振翅"掀起了泰国、印尼的金融风暴,进而发展成波及整个东南亚、持续一年之久、让国际组织束手无策的严重金融危机。又如人们记忆犹新的孙志刚事件,竟然改变了沿用几十年的国家收容体制。1998年10月13日,深圳传闻"岁宝百货"经理携款潜逃导致商场倒闭,手里拿着"岁宝百货"储值卡的客户蜂拥到岁宝百货,疯狂扫货。第二天发现所谓"携款潜逃"是谣言,追悔莫及。此后,储值卡便被政府禁用了。

蝴蝶效应告诉我们,外部影响力的能量有时大得惊人。因此我们没有理由满足于单个市场的局部均衡分析,因为它所忽略的东西很有可能会带来结果的天壤之别。

我们在这一章里所要讨论的一般均衡是存在一些特定前提的:第一,我们研究的是只有两种商品和两名消费者、两种要素和两个生产商的简单经济;第二,我们假设交换可以自由进行,并且不计交易成本;第三,仅讨论竞争性市场,即每个参与人都是价格的接受者,没有能力影响市场价格。

重要问题1 为什么要引入一般均衡分析?

现实的市场常常是相互依存的,而局部均衡分析并不考虑这些相互影响,因此局部均衡分析虽然可以帮助我们理解市场行为却不足以满足经济学解释现实的追求。一般均衡分析研究经济如何调节以使所有市场的需求和供给同时达到均衡,因此考虑了不同市场间的相互影响,对现实的解释力更强。

二、消费者均衡

首先考虑产品市场上的情况。我们可以假设这样一种情形：假设只有你(U)和我(I)两个消费者，供我们消费的只有 10 杯咖啡和 6 杯红茶。注意消费品的总量已经分别给定。我和你对咖啡和红茶的主观评价也是已知的，即我们的效用函数也已给定。那么，如何使这些咖啡和红茶对你我产生的效用之和最大呢？在商品数量给定、效用函数给定的前提下如何使商品产生最大的总效用？这便是我们要考虑的消费者均衡问题。（这里我们暂时不考虑生产环节和要素市场带来的影响，假设它们均保持不变。）

我们有必要界定经济效率的含义，引入帕累托最优(Pareto Optimality)。这是福利经济学当中一个相当重要的概念，由意大利经济学家帕累托(Pareto)提出而得名。帕累托最优指的是一种无法在不使任何人福利受损的情况下提高总福利的状态。如果能够找到一种方法使任何人的福利都不受损而总福利增加，那么我们就说此时具有帕累托改进(Pareto Improvement)的空间。

另外，一种叫做埃奇沃斯盒形图(Edgeworth Box)的图示分析工具可以帮助我们讨论帕累托最优的问题，这种分析工具在一般均衡分析中作用很大。这是英国经济学家佛朗西斯·Y·埃奇沃思提出的，因而以他的名字命名。图 7-1 便是用埃奇沃斯盒形图描述的咖啡—红茶问题。如图 7-1 所示，横轴表示咖啡的数量，纵轴表示红茶的数量，均已给定。图中的任意一点都代表着这些饮品在你我之间的分配情况。我的消费组合以左下角 I 为原点度量，即我所消费的咖啡数量，以 I 点出发的水平向右的距离表示；我所消费的红茶数量，以 I 点出发的垂直向上的距离表示。而你的消费组合则以右上角 U 为原点度量，即你所消费的咖啡数量，以 U 点出发的水平向左的距离表示；你所消费的红茶数量，以 U 点出发的垂直向下的距离表示。我的无差异曲线为 I_i，这是一组凸向 I 点的曲线；你的无差异曲线为 I_u，这是一组凸向 U 点的曲线。

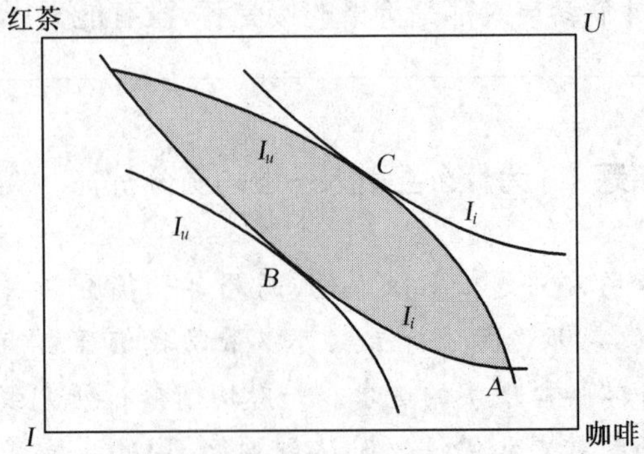

消费者均衡问题
在商品数量给定、效用函数给定的前提下如何使商品带来最大的总效用？

帕累托最优(Pareto Optimality)
无法在不使任何人福利受损的情况下提高总福利的一种状态。

关于帕累托
http://www2.pfeiffer.edu/~lridener/DSS/INDEX.HTML#pareto
介绍帕累托的生平及经济思想、著作。

图 7-1　用埃奇沃斯盒形图描述的消费者均衡咖啡红茶问题

假设初始状态为 A 点（见图 7-2），首先来考察是否存在帕累托改进的空间，即是否能够在不降低任何一人的效用的同时提高我们的总效用。我们可以看到，你我的无差异曲线在 A 点是相交的。我们可以考虑通过交换移到 B 点，这样虽然我的效用不变（A、B 位于我的同一条无差异曲线上）你的效用水平却得到了提高（对于原点 U 而言 B 位于比 A 更远的一条无差异曲线上），也就是说我们的总效用增加了。同理我们也可以通过交换移到 C 点，你的效用不变，我的效用提高，总效用也会增加。事实上，上面的 B 和 C 只是两种极端的情况，只要交换的结果对应的点位于阴影区域以内，我们的总效用都有所提高，并且没有人的效用受损。也就是说，图 7-2 中的阴影区域内任意一点相对于初始点 A 都是一种帕累托改进。

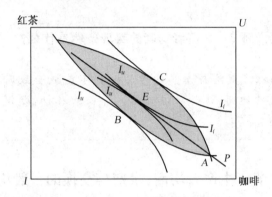

图 7-2 竞争性市场上消费者的帕累托改进

我们的下一步是不放过任何帕累托改进的空间向帕累托最优前进，以使这些咖啡和红茶能够提供给我们最大的总效用。由于市场是竞争性的，我们只能接受现行的交换价格。图 7-2 中过 A 点的直线 P 的斜率代表当前市场上咖啡和红茶的相对价格，我们的交换行为只能使分配组合沿直线 P 变动。

我们知道无差异曲线的斜率称为边际替代率（Marginal Rate of Substitution, MRS），它可以理解为咖啡和红茶的边际效用之比。如图 7-2 所示，当我们交换到无差异曲线相切的 E 点时，$MRS_{12}^I = MRS_{12}^U$，帕累托最优便实现了。此时，任何进一步的交换都意味着某一方的效用损失，于是不会再有交换发生，不会再有分配组合的改变，我们找到了消费者均衡。

细心的读者肯定已经发现，对应每种不同的价格我们都可以找到相对价格线上的某点满足无差异曲线相切，帕累托最优并不是唯一的。将我们的无差异曲线的所有切点连接起来得到的曲线称为交换契约线（Exchange Contract Curve），如图 7-3 所示。

根据定义，交换契约线上的每一点都是帕累托最优。

☞ **交换契约线**
所有满足交换的一般均衡条件的点的轨迹。

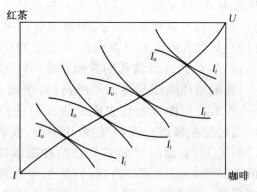

图 7-3 消费者均衡的轨迹——交换契约线

重要问题 2 消费者均衡的实现条件是什么？

当交易双方就两种商品的边际替代率达成一致时消费者便实现了交换的均衡，此时双方的无差异曲线相切，是消费的帕累托最优状态。

第二节 生产者均衡、生产与交换的一般均衡

重要问题

1. 生产者均衡的实现条件是什么？
2. 什么是最优产出组合？
3. 竞争市场上生产与交换的一般均衡条件是什么？

上一节我们假设可供消费的两商品产量均已给定，说明了不管什么样的初始分配都可以通过交换来实现帕累托最优的配置。这一节里我们连同产量的确定一起考察，先由生产者的帕累托最优找到帕累托有效的产品组合中的最优组合，然后将其视为既定产品总量，再来研究消费者均衡。这样，我们最终得到的消费者均衡便是生产与交换的一般均衡。

一、生产者均衡

我们假设：只有两个生产者你和我，生产两种产品咖啡和红茶，可供我们使用的只有两种要素资本和劳动力，量已分别给定。生产技术

亦给定。在要素数量给定、生产技术给定的前提下如何实现要素的产出最大？这便是生产者均衡问题（此处暂不考虑来自消费环节和产品市场的影响，假设它们保持不变）。

图7-4是相应的埃奇沃斯盒形图，其中纵轴表示资本，横轴表示劳动力，总量均给定。图中的任意一点都代表着这些要素在你我两个生产商之间分配的某种组合。我拥有的要素组合以左下角 I 为原点度量，而你拥有的要素组合则以右上角 U 为原点度量。你我的生产技术给定，即等产量线已经确定。

这个问题的分析与消费者均衡非常相似，可以得出非常相似的结论。

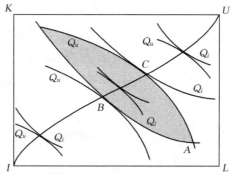

图7-4 用埃奇沃斯盒形图描述的生产者均衡问题

等产量线的斜率叫做边际技术替代率（Marginal Rate of Technical Substitution，MRTS），反映在产量不变时一种要素对另一种要素的可替代程度，我们可以视为生产者在自身技术水平基础上对要素的评价。在初始状态 A，等产量线相交，对你我而言要素的边际技术替代率不等，存在帕累托改进的空间（在这里帕累托改进意味着在不降低任何一方的产量的前提下提高总的产量）。当等产量线相切则意味着实现了生产的帕累托最优，要素配置的产出达到最大，实现生产的一般均衡。所有满足生产的一般均衡条件的点的轨迹叫做生产契约线（Production Contract Curve）。

☞ **生产者均衡问题**
在要素数量给定、生产技术给定的前提下如何实现要素产出最大？

☞ **边际技术替代率（MRTS）**
等产量组的斜率。

☞ **生产契约线**
所有满足生产的一般均衡条件的点的轨迹。

重要问题1 生产者均衡的实现条件是什么？

当生产商对两种要素的边际技术替代率相等时便实现了生产的一般均衡，此时双方的等产量线相切，是一种生产的帕累托最优状态。

二、生产可能性边界和最优产品组合

生产契约线上的任意一点都是帕累托最优的。然而生产契约线反映的是要素配置，我们并不能根据它直接确定出最优的产品组合。好在根据我们的假设（每个生产者的技术水平既定，即生产函数给定）生产要素组合与产出之间存在一一对应关系，完全可以在产品坐标系内根据生产契约线上的要素配置描绘出一条产出组合的轨迹，我们称它"生产可能性边界"

生产可能性边界
既定劳动和资本投入可以生产的所有有效率的产品组合的轨迹。

(Production Possibility Frontier, PPF)，如图7-5所示。生产可能性边界是既定劳动和资本投入可以生产的所有有效率的产品组合的轨迹。它内部的点(如 A 点)表示无效率的产出组合，它外部的点(如 B 点)则表示无法实现的产出组合。

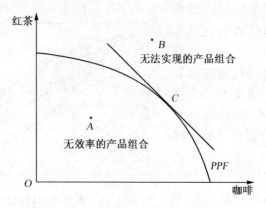

图7-5 与生产契约线对应的生产可能性边界

让我们继续讨论咖啡—红茶问题，在这里"PPF 上任意一点都是帕累托最优"的含义是：取 PPF 上任一产品组合，如果要增加红茶的产出就必须减少咖啡的产出，反之亦然。这也就是生产可能性边界必然向下倾斜的原因。我们称生产可能性边界上某点切线的斜率为该点的边际转换率 (Marginal Rate of Transformation, MRT)。例如，图7-5中 C 点切线的斜率就表示增加一单位红茶的产出需要降低的咖啡产出，即红茶对咖啡的边际转换率。

边际转换率
生产可能性边界上某点切线的斜率。

迄今为止我们的任务只完成了一半，这里的目标是确定一个最优的产品组合，而我们已经知道它肯定在生产可能性边界上，下面讨论最优产品组合的条件。

我们希望的最优产品组合应该既满足生产的帕累托最优，又与人们购买它们的意愿一致。而在完全竞争市场上(这是本节的假设)，均衡价格可以有效地传递人们购买意愿的信息。于是，当产品相对价格线与生产可能性边界相

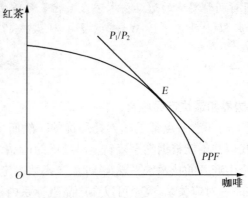

图7-6 最优产出组合的确定

切，即 $MRT=P_1/P_2$ 时，我们的任务就完成了。图 7-6 中的 E 点就是这样。回想生产者理论，利润最大化的生产者会把产出提高到边际成本与价格相等的水平，所以此时有 $MRT=P_1/P_2=MC_1/MC_2$。

重要问题 2 什么是最优产出组合？

最优产出组合既要满足生产的帕累托最优，又要与人们购买它们的愿望一致。在完全竞争市场上，最优的产品组合在生产可能性边界上，并且满足 $MRT=P_1/P_2=MC_1/MC_2$。

三、生产与交换的一般均衡

现在我们已经确定了一个最优产出组合（图 7-7 中 E_1 点），对消费者而言，我们确定下来的是可供他们消费的产品总量，如果消费者的效用函数给定，再允许通过自由交换来实施帕累托改进的话，就转化成为一个典型的消费者均衡问题。

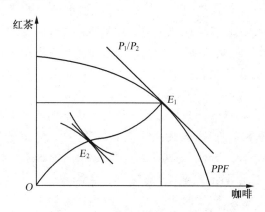

图 7-7 生产与交换的一般均衡

由本章第二节的讨论我们知道，在完全竞争市场上当 $MRS=P_1/P_2$ 时，可以实现消费者均衡（图 7-7 中 E_2 点）。此时，资源的配置效率达到了最大，同时消费者的满足程度也达到最大，生产与交换同时达到了均衡，即所谓生产与交换的一般均衡。它的条件是 $MRT=MRS=P_1/P_2$。

参考资料 为什么效率和公平可以分成两步走？

到目前为止我们的一般均衡分析是遵循效率优先兼顾公平原则的，我们首先保证生产的经济效率，然后才考虑分配的公平问题，我们之所以能够这样将公平和效率清楚地区别对待是因为有福利经济

关于效率与公平
http://www.housebook.com.cn/200401/11.htm
《公平是效率的敌人吗？——从北京大学的改革说开去》

学第一和第二定理的存在。

福利经济学第一定理指出,任何竞争型的均衡都是帕累托有效的。这条定理几乎完全不存在什么假设条件,完全由定义引申而来。但实际上它是由一些暗含的假设条件的。第一,交易者只关心本人的商品消费而不顾他人。第二,每个交易者确实在进行竞争,如果像埃奇沃思盒形图那样只有两个交易者,那么他们是不太可能接受给定的价格的,我们前面的讨论只是为了说明问题而进行了简化。当只有两个交易者的时候,他们通常是可以利用自己拥有的市场力量来谈判的。只有当存在足够多的交易者才能够确保每个人都致力于竞争,竞争性均衡的概念才有意义。在上述这些条件下,福利经济学第一定理的结论是相当有力的,即每个交易者努力追求其最大效用的私有市场会产生一种帕累托有效的配置,而在这个过程中,他们只需掌握完全竞争市场上的价格信息即可。这其实就是我们经常提到的亚当·斯密的"看不见的手"。这条定理的意义在于它表述了一种我们可以用来确保帕累托有效配置结果的机制——竞争性的市场机制。

福利经济学第二定理认为,每一个帕累托有效配置都能够通过竞争性的均衡来实现。也就是说,在消费者偏好满足一定条件的情况下,可以在一个竞争性的过程中通过对这些资源适当的再配置来实现有效率的资源配置。那么,我们就有理由将效率和公平的追求分成两步来实现。

但是我们必须清楚的一点是:福利经济学的两个定理都极其依赖于"市场是竞争的"这条假设。遗憾的是,当市场由于某种原因不再是符合竞争性的时候,这两个结论中没有一个必然成立。

——改编自 H·范里安《微观经济学:现代观点》,上海三联书店、上海人民出版社,1994年。

重要问题3　竞争市场上生产与交换的一般均衡条件是什么?

第一,交换的帕累托最优,即两商品的边际替代率对所有消费者来说均相等;第二,生产的帕累托最优,即两要素的边际技术替代率对任意的生产者来说均相等;第三,在产品市场上,对各消费者而言任意两种商品的边际替代率相等,对各生产者而言任意两种商品的边际转换率相等,并且边际替代率等于边际转换率。

第三节 社会福利和公平

重要问题

1. 社会福利边界的作用是什么？
2. 社会福利的最大化如何确定？
3. 对公平的理解不同会带来什么影响？

在前面章节，我们的讨论是生产者均衡为先而消费者均衡在后的。这一节我们从消费者入手以福利经济学的视角考察社会福利的最大化。社会福利是一个重要的福利经济学命题，它涉及公平的判断标准问题，因而分成很多不同的派别。

网络资源
http://netec.mcc.ac.uk/EDIRC/welfare.html
福利经济学的门户网站，各种资源连接。

一、效用可能性边界与社会福利边界

上一节讨论的思路是先从生产入手选出最优产出组合 E_1，再寻找消费它的最佳分配方案 E_2。可是，我们其实并不清楚生产可能性边界上 E_1 之外的其他产出组合是否能够带来更高的总效用。

因此，在追求社会福利最大化的福利经济学讨论中，我们不妨换一个角度考察，从交换契约线入手。由于效用函数既定，每一种产品分配方案都对应着一个消费者的效用组合。因此我们可以在效用坐标系内对照交换契约线描绘出一条效用轨迹，定义为效用可能性边界（Utility Possibility Frontier，UPF）。它是对给定的产品总量，在效用函数已知的情况下，所有帕累托最优的产品分配方案的效用轨迹。

那么，生产契约线上的每个产出组合，都有一条相应的效用可能性边界，所有这些效用可能性边界的外包络线就称为社会福利边界（Social Welfare Frontier，SWF）。如图7-8所示，社会福利边界是所有满足生产帕累托最优的产出组合可能带来的效用组合的边界。福利经济学的任务是在这条社会福利边界上找出社会福利最大的点。

☞ 效用可能性边界
对给定的产品总量，在效用函数已知的情况下，所有帕累托最优的产品分配方案的效用轨迹。

☞ 社会福利边界
生产契约线上的每个产出组合，都有一条相应的效用可能性边界，所有这些效用可能性边界的外包络线就称为社会福利边界。

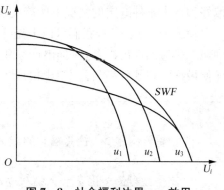

图7-8　社会福利边界——效用可能性边界的外包络线

> **重要问题 1　社会福利边界的作用是什么？**
>
> 社会福利边界包括了所有满足生产帕累托最优的点可能实现的效用，提供了社会福利最大化的选择集。如果再有一个社会无差异曲线，我们就可以像消费者的效用最大化那样在社会福利边界和社会无差异曲线的切点处实现社会福利的最大化。

二、社会福利最大化分析

一般来说，我们认为社会福利是各个社会成员个人福利的函数，并且认为社会福利水平与社会的经济效率和配置的公平程度密切相关。我们不妨用 W 代表社会福利，则 $W=W(U_1,U_2,\cdots,U_n)$。

这样，我们可以像处理消费者的效用最大化问题那样分析社会福利的最大化问题。我们可以由社会福利函数得到一组反映社会福利水平的社会无差异曲线，如图 7-9 所示。距离原点较远的社会无差异曲线代表较高的社会福利水平，而同一条社会无差异曲线上不同的点则表示相同社会福利水平上 U、I 两个社会成员的效用组合。

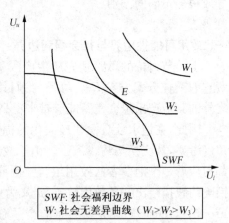

SWF: 社会福利边界
W: 社会无差异曲线（$W_1>W_2>W_3$）

图 7-9　社会福利最大化的确定

在图 7-9 中我们看到社会无差异曲线 W_2 和社会福利边界相切于点 E，该点是要素禀赋、个人偏好和技术条件既定的情况下所能实现的社会福利的最大点。

确定了 E 点之后，我们可以根据这一点所在的那条效用可能性边界找到与之相应的产出组合，逆推出产品生产在生产者间最为有效的分工，这样便最终实现了效率与公平兼顾的最佳组合。

> **重要问题 2　社会福利的最大化如何确定？**
>
> 社会福利最大化是社会福利边界和社会无差异曲线的切点。

三、反思和质疑

前面的讨论形式很符合主流经济学的惯例，然而它的弱点很容易被察觉——社会福利函数的存在性问题。我们假设存在一个那样的社会福利函数,这是否合理？我们在本书第十二章中对公共选择问题的介绍中将会看到,社会福利函数是很难确定的,即便承认它的存在性,在社会福利函数的定义问题上经济学家们也尚未达成共识,他们的分歧主要表现在对公平的理解上。

公平是个弹性很大的概念,具体地说,它是大多数人的意愿,并且通过他们在经济和政治上所作的相对持久的选择反映出来,它是建立在个人选择之上的。但从个人选择推至社会选择着实是一个难题,不同的公平观代表着不同的信仰。

表7-1归纳了四种不同的公平观。平均主义要求平均配置,罗尔斯主义优先考虑社会中境况最糟者境遇的改善,功利主义同时考虑每个社会成员并倾向于根据境况的好坏有所区别,市场主义则完全推崇市场作用的结果。判断标准的差异所带来的是对社会福利最大化的不同诠释。

 公平
大多数人的意愿,并且通过他们在经济和政治上所作的相对持久的选择反映出来,它是建立在个人选择之上的。

表7-1 四种公平观

平均主义	追求数量平均,将产品在社会的所有成员间平均分配
罗尔斯主义	追求境况最糟者的效用最大化
功利主义	追求社会所有成员的总效用的最大化
市场主义	市场作用的结果是最公平的

 参考资料　阿马蒂亚·森发现的"反公平现象"

在社会福利问题上,最常见的是边沁(1789年)提出的功利主义的方法,它将个人的满足水平加起来,作为社会福利的衡量指标。这方法看似无可非议,但其实争取个人满足水平加总的极大化,忽略了人与人之间满足程度的分布状况。阿马蒂亚·森为功利主义者,并非平等主义者。

在下列假设下,奉行功利主义将带来收入的公平分配。这些假设包括人的满足水平依靠他的收入多少,而且所有个人均具有相同的效用函数,再假设每个人由于收入增加所产生的边际满足水平MUI是递减的。注意图7-10(a)及图7-10(b)的符号A和B分别代表A君和B君,而两人的边际满足曲线分别从各自的起点(A君的起点为OA,B君的起点为OB)延伸开去。把一笔固定收入分配给A和B,当个人的满足水平相加起来(就是图中MUI_a及MUI_b两线相交以下的面积)达到最大的时候,社会福利也会达到最大,这种情况只会在$I_a=I_b$时才能出现,因此两个人的满足水平也是均等的(见图7-10(a))。

关于阿马蒂亚·森
http://fol.math.sdu.edu.cn/old/issue8/tyx/qyh/works/1998/1998con2.htm
学术成就介绍。
http://www.nd.edu/%7Ekmukhopa/ca1300/calcutta/amartya.htm
阿马蒂亚·森的个人主页。
http://intellectual.members.easyspace.com/wangdd/wdd01.htm
汪丁丁文《社会选择,市场经济与自由——从1998年诺贝尔经济学奖引出的思考》。

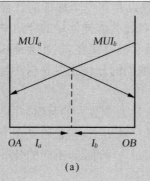 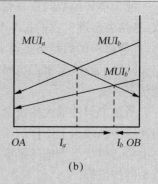

图 7-10 功利主义的公平与反公平

图 7-10(a)中,在效用主义下,当个人的效用函数相同时,各人的收入与满足均相等。I_a,A 的收入;I_b,B 的收入。

图 7-10(b)中,若效用函数不同,部分人的收入满足较他人为少。I_a,A 的收入;I_b,B 的收入。

阿马蒂亚·森发现,若两人效用函数相同的假设不存在,那么功利主义将引致"反公平现象"(Anti-equalitarian)。假设 B 君变成残疾人士,他所能得到的满足只能达到以往的一半,他以边际满足极大化为目标,该残疾人士将因取得较少收入而变得更惨,不单如此,他的总体满足水平也会减少。因此,阿马蒂亚·森展示了效用主义在收入满足水平两方面均是反公平的,因为将个人之间合计的满足水平极大化,是不需理会这些满足水平将如何分配的。发生这令人讨厌的结果是因为该残疾人士在产生满足水平方面未及他人般有效率,他的景况也因为贫穷及不快乐而变得更惨。

 重要问题 3 对公平的理解不同会带来什么影响?

每一种对公平的不同理解都对应着不同的社会福利函数,因而不同的公平观会带来不同的社会福利最大化选择。

本章小结

1. 一般均衡分析研究经济如何调节以使所有市场的需求和供给同时达到均衡,因此考虑了不同市场间的相互影响,可以为经济分析提供一个基准。

2. 当交易双方就两种商品的边际替代率达成一致时消费者便实现了交换的均衡,此时双方的无差异曲线相切,是消费的帕累托最优状态。

3. 当生产商对两种要素的边际技术替代率相等时便实现了生产的一般均衡,此时双方的等产量线相切,是一种生产的帕累托最优状态。

4. 竞争市场上生产与交换的一般均衡条件:第一,交换的帕累托最优,即两商品的边际替代率对所有消费者来说均相等;第二,生产的帕累托最优,即两要素的边际技术替代率对任意的生产者来说均相等;第三,在产品市场上,对各消费者而言任意两种商品的边际替代率相等,对各生产者而言任意两种商品的边际转换率相等,并且边际替代率等于边际转换率。

5. 福利经济学中有各种不同的公平观。平均主义要求平均配置,罗尔斯主义优先考虑社会中境况最糟者境遇的改善,功利主义同时考虑每个社会成员并倾向于根据境况的好坏有所区别,市场主义则完全推崇市场作用的结果。判断标准的差异所带来的是对社会福利最大化的不同诠释。

本章练习题

1. 在某种配置下有些人的境况比某个非帕累托最优配置下的境况更差,请问这个配置可能是帕累托最优么?为什么?
2. 在利用埃奇沃斯盒形图进行消费者均衡分析时,请解释为什么交换契约线上的每一点两个消费者的边际替代率都相等?
3. "由于契约线上的每一点都满足帕累托最优,所以从社会整体的角度来看它们是同样理想的选择。"你如何评价这种观点?
4. 怎样从生产契约线得到生产可能性边界?
5. 一个经济原来处于一般均衡状态,如果某种原因是商品 X 的市场供给增加,使分析:
(1) X 的替代品市场和互补品市场会受什么影响?
(2) 生产要素市场会发生什么变化?
(3) 收入分配会有什么变化?
6. 生产者均衡的实现条件是_____。
7. 消费者均衡的实现条件是_____。
8. 生产和消费的一般均衡条件是_____。
9. 市场作用的结果能带来社会福利的最大化么?
10. 完全竞争市场均衡和帕累托最优之间是什么关系?

网络学习导引

http://econtools.com/jevons/java/Edgeworth/edge1.html

这是一个 java 小程序,它展示的是一个埃奇沃斯盒形图,可以用来进行帕累托最优分析,也可以用来演示契约线和瓦尔拉斯一般均衡。读者可以参照页面左下方的应用指导学习如何使用。

第三部分

现实的世界——主体行为、市场结构与政府干预

我们来考虑一个更为现实的世界。对现实的世界的考察,首先从现实中经济主体的行为特征开始,这是我们分析现实世界的主要分析工具。此时作为个体的每个经济主体的行为不再是无足轻重了,每个经济主体在决策的时候必须考虑到其他经济主体的反应,必须在相互影响中来确定自己的经济行为;此时每个经济主体在决策时的可供依据的条件也是不同的,这突出体现在对信息的不同掌握程度上,信息问题成为影响经济主体行为的重要因素;此外,经济主体决策时的理性问题,也成为影响经济运行的重要因素,尽管我们在随后的分析中并没有放松对理性人的假定。在对现实世界中的经济主体的行为特征作了更为真实的考察后,就可以对现实世界中的市场结构特征、现实世界中市场的自发运行效率等问题进行分析。我们在这一部分中首先介绍理解现实世界经济主体行为特征的主要工具:博弈、信息与理性,随后分别介绍现实世界中的三种市场结构:完全垄断市场、寡头垄断市场与垄断竞争市场,最后介绍现实世界中市场与政府的相互关系:公共部门经济学。

第八章

现实世界中的经济主体行为特征：博弈、信息与理性

学习目标
- 学会运用博弈论的基础知识进行经济分析
- 掌握信息不对称理论并会运用
- 了解现代经济学关于理性行为的讨论
- 了解行为经济学和实验经济学的意义

基本概念

博弈论　囚徒困境　纳什均衡　信息不对称　逆向选择　道德风险　有限理性

参考资料
- 商战与承诺
- 旧车市场的新发展
- 电网定价实验

这一章为我们研究经济主体的行为提供新的工具。在现实经济中,我们作决策必须考虑自己的选择对他人的影响,以及他人的行为对自己的影响。这种决策过程就如同下棋,每一步都要考虑对手可能的反应以及自己的应对策略,经济学用博弈论的方法来研究这种决策行为。同时,我们在决策过程中不可能全知全觉,也不可能如电脑般完全理性思考,这就需要我们分析信息和理性对于决策的影响进而对市场所造成的影响。

第一节 博 弈 论

重要问题

1. 囚徒困境告诉我们什么?上策均衡和纳什均衡有什么区别?
2. 重复博弈有限次与无限次会产生什么不同的结果?序列博弈中行动的先后次序会产生什么影响?
3. 空头威胁为什么不可信?承诺如何让威胁变得可信?

☞**博弈论**
研究决策主体的行为发生直接相互作用时的决策,以及这种决策的均衡。

博弈论(Game Theory)也称为对策论,它实际上是一种方法论,或者是数学的一个分支,在 18 世纪就已经出现。1944 年,以大数学家冯·诺依曼和经济学家奥斯卡·摩根斯坦的巨著《博弈论与经济行为》的出版为标志,博弈论被引入经济学,并成为现代经济分析的标准工具,1994 年三位博弈论专家分享了诺贝尔经济学奖。

经济学中的博弈论研究的是经济主体的行为发生直接相互作用时的决策以及这种决策的均衡问题。博弈论与传统经济学决策理论的区别在于:后者决策是在给定价格和收入的条件下追求效用最大化的决策(消费者均衡或生产者均衡);个人效用只依赖于自己的选择,而与他人的选择无关;然而在博弈论看来,个人效用不仅依赖于自己的选择,而且依赖于他人的选择。由此可见,博弈论更加接近实际,是我们研究经济主体行为的有力工具。

☞**网络资源**
http://william-king.
www. drexel. edu/
top/class/histfhtml
博弈论发展史。

本节将介绍博弈论的基本概念、重复博弈和序列博弈、威胁和承诺,并运用博弈论分析市场中厂商的一些竞争策略,如定价、产品选择、阻止进入等策略。

一、囚徒困境与纳什均衡

在博弈论分析中,一个对局有几个对局者(消费者或厂商),每个对局者从自身利益出发,按照一定规则选择自己的策略,但他最后得到的报酬(效用或利润)却是所有对局者采取的策略共同作用的结果。

我们从"囚徒困境"这个经典例子开始学习博弈论的一些基本概念。

假定甲、乙两个作案的嫌疑犯分别被审讯。如果两个人都坦白,各判3年;两人都抵赖,检察官因证据不足,各判1年;一人坦白一人抵赖,抵赖者判6年,坦白者无罪释放。

现在,甲和乙面临的选择可以用博弈论中的报酬矩阵(Payoff Matrix)来描述,它列出所有对局者的各种不同策略组合以及各自相应的报酬。甲和乙的报酬矩阵如表8-1所示。

☞**报酬矩阵**
列出所有对局者的各种不同策略组合以及各自相应报酬的矩阵。

表8-1 囚徒困境

		囚犯乙	
		坦白	抵赖
囚犯甲	坦白	-3,-3	0,-6
	抵赖	-6,0	-1,-1

在本例中,两个对局者甲和乙都可选择坦白或不坦白两种策略,他们所有的选择可得到四种不同组合,即(坦白,坦白)、(坦白,抵赖)、(抵赖,坦白)和(抵赖,抵赖),括号中前一种策略为甲的选择,后一种为乙的选择。矩阵中的数字表示在不同选择下甲乙各自的报酬,前一列数字为甲的报酬,后一列为乙的报酬。在这个例子中,嫌疑犯得到的是惩罚,因而他们的报酬为负。

分析这个博弈,可以发现甲和乙都面临两难境地。如果他们都选择抵赖那么只会被判1年,这比两个人都坦白要好得多。但问题在于如果甲抵赖而乙不合作选择坦白,则甲会被判6年,这个结果比都坦白要糟得多;同样乙选择抵赖时也会担心甲不合作。结果最后的均衡必然是甲乙都选择坦白,因为从报酬矩阵中可以看出,不管乙是坦白还是抵赖,甲的最优策略都是坦白,同理乙的最优策略也是坦白。这样的结局称为上策(Dominant Strategy)均衡。所谓上策,也称为占优策略,是指不管对手采取什么策略,自己的这种策略都是最优的;而上策均衡是指所有对局者的选择都是上策这样一种均衡状态,此时没有对局者有动力再去改变策略。

☞**上策**
也称为占优策略,是指不管对手采取什么策略,自己的这种策略都是最优的;而

上策均衡是指所有对局者的选择都是上策这样一种均衡状态,此时没有对局者有动力再去改变策略。

在囚徒困境这个例子中,每个对局者都存在上策,但现实中存在大量没有上策的博弈,此时是否还能找到对局的均衡状态呢?我们来看下面"性别战"这个例子。

一对情侣计划周末活动。男方喜欢看球赛,女方想看电影。当然,两人都不愿意分开活动。不同的选择给他们带来的满足如表8-2所示。

表8-2 性别战

		女	
		球赛	电影
男	球赛	2,1	0,0
	电影	0,0	1,2

从以上报酬矩阵可知,分开将使他们两人得不到任何满足,只有在一起,不管看球赛还是看电影,两人都会得到一定的满足。但球赛将给男方带来更大满足,电影则给女方更多满足。

在这一个对局中,两个人都没有上策。实际上,他们的最优策略依赖于对方的选择,一旦对方选定了某一项活动,另一个人选择同样的活动就是最优策略。因此,如果男方已买好球赛门票,女方当然就不再反对;反之,如果女方事先买好电影票,男方也会欣然去看电影。

显然,在这个对局中,两人都去看球赛,即(球赛,球赛)是一种均衡状态。因为在这种状态下,双方都不想再改变自己的选择。类似的,(电影,电影)也是一种均衡状态。因此这个对局存在两个均衡状态。

我们把这种均衡称为纳什均衡(Nash Equilibrium),以诺贝尔经济学奖得主纳什的名字命名。简单来说,纳什均衡是指给定对手的策略,各对局者所选择的策略都是最佳的。

对比一下上策均衡与纳什均衡:上策均衡是指不管你选择什么策略,我所选择的都是最好的;不管我选择什么策略,你所选择的也是最好的。而纳什均衡是指给定你的策略,我所选择的是最好的;给定我的策略,你所选择的也是最好的。可见,上策均衡是纳什均衡的一种特殊情况。

纳什均衡
是指给定对手的策略,各对局者所选择的策略都是最佳的。

重要问题1 囚徒困境告诉我们什么?上策均衡和纳什均衡有什么区别?

囚徒困境表明,当行为主体的行为之间存在着互相影响时,问题会变得更加复杂,每个个体的最优选择的组合不一定能实现集体利益最大化。博弈论就是研究相互影响的主体决策行为,为真实市场中的厂商行为研究提供有力工具。

上策均衡是指不管你选择什么策略,我所选择的都是最好的;不管我选择什么策略,你所选择的也是最好的。而纳什均衡是指给定你的策略,我所选择的是最好的;给定我的策略,你所选择的也是最好的。

二、重复博弈与序列博弈

上面分析的博弈都是一次性的,不会重复进行,因而可以称为静态博弈。但现实中,博弈往往会重复多次,持续一段时间,在这种情况下,博弈的最终结果是否会与静态博弈有所不同呢?

再回到前面的囚徒困境,假设这个博弈重复进行无数次,那么甲就有办法影响乙的行为:如果乙这次拒绝合作,甲就在下一次拒绝合作,直到乙开始选择合作,然后双方永远选择合作。这就是所谓"以牙还牙"(Tit for Tat)策略。研究表明,这种简单的策略是所有策略中最有效的。当然,

重复博弈
重复多次的博弈,每次博弈形式都一样,可分为无限次重复博弈与有限次重复博弈。

对于囚徒甲乙而言,不大可能重复无数次这种博弈,但如果我们把囚徒困境的场景稍微改变一下,囚徒甲乙换成相邻的两家复印店,坦白与抵赖策略换成复印店之间的竞相降价与合作保持高价两种策略,则囚徒困境的博弈就有可能重复无数次。因为只要两家复印店经营的时间足够长,他们就会认为博弈将不断持续下去。在这里,通过重复无数次的动态博弈,"以牙还牙"的策略将导致相互合作的结局,与一次性的静态博弈结果刚好相反。

需要注意的是,如果博弈的次数是有限的话,上述结论将不再成立。假定博弈的次数为 N,不管多大,N 是有限的。我们从第 N 次即最后一次的博弈开始分析。此时对复印店 A 的老板来说,如果他是理性的,他会作如下推理:"旁边的复印店采取的是以牙还牙的策略,但现在是最后一次博弈了,即使我不合作采取低价竞争的策略,他也无法报复,因为已经没有下一次了。而且我还能从低价竞争中获得更大利润。"因此复印店 A 将在第 N 次采取低价竞争的策略。

由于在囚徒困境中,两个会对局者的地位是完全对称的。因此,在第 N 次博弈中,复印店 B 的推理应该与 A 完全一致。也就是说,B 也会在最后一次采取低价竞争的策略。不仅如此,B 还进一步推理:"既然 A 在第 N 次选择低价策略,那么我在第 $N-1$ 次选择高价的策略又有什么意义呢,我的合作态度是得不到回报的。"因此,B 从第 $N-1$ 次博弈就采取低价竞争策略。

反过来,A 也会作出同样的推理。进一步,类似的推理会发生在第 $N-2$ 次,$N-3$ 次,……,一直到第一次。显然,在这种情况下,最终会出现的结局是两个复印店从一开始就采取低价竞争策略。因此,有限次的重复博弈和一次性的静态博弈在本质上是一样的,它们都将得到同样的结局,即(不合作,不合作)。

以上这种重复多次的动态博弈我们将在后面分析垄断市场的时候多次用到。

在以上讨论中,我们实际上假定各个对局者是同时选择他们的策略的,但实践中大量存在的另一种情况是,对局者选择策略有时间先后的顺序,某些对局者可能率先采取行动。这种博弈称为序列博弈,是另一种动态博弈形式。

在某些市场中,特别在涉及市场进入的竞争时,先进入者优势对于厂商的经营具有关键意义。这一特性在大型连锁折扣店的经营中表现得十分明显。我们来看看沃尔马的例子。

沃尔马创立于 1969 年,在短短的 30 年中,已经发展为全球大型连锁百货业的巨无霸。沃尔马的成功固然有各方面的因素,但关键在于其采取了成功的市场进入策略。大多数经营者都认为,大型折扣店依靠较低的价格、较低的装修与库存成本经营,要赚钱就必须要有足够大的市场容量,因此,这类商店无法在一个 10 万人口以下的城镇上经营并获得利润。但沃尔马的经营者山姆·华尔顿并不相信这种说法,他从美国西南部的小镇上

网络资源

http://www.gametheorysociety.org/
博弈论研究协会。

http://www.cs.brownedu/courses/cs295-5/
用博弈论研究网络拍卖的教程。

序列博弈
对局者选择策略有时间先后的顺序,某些对局者可能率先采取行动。

开始他的实践,到1970年就开出了30家"小镇上的折扣店",并获得了巨大的成功。一个10万人口以下的小镇所具有的市场容量并不太大,但却足够容纳下一个大型折扣店,并能让它获得一定的利润。

到20世纪70年代中期,当其他连锁店的经营者认识到这一点时,沃尔马已经大量占领了这样的市场。特别是,对这样的小镇来说,开出一家连锁折扣店可以盈利,因为这家折扣店可以成为小镇市场上的垄断者;但如果开出两家来,市场容量就不够大,这两家折扣店就必然要亏损。因此,对小镇市场来说,连锁折扣店的竞争就面临一种市场进入的博弈。表8-3是这一博弈的报酬矩阵。

表 8-3 市场进入博弈

		厂商 B	
		进 入	不进入
厂商 A	进 入	−20, −20	50, 0
	不进入	0, 50	0, 0

当厂商面对这样一种博弈的时候,先行者优势就是厂商成功的关键。一家厂商一旦进入市场,第二家厂商就只能选择不进入的策略,除非它抱有"拼个鱼死网破"这种非理性的经营观念。先进入市场,就成为这个市场上的垄断者,并可获取50万元的年利润;如果有第二家厂商进入,那么两家都要亏损20万元。

对序列博弈的分析可以采用博弈的扩展形式来进行,这种形式的好处在于,它明确地显示出对局者选择策略的顺序。上例的博弈扩展形如图8-1所示,该图表示的是厂商 A 的选择,厂商 B 的选择也与之类似。

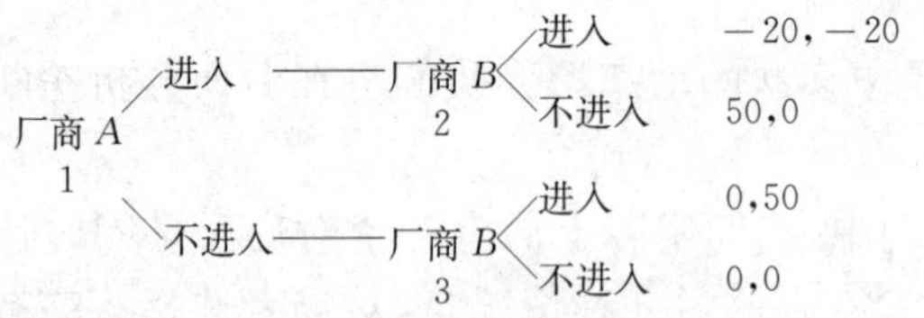

```
                  进入        −20,−20
         进入——厂商B
厂商A              2   不进入    50,0
  1
                  进入        0,50
         不进入——厂商B
                  3   不进入    0,0
```

图 8-1 市场进入的扩展形式

博弈扩展形的求解从右端开始。对厂商 A 来说,当然应选择所有结局中最有利于自己的结局。但他将首先考察厂商 B 在两种情况下的选择。厂商 A 可以判断,在节点2,厂商 B 会在比较两种结局之后选择不进入的策略;在节点3,厂商 B 则会选择进入的策略。然后厂商 A 再比较这两种结局,即(进入,不进入)和(不进入,进入),显然前者对 A 有利,此时厂商 A 将获利 50 万元,厂商 B 则无任何利润。因此,厂商 A 的最佳选择应是进入这个市场,而在此条件下,厂商 B 的理性反应则是不进入。

重要问题 2 重复博弈有限次与无限次会产生什么不同的结果？序列博弈中行动的先后次序会有什么影响？

有限次重复博弈的结果等同于一次静态博弈，而无限次重复博弈中采取"以牙还牙"策略可能得到合作结果。在一个序列博弈中，各博弈方依次行动。在有些例子中，先行动的博弈方有一种优势，因而各博弈方可能有抢先竞争者采取行动的冲动。

网络资源
http://www.gametheory.net/
博弈论教学网站，有丰富的相关入门材料。

三、威胁与承诺

威胁与承诺是博弈论中的一个重要论题，它在以后章节中将被用来分析市场竞争中的一种重要现象。我们仍以市场进入的情形为例来分析这种现象。"小镇上的折扣店"是市场进入中的一种较为特殊的现象，在更一般的情况中，一个市场中可容纳不止一家厂商。此时市场进入的博弈具有略微不同的特性。

假定在一个市场中，已经有厂商在经营，它是这个市场中的垄断者。现在有另一家厂商作为潜在的竞争者，试图进入这个市场。对垄断者来说，如果他想要保持其垄断地位，就会设法阻止潜在竞争者的进入。在这个博弈中，潜在竞争者有两种策略可以选择，即进入或不进入；垄断者也有两种策略，或者与进入者进行一场商战，或者默许他的进入。这个博弈的报酬矩阵如表 8-4 所示。

网络资源
http://levine.sscnet.ucla.edu/resources.htm
博弈论研究人员的网络资源链接。

表 8-4 阻止市场进入的博弈

		垄断者	
		商 战	默 许
潜在进入者	进 入	−200, 600	900, 1 100
	不进入	0, 3 000	0, 3 000

在这个博弈中，策略的选择是有着确定的顺序。首先要由潜在进入者作出进入市场或不进入市场的选择，然后再由垄断者来决定是默许他的进入还是与进入者进行一场商战。当然，潜在进入者在作出决策的时候必须要考虑垄断者的反应。

我们假定潜在进入者进入市场需要花费进入成本 200 万元。对进入者来说，如果选择进入市场的策略，那么，当垄断者默许的时候，他可以与垄断者分享市场，从而获取 900 万元的净利润；但如果垄断者选择商战的策略，垄断者利用其已在市场中的优势仍可获得 600 万元的利润，而进入者不仅无法获利，而且由于付出了 200 万元的进入成本，反而要亏损。我们可以从如图 8-2 所示的扩展形式来分析潜在进入者将选择何种策略。

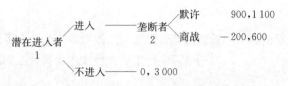

图 8-2 阻止进入的扩展形式

进入者首先考虑垄断者可能采取何种对策。如果进入者了解这个报酬矩阵,他会发现,当他进入市场之后,垄断者在节点 2 可能采取的是默许的对策,因为此时垄断者的利润尽管将大幅度降低,但比起商战结局的 600 万元利润默许可获得的利润更多,达 1 100 万元。因此,潜在进入者在节点 1 将采取进入的策略。于是,这个博弈最可能的结果是(进入,默许)。

对垄断者来说,这个结局是他所不愿意看到的。因此,垄断者的自然反应是试图阻止潜在进入者的进入。那么,垄断者如何才能阻止对方的进入呢?

一种可能的策略是,垄断者对潜在进入者进行威胁。垄断者可以通过某种信息渠道向潜在进入者发出这样的信息:"如果你进入,我将采取商战的策略。"但事实上,观察表 8-4 的报酬矩阵,我们就知道垄断者的威胁是不可信的。一旦进入发生,垄断者面对商战"鱼死网破"的结局,仍会选择默许。因此,垄断者的威胁并不能达到阻止进入的目的,这种威胁被称为空头威胁。

承诺
是指对局者所采取的某种行动,这种行动使其威胁成为可信的威胁。

在空头威胁无效的情况下,垄断者必须进行承诺。所谓承诺,是指对局者所采取的某种行动,这种行动使其威胁成为可信的威胁。那么,一种威胁在什么情况下变得可信呢?一般是在对局者不实行这种威胁自己会遭受更大损失的时候。成语"破釜沉舟"就是一种承诺,项羽与秦兵交战,领兵过河后就砸锅沉船,让士兵相信不战胜就没有退路。

与承诺行动相比,空头威胁无法有效阻止市场进入的主要原因是,它不需要任何成本。发表声明很容易,但仅仅宣称将要作什么并标榜自己说话算数缺乏实质性的涵义。只有当对局者采取了某种行动,而且这种行动需要较高成本,威胁才变得可信。

 参考资料 商战与承诺

垄断者的商战与垄断者的生产成本有关。商战的形式通常就是低价竞争,如果垄断者实行低价竞争的商战策略将需要垄断者具有足够的生产能力来应付市场大幅度扩大的需求。事实上,如果垄断者仅仅依靠短期的加班加点来提高产量,其生产成本会相当高,使得其低价竞争的策略难以长期维持。因此,垄断者阻止进入的一种重要承诺就是通过投资来形成一部分剩余的生产能力。这部分生产能力在没有其他厂商进入市场的时候是多余的,但在进入发生时则成为其低价竞争的有力武器。

当然,生产能力的扩大需要额外的投入,我们假定垄断者需要投资 800 万元来实行这个承诺。这一投资将改变博弈的报酬矩阵,新的报酬矩阵如表 8-5 所示。

表 8-5　实行承诺后的阻止市场进入博弈

		垄断者	
		商　战	默　许
潜在进入者	进　入	−200, 600	900, 300
	不 进 入	0, 2 200	0, 2 200

在实施了承诺行动之后,垄断者的上策不再是默许,而变成了商战。注意,如果潜在进入者不进入市场,或者潜在进入者进入市场而垄断者选择默许策略的时候,垄断者的多余生产能力不能得到利用,因此其利润都将减少 800 万元;但当垄断者采取商战策略的时候,生产能力得到充分利用,反而仍可获得 600 万元的利润。我们再用博弈的扩展形式再对此作进一步的分析(如图 8-3 所示)。

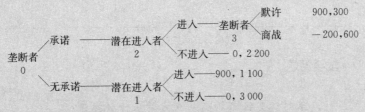

图 8-3　承诺对阻止市场进入的有效性

现在的分析从节点 3 开始,此时垄断者在比较两种结局之后,应选择商战的策略。回到节点 2,潜在进入者将在(进入,商战)与不进入这两种结局之间权衡,当然零利润比亏损 200 万元要好,因此将选择不进入的策略。节点 1 的结局是(进入,默许),此时垄断者将获得利润 1 100 万元,而节点 2 现在的结局是不进入,垄断者将获得 2 200 万元的利润。显然,垄断者采取的承诺行动将有效阻止进入。而且,尽管垄断者投资了 800 万元,导致利润减少,但与(进入,默许)的结局相比,付出这一代价是值得的。

可信的承诺确实能够阻止市场的进入,但承诺同时也给厂商自身的行为带来一定的限制。这种通过限制自己的行为来获得竞争优势的做法被称为厂商的"策略性行动"。博弈论大师托马斯·谢林对此作出了明确的解释:"策略性行动就是某人通过影响其他人对自己的行为的预期,来促

☞**策略性行动**
就是某人通过影响其他人对自己的行为的预期,来促使其他人选择对自己有利的策略,是某人通过限制自己的行为来限制其对局者的选择。

使其他人选择对自己有利的策略,是某人通过限制自己的行为来限制其对局者的选择。"

承诺需要付出一定的成本来使威胁变得可信,这是由信息在博弈双方分布的不对称引起的。垄断者拥有比潜在进入者多的信息,进入者不清楚垄断者的威胁是否可信,因此垄断者需要通过冗余投资来发出一个信号:我的威胁是可信的,从而使信息的分布在博弈双方对称,令进入者在充分信息下作出理性的决策。这里就涉及决策时的信息问题,下一节将具体介绍信息在经济决策中的作用。

网络资源
http://bbs.ee.ntu.edu.tw/boards/Military/11/195/
关于博弈论应用于中国历史的分析的网络讨论。

重要问题3 空头威胁为什么不可信?承诺如何让威胁变得可信?

空头威胁的发出者实际上没有实施的意愿,因此,如果威胁者的竞争者是理性的,空头威胁没有任何价值。为了使一个威胁可信,有时必须采取一种策略性行动,通过限制以后的行为而使该威胁具有实施的动机。

第二节 信 息

重要问题

1. 信息不对称会给市场交易双方带来什么问题?
2. 什么是"柠檬"市场?如何克服?
3. 道德风险如何产生?会带来什么问题?如何防范?

在决策过程中,我们经常遇到掌握的信息不完备的情况,而信息的不完备,又经常导致交易双方掌握的信息不一样,经济学中称为信息不对称。在这种情况下,市场的运行将会出现新的特点,并要求有相应的新的解决办法。

本节先介绍信息不完全与信息搜寻,接着重点介绍信息不对称的模型:逆向选择、信号发送与信息甄别、道德风险。

一、信息不完全与信息不对称

经济学中的信息不完全是指市场参与者不能获得所需要的全部信息。例如,消费者不知道同一种商品在各个不同商场的不同卖价,以及所要购买商品的质量等信息;生产者也不可能了解市场价格的所有变化状况

信息不完全
是指市场参与者不能获得所需要的全部信息。

和所有消费者的偏好。

　　信息不完全产生的原因在于：一方面，市场运行的范围太广，即使人们耗费大量的时间和精力对信息进行搜集和整理，他们也难以从中获得想要知道的全部信息；另一方面，信息的传播和搜集是需要成本的，如果搜集信息的成本太高，甚至超过从搜集来的信息中所获得收益的话，那么不如不搜集。同时，市场信息传播系统的局限性和某些市场参与者故意制造和传播假信息，也使得市场参与者不能获得所需要的全部真实的信息。

　　在信息不完全的市场中，信息传播和搜集的效率不高，导致价格这种典型的市场信息不能及时地传递给每个市场参与者，因而市场价格不能灵敏地反映市场的供求状况，市场的供求状况也不能灵敏地随着市场价格的上下波动发生相应的变化，市场价格机制就有可能失灵，难以充分发挥其协调供求关系、优化资源配置的功能。此时，我们说市场处于失灵状态。

　　在大量的市场经济活动中，经济行为人之间不可能有相同的信息，也就是存在着信息不对称的问题。某些信息具有私人信息的性质。例如，在市场交易过程中，卖方比买方更了解产品的质量、价格。当双方掌握的情况有差异时，拥有信息优势的一方，就可能产生机会主义行为，为获得更有利于自己的交易条件，故意隐瞒某些不利于自己的信息，甚至制造虚假信息，这就必然影响契约的签订和交易的质量。

☞ **信息不对称**
在一个交易中，买方和卖方拥有不同信息。

　　例如二手汽车卖主可能把汽车表面修葺一新，而隐瞒重要的内在质量隐患。契约总会留下许多漏洞，给人们的机会主义行为以可趁之机，从而使交易的效率受到影响。这种在交易前隐瞒自己掌握的信息，或利用对方不知情来作出有利自己的选择的行为被称为逆向选择。

☞ **逆向选择**
在交易前隐瞒自己掌握的信息，或利用对方不知情来作出有利自己的选择的行为。

　　与隐藏信息相类似但有所不同的另一类经济行为是隐藏行动，即道德风险的行为。这也是由信息不对称引起的。在保险业中，这种情况最常见。例如，当投保人为自行车购买了保险以后，可能就对自行车失窃疏于防范：他可能因嫌麻烦而未给自行车上锁，或仅仅使用易于损坏的轻便锁或低劣质量的锁。因为他的这一行动不会为保险公司察知。这与他未买失窃保险时的行动完全不一样。在未买自行车保险时，个人必须承担失窃的全部费用，因此他必须采取谨慎的防盗措施，比如说买昂贵的车锁，每次用后不厌其烦地锁好。如果保险公司对自行车失窃实行全额赔偿，个人在其自行车失窃后只需向保险公司提出报告，然后就能从保险公司得到重买一辆的保险金，个人就会采取不防范、少防范的行为。这种行为的低效率是显而易见的。如果没有相应的措施或适当的激励机制，使得投保人放弃这种机会主义行为，保险业是难以生存的。

　　信息不对称还有一种类型：信号发送与信息甄别问题。一个简单的例子是雇主与雇员的交往中雇主如何区别雇员能力的问题。雇员知道自己的能力，雇主不知道。如何有效地传递自己有能力这一信息，对交易行为的影响至关重要。类似的情况也存在于企业与其聘用的经理之间，商品销售者与购买者之间。如果信息能够以适当的方式发送，需要了解有关信息的一方能通过某些信号识别真伪、优劣、高低,交易就能有效进行。

由于信息存在着广泛的不对称性,并且这种情况又常常导致经济活动即交易的低效率,因此如何在既定的信息状态下改进经济机制,优化契约安排,通过给经济行为人提供适当的刺激,来提高经济活动的效率,就成为经济理论不可忽视的一个重要组成部分。信息理论就是这样一种理论。由于它着重研究最优契约安排,研究经济机制特别是激励机制的设计,所以它又被称为契约理论或激励机制设计理论。

信息问题的类别有多种,它是以信息不对称发生的时间和不对称信息的内容为依据来进行划分的。从不对称发生的时间看,不对称性可能发生在当事人签约前、也可能发生在签约后,分别为事前不对称和事后不对称。研究事前不对称的类型可以归结为逆向选择类型;研究事后不对称的类型可归结为道德风险类型。不对称信息的内容主要有两类:一是指有关参与人的行动信息,二是指参与人掌握的知识信息。研究不可观测行动的类型属于隐藏行动类型,研究不对称知识信息的类型称为隐藏信息类型。以上划分可以由表8-6来表示。

网络资源

http://www.vwl.tuwien.ac.at/hanappi/Lehre/L035HH.html
奥地利维也纳技术大学经济研究院开设的信息经济学课程。这儿有大量的课程背景材料及经典文献可供下载。如阿罗(K. Arrow)、哈耶克(F. Hayek)、赫维兹(Hurwicz)、西蒙(Simon)、范里安(Hal Varian)、Jacob Marschak 等人的经典文献都可以在这里找到。

表8-6 信息问题的基本分类

	隐藏行为	隐藏信息
事 前		逆向选择 信号发送、信息甄别
事 后	隐藏行动的道德风险	隐藏信息的道德风险

重要问题1 信息不对称会给市场交易双方带来什么问题?

信息不对称使拥有信息优势的一方能够对市场交易施加一定程度的控制,从而造成市场失效。事前的信息不对称会引起逆向选择,事后的信息不对称会带来道德风险。

二、逆向选择与信号发送

在旧车市场上,汽车质量的情况很复杂,有多种等级,且信息在买者和卖者双方分布不对称。卖主对车的了解要比买主多得多。

假定旧汽车有两种质量类型:一种是高质量的,另一种是低质量的。高质量汽车的价格较高,而低质量的价格较低。如果买卖双方对旧车质量能很好地识别,那么两种质量的旧汽车就会分为两个旧汽车市场,分别以不同价格交易,如图8-4所示。

图8-4(a)表示高质量汽车市场,图8-4(b)表示低质量汽车市场。在图8-4(a)中 S_H 是高质量汽车的供给曲线,D_H 是高质量汽车的需求曲

线。相应地，在图 8-4 (b) 中 S_L 是低质量汽车的供给曲线，D_L 是低质量汽车的需求曲线。S_H 高于 S_L，是表示高质量车的供给价格高于低质量车的供给价格。同样 D_H 高于 D_L，表示买主对高质量汽车所愿意出的价格即需求价格高于低质量汽车的价格。在质量易于识别，信息在买卖双方对称的时候，两个市场分得清楚，优质优价，两种产品都能实现均衡。按图 8-4，高质量汽车的市场价格是 10 000 元，低质量汽车是 5 000 元，每种汽车的销售数量是 50 000 辆。

但实际上，旧车卖主对车的质量了如指掌，而买主却知之不多。在这种情况下，旧车市场的交易会出现什么情况呢？

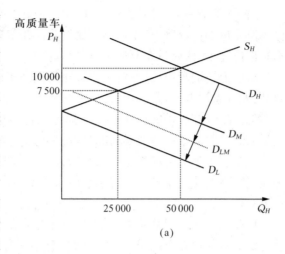

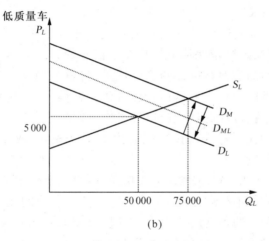

图 8-4 旧车市场

网络资源
http://132.203.59.99/cours/ecn20689/
加拿大拉瓦尔（Laval）大学经济学助理教授 Patrick González 博士开设的信息经济学课程，González 教授除了给出一些有用的链接外，还给我们开出了极好的参考文献清单。

在这种情况下，买主不得不对旧车的质量情况进行猜测：买主可能会猜测买高质量旧车的可能性是 50%，因为如果买主和卖主都知道每种质量的车都是 50 000 辆，高质车低质车的数量各为一半。因此，买主会把所有车的质量都看作是中等的，并且愿意以高质量车与低质量车的平均价格来购买。

然而谁愿意按这个价格出售他们的汽车呢？低质量汽车的车主肯定愿意出售其汽车，而高质量车的车主却不太愿意出售他们的汽车。这样，市场上就有较多的（75 000 辆）低质量车和较少的（25 000 辆）高质量车成交。购买旧车以后，车的质量情况便会为买者所掌握。当市场上成交的大多数由低质量车构成时，人们对旧车质量的猜测也会降低，即会认为旧汽车的质量是中低水平的。这将导致新的需求曲线由 D_M 继续向下移到 D_{LM}。旧汽车的价格也会进一步向下移动，在新的低价水平上，高质量汽车卖主更不愿意出售其汽车。这一移动趋势会持续下去，直到低质量车全部卖完，而高质量车全部不愿意进入市场。这时，购买者正确地估计他们购买的车都是低质量的，而需求曲线就将是 D_L。

图 8-4 是一种极端的情况,实际中市场上可能有少部分高质量车出售。但无论如何,高质量车售出的比例要比在信息对称时少得多。在信息不对称情况下,低质量车驱逐高质量车,使市场出现失灵。

除了上述旧车市场,不对称信息在其他许多市场中都广泛存在。各种商品,大到家用电器,乃至房屋,小到鞋帽和日化用品,制造厂家和零售商店对他们生产和经销的商品的质量知道得比消费者多得多。在服务行业也是如此。除非销售者能够向购买者提供有关产品质量的信息,否则低质量产品和服务就会把高质量产品和服务驱逐出去,从而出现市场失灵。我国在实行市场化改革初期假冒伪劣商品泛滥,劣品驱逐良品的现象就是信息不对称下逆向选择的一个最好例子。

信号发送
拥有较多信息一方向对方发送信息以使自己区别于其他人。

厂商向购买者提供有关产品和服务质量的信息行为称为信号发送。发送信号的作用在于纠正,至少缓解信息不对称,矫正购买者对厂商机会主义行为的预期,以避免追逐劣品。

发送信号是花费成本的。赠送产品、展示样品、做有关质量的广告、赠质量保证书都是发送信号的方式。最有效的信号是消费者使用商品后对该商品的良好评价,这就是声誉。声誉是厂商以自己过去产品的质量来发送信号形成的。在信息不对称的情况下,购买者自然会根据以往的经验或口碑来作出判断。良好声誉对于一个企业来说是一种无形资产,而对整个经济活动来说,则成为矫正市场失灵的一种有效机制。

麦当劳快餐店的成功经营说明了声誉机制的市场效果。尽管人们平时并不经常光顾麦当劳,但麦当劳标准化的生产及服务提供的质量给人们留下的印象是深刻的。人们出差旅行走到陌生的地方,不知哪里的饮食比较可靠时,就会感到麦当劳的吸引力。因为它的各个连锁店都实行标准化的生产和服务。无论哪个店的配料和食品都是一样的。麦当劳的牌子等于给了人们一个保证质量的信号,人们在还没进去之前就确切地知道在那里能买到什么。

参考资料　旧车市场的新发展

"你买旧车就相当于买了别人的问题",这是我们经常在旧车市场上听到的警告。经济学家乔治·阿克罗夫(George Akerlof)在他1970年的经典论文里面讨论了旧货市场,用旧汽车作为例子对信息不对称进行了研究。

信息不对称是旧汽车市场的特征。这是一个结构性的问题,因为一些市场无法向买方和卖方提供同等信息,而且竞争和均衡结果解决不了这个问题。信息不对称市场带来的影响使买者变得更加谨慎,而不愿意出他在信息对称的市场中原想出的价格。

在市场体系中竞争的好处之一是：买方和卖方均有动因提供有效的、正确的信息来使他们的满足程度最大化，错误的信息增加了交易成本因此使得价格更高。

由于汽车的工艺复杂，对于买者来说，判断一辆车是否有毛病以及这些毛病分别是什么可能有困难。卖主和买主都知道这一点，所以对潜在卖主来说，有强烈的动机先卖性能差的旧车。与卖主相比，买主信息的不确定性更大。因为买主知道，多数旧车是废车，而且他们意识到自己没有详尽的知识来判断哪辆是废车，所以对任何一辆汽车他们愿意出的钱比他们在无废车或极少废车的情况下愿意出的钱少。这种信息不对称动态产生了一系列的行为，这些行为趋向于使旧车市场失效。

许多旧车的买主用自己的购买经历证实了他们对旧车质量差的怀疑，他们把这种信息传达给其他潜在买主，这些潜在买主离开市场或要有额外好处才购买（例如低的买价）。性能好的旧车的卖主也越来越不愿意把车卖掉，因为他们得不到一个和车的性能相当的合理的价格，他们了解车的性能但无法让别人相信。因此，卖主的相反选择就是要销售的旧车越来越趋向于废品。价格下降了，但不如质量下降的速度快，于是市场上旧车的价值（价格性能比）在下降。如果买主和卖主都是完全理性的，最终旧汽车市场会完全消失。

显然，这一连串情况没有发生。没出现的原因是制度完善了，从而更好地传达了旧汽车的性能状况或者减少了买旧车的不确定性。汽车修理厂和修理工将检查旧车缺陷的工作日臻完善，使之成为标准化的服务。美国有些州已经通过废车法，该法规要求：如果在售后的一段时间内旧车出现特殊的性能问题，卖主须对旧车进行检查并保修。同时，汽车制造商对旧车提供多种担保，当车再被出售的时候这些担保仍然有效。旧车商人经常对那些原来没有担保的旧车提供为期30天或50天的担保。

现在美国有更多有关"旧车"的州立法，厂商的担保更完善、时间更长，并且今天美国的私人担保比1970年乔治·阿克罗夫写那篇著名论文的时候更普遍。用阿克罗夫的理论我们可以注意到这些法律制度的发展已经减少了买者在旧车市场所面对的不确定性。这些"废车"法律的存在和更好的担保产生了让人更加信任的氛围，即使这些措施没有被某一特殊的买者使用，旧车市场的买卖双方都知道这种信息。因而，卖者正给旧车市场带来更好的车，而更多的买者也正参与进来。事实上旧车市场日益兴荣，以至于1995年对美国的新车及旧车商人来说，旧车的销售额比新车更多。

> **重要问题 2　什么是"柠檬"市场？如何克服？**
>
> "柠檬"在英语中是次品的意思，"柠檬"市场就是旧货市场。在这种市场中，卖方比买方掌握更多的关于产品质量的信息，而买方由于不了解质量信息，只能根据平均质量产品的价格出价，因此买方愿意支付的价格总是低于优等品卖方意愿的价格，于是优等品被挤出市场，次品充斥着市场，即所谓的"逆向选择"。这个问题可通过"信号发送"机制来解决，即优等品通过某种方式发出信号表明自己的身份使买方可以识别产品质量。

三、道德风险与激励机制

道德风险
是指交易双方协议签订后，其中一方利用多于另一方的信息，有目的地损害另一方利益而增加自己利益的行为。

事后的信息不对称所导致的问题称为道德风险问题。所谓道德风险，是指交易双方协议签订后，其中一方利用多于另一方的信息，有目的地损害另一方利益而增加自己利益的行为。这类问题的存在要求交易双方通过事先订立合同制定有效的激励或约束机制加以克服。这类问题类似于某人雇用他人作为代理人从事若干活动，因此被称为委托—代理问题（Principal-agent Problem）。

前面说过，在保险业中道德风险问题出现得最多，当被保险的一方的行动（不采取防范措施的行动）影响到赔偿事件的可能性或程度时，就可以认为发生了道德风险。发生这种情况是因为保险者不能监督并察知被保险人的行为。如果保险者能够监督并察知被保险人的行为，它就可以通过对具有这类行为的人索取更多保费的手段来限制甚至制止这种行为。在现实中，保险公司通常对建筑物内没有消防系统的工商企业实行不同的费率，对吸烟者和不吸烟者的健康保险收取不同的费率。但是在很多场合，保险公司不能知道得更多。道德风险总是存在。

其实在保险业，道德风险很大程度上产生于全额保险。全额保险意味着由保险公司承担全部不可意料的成本，而投保人失去采取提防行动的激励。针对这一分析，保险公司设计出让投保人也承担一部分风险的机制。这就是在保险政策中安排一定的"免赔额"，在任何索赔中，投保人必须自己支付这部分金额。通过这种让投保人支付部分赔偿金额的办法，保险公司就能让投保人始终有一种激励去采取提防行动。

道德风险不仅存在于保险业，而且广泛存在于其他许多行业中，防止或减少道德风险是保证市场机制有效运行的重要措施和必要前提。在实际经济运行中，人们正在进行各种尝试和探索，试图找出克服道德风险的各种方式，由于隐藏行为的具体形式在不同的交易中是不一样的，因而克服道德风险的方式也是各有千秋。下面，我们以装潢业为例来看一看解决道德风险的出路。

房屋装饰工程中存在大量信息不对称的情况,房屋装修公司在装饰人员素质、技术工艺水平、选用材料和是否遵守工艺要求等多方面拥有完全信息而客户很少拥有这些信息。双方谈判所形成的契约是不完整的,人们不可能就每一个部位的质量和效果规定得滴水不漏。尤其是装修的效果不是立竿见影的,往往要经过一两个季节,其潜在毛病才能充分显示出来。房屋装修业中存在的信息不对称大多数是典型的有关隐匿行为的类型,道德风险在这里表现得最为突出。装修公司可能使用价格低廉的劣质材料,更可能不按工艺要求,偷工减料。

网络资源
http://www.unirule.org.cn/symposium/c202zongshu.htm
获得2001年诺贝尔经济学奖的信息经济学综述。

如何减少房屋装修业中的道德风险?近年来,在实践中人们逐步摸索出以下方法:(1)找正规的装修工程公司,不找路边"游击队"。(2)在谈判时尽可能就工程质量要求谈得详尽并签署书面合同。(3)改变付款方式。将过去一般竣工即付全额人工费的方法改变为竣工时只付部分人工费,其余部分留待全面检验工程质量之后交付。

采取以上原则进行装修交易的人大都取得较好的结果。原因是第一,正规装修公司讲声誉,采取明显有损声誉的机会主义行为的动机较小。如果客户日后发现工程质量,可以与之论理。第二,充分利用合同机制。利用合同进行交易与仅就价格达成协议进行的交易有所不同,特别是多条款合同规定了交易的多种特性,对处于信息优势又有道德风险行为可能性的一方具有限制其自由行动的作用,可减少或避免道德风险。第三,延期交付部分工程款的作法,是对可能的败德行为的一种约束,它增加了发生道德风险的成本,具有可操作性。如果没有这一制约,由于工程质量问题发生的对客户进行赔偿的要求,就会因为交易成本过高而无法实现。

上述成套方法的实施是有条件的。家庭居室装修不像买食品,是经常反复进行的,消费者在这个领域多是经验不足的,因此很少有家庭能同时想到上述三个原则并全部采用。即使消费者都十分老道,装修公司是能否接受上述方式,还成问题。在装修业处于买方市场,消费者对装修公司有充分选择余地时,装修工程公司才有可能接受上述方式特别是延期支付部分工程款的方式。因此政府强制实施延期支付部分工程款项也许是有效的。延期支付的比例应根据装饰工程公司信誉等级来决定,信誉越高延期支付比例越小。对于装修工程公司来说,信誉可以提高收款比例并提高盈利率的激励,可以使企业更加重视信誉投资。

 重要问题3 道德风险如何产生?会带来什么问题?如何防范?

道德风险是指由于交易后委托方无法了解代理方的行动,或者了解这种行动的成本过高,而使代理方有动机去实施损害委托方利益而使自己获益的行动。道德风险的防范主要是通过设计适当的激励机制使双方的利益一致。

第三节 理性：行为经济学与实验经济学简介

重要问题

1. 我们在不确定情况下进行经济决策是否会完全理性？
2. 经济学是否可以像自然科学一样在实验室中进行研究？实验方法在微观经济学中有什么重要应用？

在上一节中，我们看到经济行为人在决策过程中常常会面临信息不完全的困扰，在这种情况下他作判断就有不确定性。那么，在不确定的情况下进行选择，是否仍然会完全理性呢？这一节我们就来探讨决策过程中的理性问题，首先对理性人的假设进行回顾，接着引入行为经济学的两个基本概念——判断与选择，具体考察决策过程中的"有限理性"，最后对检验决策过程的实验方法进行介绍。需要说明的是，本节内容主要是让同学们了解现实世界运行中的决策问题的复杂性，在本书后面各章节的分析中依旧采用的是完全理性的假定。

本节涉及的行为经济学和实验经济学在 2002 年获得诺贝尔经济学奖，而上一节的信息经济学在 2001 年获此殊荣。

网上阅读材料
http://www.ceibs.edu/forum/2002/1226_hsee_a_c.html
芝加哥大学商学院奚恺元教授在中欧管理论坛上的演讲——《经济学发展的新方向》。

一、"经济人"假设与完全理性

我们在第一章就已经介绍过"经济人"假设，它被视为整个传统经济学体系的基础假设，是全部理论框架的逻辑支撑点。它主张：

(1) 人是理性的，每个人是自己利益的最好判断者，在各项利益的比较中选择自我的最大利益。也就是说，人们只想以最小的牺牲来满足自己的最大需要。

(2) 利己是人的本性，人们在从事经济活动中，追求的是各人利益，通常没有促进社会利益的动机。

(3) 个人利益的最大化，只有在与他人利益的协调中才能实现。交换是在"经济人"的本性驱使下自然而然发生的。人类的交换倾向是利己本性的外在形式和作用方式。

在这个基本假设之上，理性选择成为经济学对人类行为的基本判断，理性选择理论构成经济学的理论基础。个体决策过程被当成"黑箱"，经济学家把决策过程抽象为理性的个体追求主观效用最大化。

但是，对理性选择的批评和质疑从该理论产生之日起就没停止过。通过对理性选择进行实证检验和设定细致的实验环境，行为经济学和实验经济学发现了许多与理性选择理论不相一致的反常现象。下面我们就来具体看看行为经济学的挑战。

二、判断

在行为经济学中,有一个经典的实验:

把参加实验的人员分成两组,让两组人员对相同的 100 位专业人士的职业(工程师或律师)进行判断。

第一组 "这 100 位专业人士中有 70 位工程师和 30 位律师。从中任取一位,他的名字叫 Dick,他已婚无小孩。有很强的工作能力和自我激励能力,在专业领域很有潜力,和同事关系融洽。请问他是工程师的概率是多少?"

第二组 "这 100 位专业人士中有 30 位工程师和 70 位律师。从中任取一位,他的名字叫 Dick,他已婚无小孩。有很强的工作能力和自我激励能力,在专业领域很有潜力,和同事关系融洽。请问他是工程师的概率是多少?"

实验结果是:两组的判断结果相差很小(都是 0.5 左右的概率)。这表明人们几乎都是根据个性描述的特征去判断,忽略了两种职业占总人数的比例。这一现象是和完全理性中的"贝叶斯规则"——人们会毫无偏见地运用先验概率(比如第一组的先验概率就是 0.7)进行决策——不相符合。与贝叶斯规则不同,人们在作判断时经常会受到新信息的干扰,往往就忘记已有的重要信息,或是不能区分信息的重要程度,从而导致判断出现偏差。

这种由于受心理因素影响而产生的,与事实有偏差的判断行为,并不是一种随机性的误差,而是存在着系统误差!也就是说在不断的重复实验中,人们总是会低估(或高估)某一事物发生的概率,这成为人只具有"有限理性"这一假设的最好论据。

通过分析这些系统误差产生的原因,我们可以了解到,认知机制是如何对人们的判断产生影响的,从而在分析经济行为主体的决策行为时,能够更加客观地把握。

三、选择

我们在第三章研究消费者的偏好时,实际上作了很多假设,例如人们的偏好与参照系不相关,个人选择不受已有财产多寡的影响;只要备选的选择实质内容不变,理性人不会因为选择的表面描述而改变选择偏好。但行为经济学的研究表明,人们的很大选择行为,都与这些假设不符。

我们再来看一个实验:

假设有一种疾病正威胁着 600 个市民的生命,作为政府决策者,只有 A 和 B 两种方案可供选择。

第一组实验者得到如下的选择:(积极的描述)

(Ⅰ) A 方案肯定可以救 200 人的生命,B 方案有 1/3 的可能救 600

人,2/3 的可能一个人也救不了。

第二组实验者得到如下的描述:(消极的描述)

(Ⅱ) A 方案肯定有 400 人会死亡,B 方案有 2/3 的可能有 600 人死亡,1/3 的可能没有人会死亡。

实验结果发现,尽管Ⅰ和Ⅱ两组方案没有实质性的区别,只是描述不同而已,但是第一组实验者倾向于选择 A 方案,而第二组实验者倾向于选择 B 方案。

 国外实验经济学网址

http://wwwl.fee.uva.nl/creed/
阿姆斯特丹实验经济学和政治决策研究中心。

更多的行为经济学研究表明,人的偏好并不像我们第三章所假设的那样,是一组可以事先确定的无差异曲线。人们的偏好常常受到很多因素的影响,而且这些因素与备选的选择本身并不相关,如问题的描述方法、评价的不同形式等。行为经济学就是在研究这些难以与传统假设相符合的选择过程的基础上对传统经济理论作出修正。

 重要问题 1 我们在不确定情况下进行经济决策是否会完全理性?

行为经济学的研究表明,面临不确定情况的时候,经济行为人的决策并不能做到完全理性,用"有限理性"来描述经济行为人更为合适。我们的判断和选择在外界干扰下常常会发生系统性偏差。

四、实验方法

在上面研究经济行为主体的判断和选择时,我们介绍了两个行为经济学中的经典实验。实际上,传统观念都认为经济学就如同天文学一样,无法通过实验来进行研究。例如经济学家萨缪尔森就认为:"经济学家不容易控制其他重要因素,因此无法进行类似化学家或生物学家所做的实验。他们一般只能像天文学家或气象学家一样借助观察的手段。"这种方法导致的直接后果是使得经济学理论难以证实。

网络资源

http://eeps.caltech.edu/
加州理工大学实验经济学实验室,成员包括最著名的 Camerer。

http://www.econ.ohio-state.edu/kagel/
实验经济学家 Kagel 的个人主页。

http://www.people.virginia.edu/~cah2k/y2k.htm
2000 篇 2000 年前的实验经济学文献目录。

然而,如果实验设计能把要研究的重要因素与其他因素区分开来,并在实验环境中控制其他因素的影响,则经济理论完全可以通过实验进行检验。我们来看下面的例子:

假定你和另一位不相识的人得到一笔钱(比如 100 元),你被授权将这笔钱分出一部分给这位陌生人,留下的都归你自己所有(以上信息你们两人都知道)。游戏规则是,如果你提出的方案陌生人不接受,则你们两人谁也得不到这笔钱;并且游戏只进行一次,游戏过程中两人不可作任何交流,不可讨价还价。请问你会给"陌生人"多少钱?

如果按照理性人假设,运用第一节的博弈论思想,你会给他 1 分钱,而自己留下 99.99 元。因为如果陌生人是理性的,他不会不接受这个方案,否则他将连 1 分钱也拿不到。但实验证明,游戏双方都经常一无所获。也就是说,只要"陌生人"认为分配方案不公平,就会放弃所得,导致两败俱伤的结果。最近的研究发现,哪怕将游戏总金额提高到 400 元,只要陌生人分得的金额少于总金额得 20%,陌生人就有 50% 的可能性不接受方案。

这一实验表明,人们做决策时常常在"自私"与"公平"之间自己做出取舍,这一结果为经济学家在研究缺乏明确契约和完善的法令制度规范下,交易如何顺利完成给出启示。

通过"最后通牒游戏"实验我们可以发现:

(1) 现有经济理论的假设是有问题的,就如最基本的"经济人"假定都不一定正确,游戏中的陌生人拒绝接受较少的分配方案说明了人们在决策时考虑的除了利益之外还有其他因素。

(2) 通过实验可以发现新的规律。

(3) 通过控制某些条件可以达到分离其他因素的目的。如果为了说明同样问题,不运用实验设计的方法,而到现实的经济生活观察中寻找证据,问题会复杂很多。比如我们观察到一个工资合同谈判失败的个案,我们很难将该问题的原因归结于自私与公平,因为还有其他诸如信用问题、信息不对称问题等干扰因素,从而使结论不甚清晰。而在"最后通牒游戏"中,由于规定只有一次交易,并且双方互不认识,所以至少可以排除信用和信息不对称问题,最重要的是实验变量少,"没有污染",从而使得出的结论——"人们在追求私利的同时,也考虑到公平"——更有说服力。

(4) 利用标准化的实验可以使实验具有可重复性,也就是说,在类似的条件下,无论谁去进行实验都可以得到类似的结果。

 网络资源

http://www.economics.harvard.edu/~aroth/alroth.html
实验经济学家 Roth 的博弈论和实验经济学网站。

http://elsa.berkeley.edu/users/rabin/
实验经济学家 Rabin 的个人主页。

 参考资料　电网定价实验

"实验经济学之父"史密斯为了研究电网定价,曾经导演过一次大型实验,显示出实验方法在市场交易机制设计方面的强大威力。

史密斯的实验使用自己开发的软件"Power 2K"进行,计算机为每个市场的实验参与者提供关于市场供给结构的完整和全面的信息,在需求受到控制时,像真实购买者一样在每个交易日的不同负荷需求时段提交精确地反映了需求与供给平衡关系的报价;实验参与者可以在一分钟内的任何时间修改其报价,当时间终止,供给方报价和需求方报价等信息输入计算机进行最优化计算,按最大化整个电网的交易总利益确定每个交易时段的价格和相互间的交易量。整个实验系统设计得高度智能化,能够充分体现可控制性的特征,以至非电力系统专业运行人员的实验参与者经过两天的培训就可以进行看起来十分专业的操作;而且通过操纵实验条件,得出了一系列结论,这些结论通过大量图表直观地表示出来,很容易被人理解和接受。

由于实验具有以上优点,因此,实验方法不仅应用于行为经济学研究个人决策过程,在前面介绍的博弈论和以后要研究的垄断厂商的行为、公共产品等方面也得到广泛运用。

> **重要问题 2**　经济学是否可以像自然科学一样在实验室中进行研究？实验方法在微观经济学中有什么重要应用？
>
> 　　传统观点认为,经济学就如同天文学,只能观测不可实验,因而经济学被称为"思想实验",即只能在头脑中进行推理。但随着实验方法的发展,经济学实验已经大量运用于经济行为人决策研究、市场交易机制研究、博弈论研究、公共经济学等领域。

本章小结

　　1. 囚徒困境表明,当行为主体的行为之间存在着互相影响时,问题会变得更加复杂,每个个体的最优选择的组合不一定能实现集体利益最大化。博弈论就是研究相互影响的主体决策行为,为真实市场中的厂商行为研究提供有力工具。

　　2. 上策均衡是指不管你选择什么策略,我所选择的都是最好的;不管我选择什么策略,你所选择的也是最好的。而纳什均衡是指给定你的策略,我所选择的是最好的;给定我的策略,你所选择的也是最好的。

　　3. 有限次重复博弈的结果等同于一次静态博弈,而无限次重复博弈中采取"以牙还牙"策略可能得到合作结果。在一个序列博弈中,各博弈方依次行动。在有些例子中,先行动的博弈方有一种优势,因而各博弈方可能有抢先竞争者采取行动的冲动。

　　4. 信息不对称使拥有信息优势的一方能够对市场交易施加一定程度的控制,从而造成市场失效。事前的信息不对称会引起逆向选择,事后的信息不对称会带来道德风险。

　　5. 在"柠檬"市场中,卖方比买方掌握更多的关于产品质量的信息,而买方由于不了解质量信息,只能根据平均质量产品的价格出价,因此买方愿意支付的价格总是低于优等品卖方意愿的价格,于是优等品被挤出市场,次品充斥着市场,即所谓的"逆向选择"。这个问题可通过"信号发送"机制来解决。

　　6. 由于交易后委托方无法了解代理方的行动,或者了解这种行动的成本过高,而使代理方有动机去实施损害委托方利益而使自己获益的行动,即所谓"道德风险"。道德风险的防范主要是通过设计适当的激励机制使双方的利益一致。

　　7. 行为经济学的研究表明,面临不确定情况的时候,经济行为人的决策并不能做到完全理性,用"有限理性"来描述经济行为人更为合适。我们的判断和选择在外界干扰下常常会发生系统性偏差。

8. 传统观点认为,经济学就如同天文学,只能观测不可实验,但随着实验方法的发展,经济学实验已经大量运用于经济行为人决策研究、市场交易机制研究、博弈论研究、公共经济学等领域。

本章练习题

1. 解释纳什均衡的意义。它与上策均衡有何不同?

2. 考虑一个重复10次,且两博弈方都是理性的和有充分信息的囚徒的困境博弈。在这个例子中以牙还牙策略是最优的吗?在什么条件下这种策略是最优的?

3. 许多行业常常被生产能力过剩困扰——各厂商同时进行重大投资扩张生产能力,从而使生产能力远远超过需求。这会发生在需求高度不稳定和不可预测的行业,但也会发生在需求相当稳定的行业。什么因素导致能力过剩?简短解释各种情况。

4. 速溶咖啡市场上有两个企业,各自都可以选择去市场的高端(高质量)还是去低端(低质量)。相应的利润由如下表所示报酬矩阵给出。

		日月咖啡公司	
		高	低
光华咖啡公司	高	−20, −30	900, 600
	低	100, 800	50, 50

(1) 如果有的话,哪些结果是纳什均衡?

(2) 如果各企业的经营者都是保守的,并都采用极大化或极小化策略,结果是什么?

(3) 合作的结果是什么?

(4) 哪个企业从合作的结果中得到的好处最多?哪个企业要说服另一个企业串通需要给另一企业多少好处?

5. 以下是一讨价还价博弈。A 首先行动,提供给 B 一个关于 100 元的分配方案(譬如,A 可以建议他得 60 元而 B 得 40 元)。对此,B 可以接受也可以拒绝。如果他拒绝 A 的方案,钱的总额将降至 90 元,再由他提供这笔钱的分配方案。如果 A 拒绝此方案,钱的总额将降至 80 元,再由 A 提供一分配方案。如果 B 再次拒绝,钱的总额将降至 0 元。A 和 B 都是理性的,拥有完全信息,并且追求报酬极大化。在此博弈中哪一方将最有利?

6. 当一个市场在其他方面都是完全竞争的时候,为什么买方和卖方之间的不对称信息会导致市场失灵?

解释保险市场上逆向选择与道德风险的区别。其中的一种能在另一种不存在的情况下存在吗?

7. 某大学正在讨论禁止给 D(差)或 F(不及格)的成绩,理由是学生在没有因考试成绩不理想带来的压力时，他们可以更全面发展，其表现会超过平均水平。该大学说，它希望所有的学生都得到 A 和 B。如果目标是把总体成绩提高到 B 或以上的水平，这是不是一项好的政策？结合道德风险问题进行讨论。

8. 举出现实生活中人们作出选择时不符合理性选择原则的几个例子。尝试归纳为一种或几种类型。可参考心理学相关教材。

网络学习导引

http://titan.ja.org

国际青年成就组织(Junior Achievement)是一个旨在推进青少年市场经济教育的非盈利组织，其网站提供一个商业模拟环境，让你以 CEO 身份经营一种产品，在市场竞争中作出各种经济决策。在这个网站注册一个账号并参加模拟比赛，亲身体验需求曲线和供给曲线的形状以及市场价格的形成。

实际上，这就是欧美一些大学运用实验经济学方法教授微观经济学的典型形式。在以后的章节中，我们将继续提供此类实验进行亲身体验。

第九章

现实世界中的市场结构（上）：完全垄断

学习目标
- 了解垄断形成的原因
- 分析垄断者如何决定产量和价格
- 知道垄断者的决策如何影响社会福利
- 分析解决垄断问题的公共政策
- 理解价格歧视

基本概念

完全垄断　自然垄断　无谓损失　消费者/生产者剩余　价格歧视

参考资料
- 微软垄断案（1）
- 微软垄断案（2）
- 曾经有一个赤裸裸的亚马逊

从本章开始，我们要研究真实世界中的经济主体相互作用、相互影响的行为。第二部分是在一个完美市场的假设下展开的，那么第三部分我们就往平滑的完全竞争基础上倒进一些沙子，看看在不完美的市场条件下经济分析会发生什么变化。

 完全垄断
某种产品或服务只有一家企业提供，并且该产品或服务没有相近的替代品。

这一章的完全垄断是与完全竞争完全相反的概念。完全垄断就是市场上只有一个企业提供某种产品或服务，没有相近的企业与之竞争，因而它拥有市场势力，可以自己决定价格，而完全竞争企业没有定价权力，只能接受市场价格。

回忆完全竞争中的企业，它们根据市场价格来选择产量，使得边际成本等于价格来实现利润最大化。与此相反，完全垄断企业的定价大于边际成本，因为市场上没有其他企业与它竞争，它想把价格定多高就可以定多高。但如果价格定得太高，需求会下降，垄断者的利润反而会减少，因此它的价格会定在使得利润最大的那一点，而不是越高越好。

与完全竞争企业一样，垄断者的目标也是利润最大化。但这个目标对整个社会福利却有损害，因此政府有必要采取措施对垄断行为进行限制，以促进社会福利的提高。

第一节 完全垄断的成因及其市场均衡

 重要问题

1. 垄断的基本原因是什么？
2. 完全垄断的市场均衡有什么特点？

一、垄断的形成原因

如果某种产品或服务只有一家企业提供，并且该产品或服务没有相近的替代品，那么这家企业就是完全垄断者。垄断的基本原因是存在进入障碍(也称为进入壁垒)，使得其他企业不能进入与之竞争。进入障碍有三个来源：关键资源由一家企业独有；政府给予一个企业排他性生产某种产品的权利；规模经济。

下面我们举例说明这三种进入障碍。

1. 垄断资源

如果一家企业控制了生产某种产品必需的资源，那么它往往就称为该产品的垄断者。一个典型的例子是南非的钻石公司德比尔，它的广告词"钻石恒久远,一颗永流传"深入人心。每年的钻石交易会,它不许买主讨价还价的权力,谁要不接受它的一口价,下次就不许参加交易会。德比尔拥有南非最大的钻石矿藏,控制了世界钻石生产的 80% 左右,虽然不是 100%,但也足够成为世界钻石市场的垄断者。需要注意的是,随着国际贸易的发展,许多产品可以在世界范围内找到相近替代品,因此企业拥有排他性关键资源称为垄断者的情形越来越少。

2. 政府创造的垄断

有时候,政府通过颁发执照的方式限制进入某一行业的企业数量,如大城市的出租车驾驶执照。一家企业可能获得政府赋予的特权,称为某一市场中某种产品或服务的唯一提供者,如邮政、广播电视等。专利和版权是这种类型的垄断里面比较典型的例子。政府通过专利的方式使某项发明创造的所有者称为垄断者来对创造性活动进行激励。在中国,如果你发明一种新药并获得政府认可,那么你就在未来 15 年拥有排他性的生产并销售这种药品的权利。

3. 规模经济

某些产品的生产具有十分显著的规模经济性,比如固定电话的运营,其规模报酬递增阶段可以一直持续到很高的产量,以致一家企业来供应整个市场的成本要比几家企业来瓜分市场的生产成本低得多。这种情况我们称为"自然垄断",因为这里的进入障碍并非人为创造的。许多公用事业,如自来水、电力、煤气供应等都是典型的自然垄断行业。

自然垄断

由于一个企业能以低于两个或更多企业的成本向整个市场供给一种产品或服务而产生的垄断。

参考资料　微软垄断案(1)

美国富可敌国的、有金漆招牌的微软公司,最近在一件被称为 20 世纪最大的反垄断官司案中,被法官杀得落花流水!虽然要待明年才判案,但此判也,凶多吉少,而庭外和解总不会得到甜头。据说微软打算上诉,但上诉既不能拿出新证据,成功的机会是不大的。

说反垄断的官司判案历来武断,有点乱来,微软目前的官司就是例子。要不是微软赚那么多钱——要不是盖茨那样富有——何罪之有?要是你和我在美国试行微软做生意的手法,但赚不到钱,或亏大本,那么就算你和我跪地恳求被起诉,美国政府也必定视若无睹。换言之,微软的问题,是钱赚得"太多",在竞争中所向无敌。令人费解的是,在反垄断法例中赚钱多少从来没有提及。

我认为除了赚钱,今天微软在这场官司上所遇到的困境,还有三个原因。

其一是他们不选用陪审团。微软的案件极为复杂,但我认为选用陪审团是上策。这是因为好些人买了微软的股票——或起码有不少朋友买微软而赚了钱——而在一般市民的心目中,微软的形象实在好。这家公司把西雅图的经济搞上去,也是美国今天以科技雄霸天下的一个大功臣。

其二，微软在这场官司中，雇用的律师虽然绝对一流，但经济理论的阐释却是不足。竞争与垄断的概念，竟然没有人对法官解释清楚。

其三，把软件连带硬件一起出售，可以防止软件被盗版或盗用。这是个重点：微软可以说他们坚持软、硬搭销，不是为了垄断，而是要为软件防盗。我认为起码在某程度上，这是事实，但为什么微软没有把这重点说出来？

垄断的成因有四种。从社会经济利益的角度来衡量，只有一种是不可取的。其一是垄断者有特别的天赋，像邓丽君那样的歌星，或多或少有垄断权。这种垄断是不应该被禁止的。要是邓丽君还在，你要把她杀头，还是让她笑口常开地唱下去？

 网络资源

http://www.antitrustcases.com
Antitrust Case Summary Browser 提供与反垄断有关的案例。

第二种垄断是有发明的专利权或版权，或商业秘密。这种也不应该被禁止。没有发明专利，世界上不会有爱迪生，虽然此公最后因为专利官司打得太多而近于一贫如洗。

第三是最难明白的，而也是美国反垄断法例最通常针对的垄断。这就是在竞争中把对手杀下马来。这种垄断有垄断之貌而无垄断之实。一万个竞争者中只有一个不被淘汰，但这生存的"适者"，分分秒秒都惧怕众多的败军之将卷土重来，所以他的产品价格不可能是垄断之价。这是微软的"垄断"，有貌无实，是不应该禁止的。

据我所知，赞成自由市场、高举竞争的有道的经济学者，反对的垄断只有第四种，那就是由政府管制牌照数量，或由政府立法来阻止竞争而产生的垄断。这种垄断中国香港特区政府是专家，也难怪几年前消费者委员会提出的反垄断建议遭到漠视了。

——缩编自张五常《垄断可能是竞争的结果》。

 重要问题1　垄断的基本原因是什么？

垄断的基本原因是存在进入障碍。进入障碍主要有三种类型：关键资源的控制、政府赋予特权和规模经济。

二、完全垄断企业的生产与定价决策

对于完全垄断企业，由于它是市场上唯一的供给者，因此它的均衡就是行业或市场均衡，我们不必像完全竞争企业一样区分厂商均衡和行业均衡。

垄断企业面临的需求曲线就是整个市场的需求曲线。回忆完全竞争中,企业面临的需求曲线是一条水平线(图9-1(a)),可以按照市场价格销售任何数量的产品,边际收益就是产品价格。垄断企业则不然,它面临的市场需求曲线是向下倾斜的。这就意味着(如表9-1所示),随着销售的增加,产品的价格会下降,每单位产品带来的边际收益也会下降,而且后者下降的速度更快。因此,垄断企业的边际收益曲线向下倾斜并且位于需求曲线的下方(图9-1(b))。

表9-1 垄断企业的需求表

P(价格)	Q(产量)	TR(总收益)	AR(平均收益)	MR(边际收益)
5	0	0		
4	1	4	4	4
3	2	6	3	2
2	3	6	2	0
1	4	4	1	−2

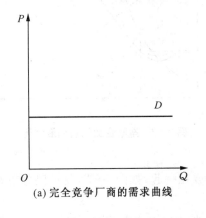
(a) 完全竞争厂商的需求曲线

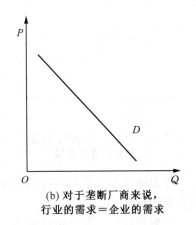
(b) 对于垄断厂商来说,
行业的需求=企业的需求

图9-1 不同企业的需求曲线

为了更好理解边际收益曲线处于需求曲线下方,我们作一个简单的推导。假设需求曲线为线性需求曲线,即

$$P = a - bQ$$

相应的总收益曲线为 $R = aQ - bQ^2$,对其求导数,得到边际收益曲线为

$$MR = a - 2bQ$$

可见边际收益曲线的斜率是需求曲线的2倍,因而位于需求曲线下方。

完全垄断企业的需求曲线是一条需求量与价格成反方向变动的向右下方倾斜的曲线。这就是说,提高价格,销售量减少;降低价格,销售量增加。那么在什么情况下才能达到总收入最大呢?如图9-2所示。价格变动时,总收益是增还是减,实际上是边际收益大于零还是小于零的问题,

$|e|>1$ 时,总收益随价格下降而增加,即边际收益大于零;$|e|<1$ 时,总收益随价格下降而减少,即边际收益小于零。可见,边际收益和需求的价格弹性是有关系的。这种关系可以写成

$$MR = P(1-1/|e|)\ ^*$$

网络资源
http://www.antitrust.org/
Antitrust Policy 与反垄断有关的政策,案例以及经济研究。

从总收益、边际收益、价格、产量及需求弹性这些变量的相互关系中可以看出,尽管垄断企业可以决定价格,但并不是说它可以任意把产品价格提高。当价格定得过高时,销售量可能会变得很小,从而使总收益很小。再说,即使垄断企业产品与别的厂商的产品有很大差别,如果定价过高,消费者依然会寻找替代品来使用,这不利于垄断产品销售。

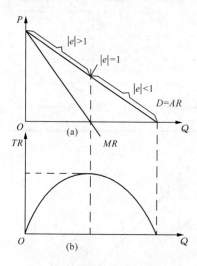

图 9-2 垄断企业的需求曲线与边际收益曲线

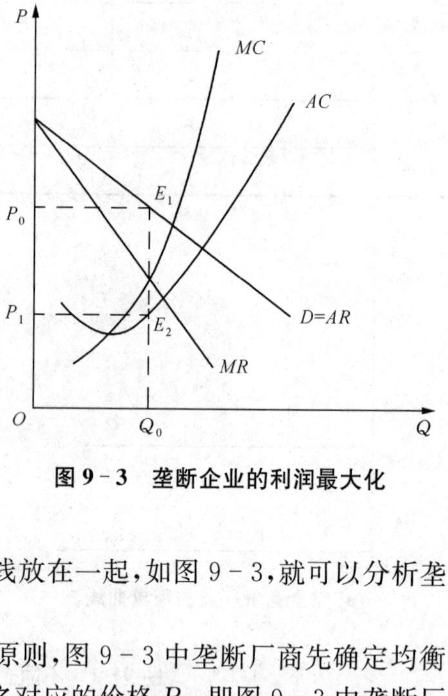

图 9-3 垄断企业的利润最大化

将边际收益曲线与边际成本曲线放在一起,如图 9-3,就可以分析垄断企业的均衡。

根据边际收益等于边际成本的原则,图 9-3 中垄断厂商先确定均衡产量 Q_0,然后根据需求曲线确定与之对应的价格 P_0,即图 9-3 中垄断厂商最优产量/价格组合是 Q_0/P_0:低于 Q_0 产出水平上,MR 大于 MC,增加产出能增加利润;高于 Q_0 产出水平上,MR 小于 MC,增加产出会减少利润。均衡产量 Q_0,需求曲线对应的均衡价格为 P_0。由此可见,垄断企业在

---

* 证明如下:

$e = dQ/dP \times P/Q$

$MR = dR/dQ = d(P \times Q)/dQ = (dP \times Q + dQ \times P)/dQ$

$\quad = (dP \times Q)/dQ + P = P(1 + Q/P \times dP/dQ)$

$\quad = P(1-1/|e|)$

根据上述公式,可引申出下列关系:
(a) 当 $|e|>1$ 时,$MR>0$;
(b) 当 $|e|=1$ 时,$MR=0$;
(c) 当 $|e|<1$ 时,$MR<0$。

均衡时有

$$P > MR = MC$$

对比完全竞争企业,均衡时有

$$P = MR = MC$$

这就是竞争性市场与垄断性市场的关键差别:在竞争市场上,价格等于边际成本;在垄断市场上,价格大于边际成本。这一点非常重要,在以后的分析中将多次用到。

图 9-3 中垄断企业总收益为 $P_0 \times Q_0$,即 $P_0E_1Q_0O$ 面积;总成本是平均成本与 Q_0 乘积,即 $P_1E_2Q_0O$ 面积;于是我们可以看到垄断企业存在超额利润,为图中总收益减去总成本的面积,即 $P_0E_1E_2P_1$ 面积。在垄断市场,垄断企业可以长久获得超额利润,是因为别的厂商无法进入与之竞争。在经济学中,超额利润又称为垄断利润,是因为在竞争性市场,超额利润是转瞬即逝的现象,一旦超额利润存在即有新企业进入竞争使得超额利润消失,故超额利润只存在于垄断市场。

可见,垄断企业与竞争性企业有很大区别,完全竞争企业只能被动接受现行价格,而垄断企业则是价格制定者,因为它在决定产量的同时也决定了价格。此外,垄断企业不存在明确的供给曲线。供给曲线只属于那些接受既定价格的企业,表示在一定价格水平下企业所愿意提供的产量,而垄断企业直接决定了利润最大化的产量,并同时决定了市场价格。

重要问题 2　完全垄断的市场均衡有什么特点?

由于垄断企业是市场上唯一的生产者,因此它面临的是市场需求曲线,是向右下方倾斜的。当垄断企业增加一单位产量时,就引起它产品价格的下降,这就减少了它原来所生产的所有产品的总收益,因而垄断的边际收益总是低于最后产量水平上的价格,也即边际收益曲线总是在需求曲线下方。

与竞争企业一样,垄断企业也是根据边际成本等于边际收益的原则来实现利润最大化。这时垄断企业根据需求量来选择价格。与竞争企业不一样,垄断企业的价格高于它的边际收益,因此它的价格高于边际成本,可以获得超额利润。

第二节 完全垄断的福利代价及其公共政策

重要问题

1. 垄断会造成什么福利代价?
2. 政府对待垄断有什么公共政策?

在第一节中我们知道垄断企业通过收取高于边际成本的价格来获取超额利润。维持高价格对于企业来说当然是好事,但消费者则不愿意看到这种局面。那么从整个社会的角度来看,垄断企业的利益和消费者的成本该如何来权衡? 如果垄断企业的利益不能弥补消费者增加的成本,从而造成整个社会福利的净损失,那么政府应该采取什么公共政策来改变这种局面呢? 这一节我们就来探讨这些问题。

一、垄断的福利代价

在前面一般均衡那一章中,我们把总剩余作为对经济福利的衡量。总剩余等于消费者剩余加上生产者剩余。消费者剩余是消费者对一种产品的支付意愿减去他们为此实际付出的量,即需求曲线与水平的市场价格曲线在左上方围成的面积。生产者剩余是生产者出售一种产品得到的收益减去生产的成本,即供给曲线与水平的市场价格曲线在左下方围成的面积。

回忆前面一般均衡分析我们得到的结论,在竞争市场上供求均衡是使得总经济福利最大化的一个结果,是市场中看不见的手引起了使得总剩余尽可能大的资源配置。由于垄断引起的资源配置不同于竞争市场,其结果必然会造成某种程度的社会福利损失,我们称为无谓损失(Deadweight Lost)。下面我们来分析这个无谓损失。

☞ **无谓损失**
由于资源配置无效率造成的社会福利损失。

考虑一个社会计划者来管理垄断企业。社会计划者不仅关心企业所有者的利润,而且关心企业的消费者得到的利益。因此社会计划者努力使总剩余最大化,而总剩余为生产者剩余加上消费者剩余,等于产品对消费者的价值减去垄断者生产该产品的成本。图 9-4 分析社会计划者将选择的产量水平。

需求曲线反映产品对消费者的价值,用他们对产品的支付意愿来衡量。边际成本曲线反映垄断者的成本。在需求曲线与边际成本曲线相交之处为对整个社会有效率的产量,即社会计划者选择的产量。在这个产量之下,对消费者的价值大于提供该产品的边际成本,增加产量将增加总剩余;在这个产量之上,边际成本大于对消费者的价值,减少产量将增加总剩

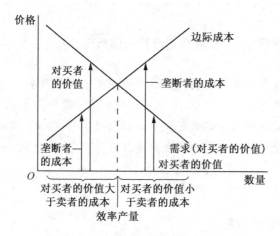

图 9-4 社会计划者选择的效率产量

余。因此,该产量是一个均衡产量。

得到社会有效率的产量之后,我们以此为基准来评价垄断的福利效应。垄断者选择边际收益曲线与边际成本曲线相交的产量水平;社会计划者选择需求曲线与边际成本曲线相交的产量水平。从图 9-5 可见,垄断者的产量小于社会有效率的产量。

网络资源

http://home.mpinet.net/cmueller/ii-03.html
Glossary Of Antitrust Terms 反垄断术语表。

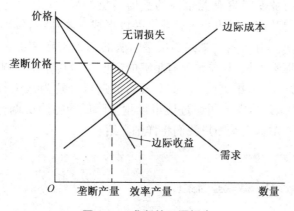

图 9-5 垄断的无谓损失

还可以从垄断者的价格来评价垄断的无效率。但垄断者收取高于边际成本的价格时,一些潜在消费者对该产品的评价高于其边际成本,但低于垄断者的价格,这些消费者最后不购买该产品。由于这些消费者对该产品的评价大于生产这些产品的成本,而交易却无法进行,从整个社会的角度来看,该结果是无效率的。如图 9-5 所示,需求曲线和边际成本曲线之间的无谓损失三角形就是垄断定价引起的总剩余损失。

无谓损失的产生表明与竞争性市场相比较,整个经济蛋糕的规模缩小了,这是垄断所产生的社会代价。另外一个可能的代价是,垄断企业为了维持其垄断地位不得不游说甚至贿赂政策制定者所发生的成本,经济学上称为寻租成本。

> **重要问题 1　垄断会造成什么福利代价？**
>
> 　　垄断者利润最大化的产量水平低于使消费者与生产者剩余之和最大化的产量。这就是说，当垄断者收取高于边际成本的价格时，一些对产品的评价大于其边际成本的消费者不购买该产品（因为消费者评价小于价格），从整个社会角度来看导致了无谓损失。
> 　　此外，垄断可能导致寻租成本。

二、对垄断的公共政策

　　与完全竞争相比，垄断者没有有效配置资源：产量小于社会有效率产量，价格高于边际成本。自然的，我们可以想到由政府充当社会计划者的角色，对垄断进行一些管制，以促进资源的有效配置。

　　一般对于垄断政府可以运用以下三种公共政策：（1）使垄断行业变得更有竞争性；（2）管制垄断者的行为；（3）把私人垄断企业变成公共企业。下面分步讨论这三种政策。

　　使垄断行业变得更有竞争性的武器是反垄断法（也称反托拉斯法）。反垄断法使得政府可以阻止大企业合并以形成垄断地位，例如美国 GE 公司并购 Honeywell 公司就受到了反垄断法的阻止。反垄断法可以用来分解企业中的庞然大物，只要政府有足够的证据认为其存在影响了竞争。最典型的例子是 1984 年美国 AT&T 公司被强行分解为八个较小的公司。最后，反垄断法禁止大公司通过使市场竞争降低的方法协调行动，这方面的例子在下一章寡头垄断里我们将详细介绍。

网络资源
http://mcbinch.com/
antitrust/Legislation
Antitrust Legislation
加拿大反垄断法规。

微软案专题
http://www.findlaw.com
关于反垄断法的丰富资源，看看法律专家对于垄断是如何分析的。

> **参考资料　微软垄断案（2）**
>
> 　　美国有关反垄断的具体细则，产生于 19 世纪末，当时，随着美国经济的发展，生产迅速集中，导致了市场暴利行为及托拉斯的泛滥，严重损害了农场主和广大民众的利益，在这一背景下，美国西部农民掀起了波及美国全境的反托拉斯运动，该运动促使了美国的立法改革，为了打破托拉斯垄断，促进竞争，美国国会于 1890 年通过了《谢尔曼法》。在这之后的 20 余年时间里，美国以《谢尔曼法》为基础，通过一系列法律、判例构筑成自己以反托拉斯为特色的竞争法制度。
> 　　何谓托拉斯（Trust），它是垄断组织的一种高级形式，指生产同类商品或在生产上有密切投入产出关系的企业，从生产到销售进行联合，并组成一种近乎于经济一体的组织。在这种组织当中，各参加者虽然仍是各自独立的企业，但是他们却几乎丧失了在法律上的独

立性和经济上的产销自主权,托拉斯组织具有全部的联合公司或集团公司的功能。因此,它是垄断组织的高级形式,具有相当的紧密性和稳定性。

美国竞争法是通过行政执法机构和司法机关相互配合与制约才得以运作实施的。由于联邦制的存在,行政执法机构在联邦一级有司法部反托拉斯局、联邦贸易委员会和其他有关机构,在州一级有州司法总长下设的反托拉斯处和消费者保护处。司法机关是指联邦各级法院。美国竞争法对反竞争行为规定了民事、行政和刑事3种责任形式。

在分析了以上的美国竞争法概要基础上,我们再来看看微软垄断案的始末,分析在这场美国政府(司法部)控告微软公司非法垄断长达五年的官司中,美国在反垄断执法上的特色和成效。

1997年10月,美国司法部指控微软垄断操作系统,将浏览器软件与窗口软件系统软件非法捆绑销售,翌年10月反垄断案正式立案,这是美国历史上首次出现有关知识产权的反垄断案,2000年4月,联邦法官托马斯·杰克逊称,根据搜集到的证据证明微软公司的确存在垄断行为,他的理据是微软将浏览器软件与窗口操作系统捆绑销售,同时也在市场上拥有绝对的占有率,限制了同业竞争,令使用者基本上没有选择的余地,其影响涵盖全球性的计算机市场。但微软公司所涉及的非法垄断行为,与传统市场上的垄断具有很大的区别,微软由于拥有计算机窗口系统的软件所有权,此系统被广大的用户所接受,因此能在非常短的时间内几乎完全地独占市场,所得到的一切是因高新科技的运用而带来的,并没有通过非法的、不正当的市场竞争行为来取得,在逻辑上与不正当竞争行为绝不可以画为等号。就如果诺贝尔当年可以运用知识产权法将炸药的成分合法地独占,他也会在当时的经济市场上形成了绝对的垄断而取得庞大的利益,只不过由于当时对知识产权没有法律保障,才避免了相关行业的垄断或独占。因此,在这种新型的、由知识产权带动下形成的垄断,给美国的司法界一次长时间的诉讼挑战——2000年6月,上诉庭推翻了托马斯·杰克逊法官对浏览器案件的裁决,微软躲过了被拆分的命运;2000年8月,杰克逊法官因违反司法程序,向媒体泄漏案件审理内情而被解职,库雷科特琳被任命代替杰克逊,全权负责对微软反垄断案的审理。

2000年11月上旬,在库雷科特琳法官力促下,微软和美国司法部达成妥协,妥协条件是微软同意个人计算机制造商可以自由选择窗口桌面,公开窗口软件部分源代码,使微软的竞争者也能够在操作系统上编写应用程序。然而因计算机市场涉及巨大的利益,在19个起诉微软的州中,有9个州决定反对司法部与微软的协议条件,认为

> 这一和解方案对于制止微软继续滥用其在计算机软件业的垄断地位收效不大，明确表示继续进行这场旷日持久的官司。因为这次长时间诉讼的官司不仅影响了微软本身的投资和技术开发决策，同时也因而引起该公司股价的大幅波动对公众的利益造成损害，全球都在密切地关注，究竟知识产权保护下获得的迅速发展与垄断的黑洞如何分离，成为了国际司法上的一个崭新论题。
>
> 　　2002年4月22日，比尔·盖茨亲自为微软辩护，试图使公司免于9个州的司法部长提出的严厉的反垄断制裁方案，这是盖茨在长达4年的微软反垄断审理过程中首次出庭作证。这9个州要求微软把网络浏览器和媒体播放器应用功能从窗口操作系统中分离，为个人用户提供一套窗口基础版。2002年4月24日，盖茨在反垄断案听证会上表示，微软有可能为个人计算器用户提供一套窗口简易版本。11月1日美国联邦法庭在微软与美国政府的划时代反托拉斯案和解协议上签字，它基本上按照2000年11月双方订立的意图，这标志着微软在持续了4年的反托拉斯诉讼案中取得了重大的胜利，令投资者感到欣喜，然而对于竞争者来说，则并不是一件好消息。库雷科特琳法官在裁决中说，法庭对有关各方"达成满足公共利益的协议"感到满意，因此同意在最终裁决中批准这一协议，但唯一条件是双方同意让法庭来严密监督这一协议的执行，这一裁决的有效期至少是5年，并可以由法庭再次延长。
>
> 　　我们认为无论这场反托拉斯案的结局是否公平和完美，它必定引发美国及国际上更多的经济垄断诉讼，对经济市场重新组合产生一定的化学作用，我们应用平常与平等心看待这些诉颂，正像已故制度经济大师门瑟尔·奥尔森（Mancur Olson）所说的，经济制度进步，从来就是由经济利益的冲突和抗争推进的。

 网络资源
http://www.mbinch.com/antitrust
Canadian Antitrust Website 关于反垄断法及该方面的经济学家、机构等的网站。

 网络资源
http://www.essential.org/antitrust
Antitrust Policy and Enforcement 反垄断政府及执行。

　　政府解决垄断问题的另一个方法是管制垄断者的行为。在自然垄断行业，比如自来水和电力公司，政府不允许它们任意收取高价格，而是对它们的定价进行限制。但是政府直接定价同样会带来许多问题。

　　政府对付垄断的最后一把杀手锏是对垄断进行公有化，即把垄断利润收归全民所有。这在公用事业行业如水电、邮政等是比较常见的。但是这种方式似乎与现在的潮流相背离，因为经济学家们时下最喜欢的话题正是把公有制的自然垄断私有化。问题的关键是所有权将影响到生产成本。只要私人所有者能以利润的形式分享利益，他们就有成本最小化的激励。与此相反，经营垄断的政府官员并不能从降低成本中分享利润，要让政府经营的企业实现成本最小化，只能求助于精心设计的制度。然而正如经济学家们所言，作为一种保证企业良好经营的方法，投票机制并不如利润动机可靠。

综上讨论，我们知道每一项旨在解决垄断问题的政策其实都有缺点。因此，一些经济学家认为，政府最好不要去解决垄断定价的无效率，也即推崇政府无所作为。诺贝尔经济学奖得主斯蒂格勒茨（George Stigler）的一段话可以作为我们本节的小结：

> 经济学中的一个著名定理认为，竞争性企业经济将从既定资源存量中产生最大可能的收入。没有一个现实经济完全满足这个定理的条件，并且，所有现实经济都与理想经济有差距——这种差距称为"市场失灵"。但是，按我的观点，美国经济"市场失灵"的程度远远小于植根于现实政治制度中经济政策不完善性所引起的"政治失灵"。

重要问题 2　政府对待垄断有什么公共政策？

为了降低垄断造成的资源配置效率无效率的程度，政府可以动用反垄断法使得垄断行业更有竞争性，也可以管制垄断者收取的价格。政府还可以把垄断行业变为政府经营的企业。这几种公共政策都不同程度地有各自的缺点。如果与政策不可避免的不完善性相比较，垄断造成的市场失灵要小，因此经济学家们认为，这时候政府应该无所作为。

第三节　价格歧视

重要问题

1. 价格歧视存在的前提是什么？
2. 价格歧视的动力在哪里？
3. 价格歧视有哪些种类？

在前面讨论垄断的时候，我们总是默认价格具有单一性。但是在现实中我们看到同样的商品可能对不同的人开价不同。一个最典型的例子就是景点的门票，通常外宾和国内游客的票价是不一样的。这一节我们就来研究类似的价格歧视。

一、价格歧视的前提

在第二部分的章节中我们已经学习了企业定价的知识，作为价格接受者的企业只需要考虑企业运行的成本方面，然后选择价格与边际成本相等

> **价格歧视**
> 就是通过对不同的顾客制定不同的价格来获得更多的利润。

的产量即可。可是在非完全竞争的市场上,企业不再是价格接受者,他们具有市场势力可以影响价格。这时的定价就需要加进需求方面的考虑,从而使企业定价具有一定的策略性。

价格歧视(Price Discrimination)就是通过对不同的顾客制定不同的价格来获得更多的利润。价格歧视具有很多种形式,有时企业对完全相同的产品征收不同的价格;有时则会在面对不同顾客的时候人为制造出一些差异。歧视的程度也有不同,有时是把顾客分成几个大类,对每类给出一个价格;有时则歧视程度很高,对每个顾客都分别定价。在不同的情况下企业能够增加的利润是不同的,当然它们需要为价格歧视的实施支付的成本也是有差别的。企业会在成本与收益间进行权衡。

 重要问题 1 价格歧视存在的前提是什么?

价格歧视只有在市场不完全竞争的情况下才可能发生。只有存在市场势力的时候企业才有能力实施价格歧视。

二、价格歧视的动力

我们已经说明了只有不完全竞争市场上拥有市场势力的企业才有能力偏离市场价格。那么是什么因素导致它们花费精力去区别对待不同消费者呢?对所有消费者制定同样的价格比起单一价格来要复杂得多。为了说明这个问题我们需要再次用到消费者剩余,它是消费者意愿为产品支付的价格和实际支付的价格之差。

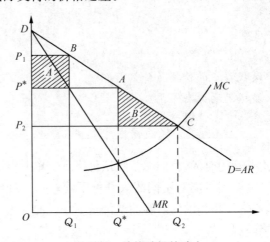

图 9-6 价格歧视的动力

如图 9-6 所示,当企业只能对它所有的顾客制定唯一的价格时,它会选择价格 P^* 和产量 Q^*,因为这时产品的边际成本等于边际收益,实现了利润最大化。图中价格线 $P=P^*$ 以上、需求曲线以下的部分 ADP^* 是这时的消费者剩余。显然，如果企业能对居于需求曲线高端的那些愿意支付高于 P^* 价格的消费者开价更高的话，就可以将一部分消费者剩余据为己有。如图 9-6 所示，对 Q_1 部分的消费者定价 P_1 就可以将阴影 A 所示的消费者剩余侵占过来。而如果企业可以针对低端消费者制定出低于 P^* 的价格 P_2，就可以将销售量增加到 Q_2，那么由于垄断带来的无谓损失（Deadweight Loss）B 将会被消除，所以这种价格歧视还可以增进社会福利。

 重要问题 2　价格歧视的动力在哪里？

> 价格歧视策略是企业侵占消费者剩余的过程，它们通过这样的侵占可以增加自己的利润。因此，理性的企业愿意在价格制定过程中花费一些成本来换取这样丰厚的利润增加。

三、价格歧视的种类

我们通常将价格歧视划分成三种，分别叫做一级价格歧视、二级价格歧视和三级价格歧视。下面依次对它们进行说明。

一级价格歧视（First-degree Price Discrimination）是指企业向每个顾客索取他们愿意为产品支付的最高价格。这是一种完全的价格歧视，它相当于将所有的消费者剩余完全地侵占过来。

如图 9-7 所示，Q^* 为企业在单一价格下利润最大化的产量，是边际成本曲线和边际收益曲线的交点。而当实施一级价格歧视时，企业对顾客索取他们的保留价格可以完全地侵占消费者剩余，因此企业的最优产出变为需求曲线和边际成本曲线的交点 Q^{**}，图中斜线所示的面积就是来自完全价格歧视的额外利润，图 9-7 中横线所示面积为垄断者在不存在价格歧视时凭借其垄断地位获得的垄断利润。

☞ **一级价格歧视**
是指企业向每个顾客索取他们愿意为产品支付的最高价格。

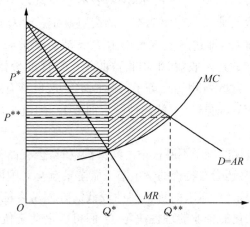

图 9-7　一级价格歧视

从全社会的角度来讲,一级价格歧视下垄断的无谓损失被完全消除,社会福利有所提高,是一种比较理想的状态。但是这种一级价格歧视在现实中几乎是不可能的,一方面对每个消费者都区别定价难度太高,另一方面企业通常不知道每个消费者的保留价格,消费者也不可能将自己的保留价格诚实地透露给商家。后面的两种则相对现实一些。

> **二级价格歧视**
> 指的是企业通过对相同商品或劳务消费的不同数量和区段来对消费者进行分类,然后按照类别差别定价。

二级价格歧视(Second-degree Price Discrimination)指的是企业通过对相同商品或劳务消费的不同数量和区段来对消费者进行分类,然后按照类别差别定价。这类价格歧视通常发生在有规模经济的部门,如电力、水暖等,它们的边际成本和平均成本曲线都是向下倾斜的,企业希望尽可能大的销售量来实现规模经济,降低边际成本(参见图9-8)。

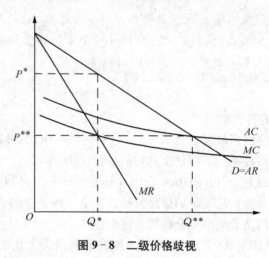

图9-8 二级价格歧视

为鼓励家庭多用电,当用电量为 Q^* 时,电价为 P^*;用电量为 Q^{**} 时,电价就降为 P^{**}。这样,一部分消费者剩余又转化为垄断者的收入。

> **三级价格歧视**
> 指的是企业对消费者进行分类,根据它们不同的需求曲线来差别定价。

三级价格歧视(Third-degree Price Discrimination)是当今最为盛行的价格歧视类别,它指的是企业对消费者进行分类,根据它们不同的需求曲线来差别定价。如图9-9所示,MR_t 表示总量的边际收益曲线,企业根据这条边际收益曲线与边际成本线的交点确定一个总产量 Q_t,边际成本取决于总产量 Q_t,即边际成本大小为 P_t。消费者被分为两组,对应于图中的两组不同的边际收益、平均收益曲线。最优的价格和产量满足于从各组得到的边际收益相等且等于边际成本。这里具有需求曲线 D_1 的组1对应价格 $P_{(1)}$,而具有较低弹性需求曲线 D_2 的组2则对应于一个较高的价格 $P_{(2)}$。

这类价格歧视的例子不胜枚举。购买机票时,会有商务舱和经济舱的差别,对学生通常还会有特价的学生票。旅游景点会对国内游客和国外游客收取不同的门票,对需求的价格弹性较低的外国游客征收较高的门票。这都是利润最大化的企业的理性决定,它们可以借此来侵占消费者剩余,增加自己的收益。

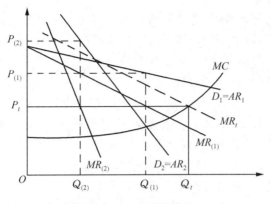

图 9-9 三级价格歧视

 参考资料　曾经有一个赤裸裸的亚马逊

　　作为一个缺少行业背景的新兴的网络零售商,亚马逊不具有巴诺(Barnes & Noble)公司那样卓越的物流能力,也不具备像雅虎等门户网站那样大的访问流量,亚马逊最有价值的资产就是它拥有的2 300万注册用户,亚马逊必须设法从这些注册用户身上实现尽可能多的利润。因为网上销售并不能增加市场对产品的总的需求量,为提高在主营产品上的赢利,亚马逊在2000年9月中旬开始了著名的差别定价实验。亚马逊选择了68种DVD碟片进行动态定价试验,试验当中,亚马逊根据潜在客户的人口统计资料、在亚马逊的购物历史、上网行为以及上网使用的软件系统确定对这68种碟片的报价水平。例如,名为《泰特斯》(Titus)的碟片对新顾客的报价为22.74美元,而对那些对该碟片表现出兴趣的老顾客的报价则为26.24美元。通过这一定价策略,部分顾客付出了比其他顾客更高的价格,亚马逊因此提高了销售的毛利率,但是好景不长,这一差别定价策略实施不到一个月,就有细心的消费者发现了这一秘密,通过在名为DVDTalk(www.dvdtalk.com)的音乐爱好者社区的交流,成百上千的DVD消费者知道了此事,那些付出高价的顾客当然怨声载道,纷纷在网上以激烈的言辞对亚马逊的做法进行口诛笔伐,有人甚至公开表示以后绝不会在亚马逊购买任何东西。更不巧的是,由于亚马逊前不久才公布了它对消费者在网站上的购物习惯和行为进行了跟踪和记录,因此,这次事件曝光后,消费者和媒体开始怀疑亚马逊是否利用其收集的消费者资料作为其价格调整的依据,这样的猜测让亚马逊的价格事件与敏感的网络隐私问题联系在了一起。

　　为挽回日益凸显的不利影响,亚马逊的首席执行官贝佐斯只好亲自出马做危机公关,他指出亚马逊的价格调整是随机进行的,与消

网络资源

http://www.mitocw.net/cn/Economics/14—271 Industrial-Organization-IFall 2001/Readings/index.htm
这是麻省理工学院(MIT)的经济学开放式课程网页,我们可以参考上面的阅读材料,进一步巩固相关知识的学习。

费者是谁没有关系,价格试验的目的仅仅是为测试消费者对不同折扣的反应,亚马逊"无论是过去、现在或未来,都不会利用消费者的人口资料进行动态定价"。贝佐斯为这次的事件给消费者造成的困扰向消费者公开表示了道歉。不仅如此,亚马逊还试图用实际行动挽回人心,亚马逊答应给所有在价格测试期间购买这 68 部 DVD 的消费者以最大的折扣,据不完全统计,至少有 6 896 名没有以最低折扣价购得 DVD 的顾客,已经获得了亚马逊退还的差价。

至此,亚马逊价格试验以完全失败而告终,亚马逊不仅在经济上蒙受了损失,而且它的声誉也受到了严重的损害。

亚马逊的这次差别定价试验是电子商务发展史上的一个经典案例,这不仅是因为亚马逊公司本身是网络零售行业的一面旗帜,还因为这是电子商务史上第一次大规模的差别定价试验,并且在很短的时间内就以惨败告终。

重要问题 3　价格歧视有哪些种类?

一级价格歧视下,企业完全侵占消费者剩余,向每个消费者收取其保留价格;二级价格歧视存在于规模经济情况下,企业通过推出针对低端消费者的低价来增加产量实现规模经济;三级价格歧视是营销理论中市场细分的依据,它根据不同消费者群体的不同需求曲线来差别定价。

第四节　存在垄断时的要素市场

重要问题

存在垄断时的各种要素均衡条件是什么?

我们将垄断的存在分为三种情况:(1) 产品市场垄断——要素市场完全竞争;(2) 产品市场完全竞争——要素市场垄断;(3) 产品市场和要素市场均为垄断。为了使分析更清晰,我们假定其他要素不变,只有一个可变要素 L,并且主要分析单个企业的均衡。

一、产品市场垄断—要素市场完全竞争

我们知道,在完全竞争产品市场上,对任一企业来说,产品的销售价格是给定不变的,因此,企业对可变要素的需求曲线可以由可变要素的边际产品价值($VMP=MPP\times P$)曲线来表示。

但是,在垄断市场上,产品的销售价格不是固定不变,而是随销售量的增加而下降,亦即企业销售的产品的需求曲线是自左向右下方倾斜的,边际收益曲线位于需求曲线下方且越离越远,因为边际收益比价格下降得更快。这样,边际收益产品曲线就再也不与边际产品价值曲线重合(即 $MRP\neq VMP$),而是位于边际产品价值曲线的下方,且越离越远。此时,边际收益产品曲线(MRP)就是要素需求曲线,因为厂商决定对要素的需求只能根据增加要素带来的实际收益 MRP 的变化。

我们这里假定在要素市场仍是完全竞争,而只是在产品市场垄断的情况。这时企业均衡的情况就如图 9-10 所示。在要素价格为 W_0 条件下,企业的边际成本曲线 MFC 与边际收益产品曲线 MRP 相交于 E,决定最大要素投入量为 L_0。均衡条件是 $MRP=MFC$。

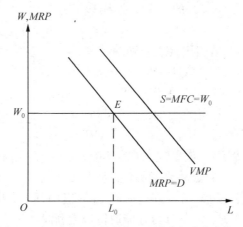

图 9-10 产品市场垄断—要素市场完全竞争

二、产品市场完全竞争—要素市场垄断

如果生产要素市场是垄断的,例如在生产要素只有一家买主的情况下,那么,生产要素的供给曲线 S 同边际要素成本曲线 MFC 就不重合了,并且企业的 MFC 曲线位于要素的供给曲线 S 的上面。见表 9-2 要素供给表和企业成本表以及图 9-11 要素的供给曲线和独家买主的 MFC 曲线。

表 9-2 要素供给表和企业成本表

(1) 要素价格	(2) 要素供给量	(3) 要素总成本	(4) 边际要素成本 MFC
1	0		
2	1	2	2
3	2	6	4
4	3	12	6
5	4	20	8
6	5	30	10
7	6	42	12
8	7	56	14

表 9-2 的第一列和第二列表示要素的价格和要素的所有者愿意供应

的数量,两者同方向变化,即价格越高,要素所有者愿意供应的数量越多。表9-2的第三列表示,当企业买进2个单位时他必需付出的费用6个单位,因为每单位的要素的价格是3;同理,当企业增加购买一个单位即一共买进3个单位时就必须付出12;其余依此类推。根据第三列的数据可以得出第四列的边际要素成本,即企业每追加购买一个单位的要素的总成本的增加量。购买的要素与相应的 MFC 的数据由图9-11的 MFC 曲线表达出来。

再引进代表企业对要素的需求的 MRP 曲线,当产品市场为完全竞争的情况下,企业的边际产品价值曲线与边际收益产品曲线是重合的($VMP = MRP$)。如果其他要素不变,只有一个变动要素时,企业将要素使用量调整到边际产品价值曲线与边际要素成本曲线的交点 F,即 $VMP = MFC$ 时,才能取得最大利润。

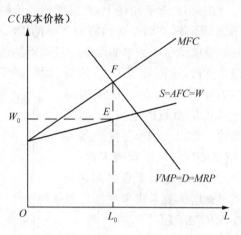

图9-11 产品市场完全竞争—要素市场垄断

由于要素的供给曲线与边际要素成本曲线是分离的,所以在 F 点只能知道企业对要素的均衡使用量 L_0,不能知道此使用量时卖者愿意接受的价格,即要素的均衡价格,它必须在反映一组要素价格与要素数量相互关系的要素供给曲线上产生。这样,在产品市场完全竞争而要素市场不完全竞争情况下,要素的均衡价格和使用量要分两步来确定。第一步由 VMP 与 MFC 曲线的交点确定要素的均衡使用量;第二步再找出要素供给曲线上与该购买量对应的点所批示出的要素价格,即 E 点所对应的要素价格为均衡价格。

该种市场情况下的企业均衡条件为:$VMP = MRP = MFC$。

三、产品市场和要素市场均为垄断

当产品市场和要素市场均为垄断情况下,则兼有前面(2)、(3)两种市场类型的特点,如图9-12所示,边际产品价值曲线高于边际收益产品曲线,后者为此时的要素需求曲

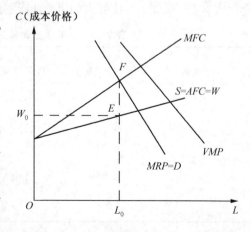

图9-12 产品市场和要素市场均为垄断

线;边际要素成本曲线高于要素平均成本曲线(供给曲线)。如果其他要素不变,只有一个要素变动时,企业将雇用量调整到边际收益产品曲线与边际要素成本曲线交点 F,即调整到 $MRP=MFC$ 时,可以取得最大利润。此时,F 点所对应的 L_0 为要素的均衡使用量,均衡使用量 L_0 同要素供给曲线的交点 E 所对应的 W_0 为此时的要素均衡价格。需要指出的是,均衡价格的确定并非如此简单,当要素市场和产品市场均存在垄断的情况下,垄断力量之间(如银行与产商,工会和工厂)有一个议行的过程,最终价格的确定要素双方的力量对比情况。

产品市场和要素市场均为垄断情况下的企业均衡条件为:$MRP=MFC$。

重要问题 存在垄断时的各种要素均衡条件是什么?

产品市场垄断和要素市场完全竞争情况下的要素均衡条件为 $MRP=MFC$。

产品市场完全竞争和要素市场垄断情况下的要素均衡条件为 $VMP=MRP=MFC$。

产品市场和要素市场均为垄断情况下的要素均衡条件为 $MRP=MFC$。

本章小结

1. 垄断者是在其市场上为唯一卖者的企业。当一个企业拥有一种关键资源,当政府给一个企业排他性地生产一种物品的权力,或者当一个企业可以比许多同行企业以较少成本供给整个市场时,垄断就产生了。

2. 由于垄断者是其市场上唯一的生产者,所以它面临向右下方倾斜的产品需求曲线。当垄断者增加一单位产量时,就引起它的产品价格下降,这就减少了包括以前生产的所有产量的总收益。因此,垄断的边际收益总是低于其物品的价格。

3. 和竞争企业一样,垄断企业也通过生产边际收益等于边际成本的产量来实现利润最大化。这时垄断者根据需求量选择价格。与竞争企业不同的是,垄断企业的价格高于它的边际收益,因此它的价格高于边际成本。

4. 垄断者利润最大化的产量水平低于使消费者与生产者剩余之和最大化的产量。这就是说,当垄断者收取高于边际成本的价格时,一些对物品评价大于其生产成本的消费者不再购买这种物品。

5. 政府可以用几种方式对垄断者行为的无效率进行调整。可以用反托拉斯法使行业更具竞争性,也可以管制垄断者收取的价格,还可以把垄断者变为政府经营的企业。或者,如果与政策不可避免的不完善性相比,市场失灵肯定要小,政府则可以无所作为。

6. 垄断者通常可以通过根据买者的支付意愿对同一种物品收取不同的价格来增加利润。这种价格歧视的做法可以通过使一些本来不想购买的消费者得到物品而增加经济福利。在完全价格歧视的极端情况下,垄断的无谓损失完全消除了。更一般地说,当价格歧视不完全时,与单一垄断价格相比,它会增加或减少福利。

7. 存在垄断情况下的要素市场均衡有不同于完全竞争的特性,必须根据具体的市场结构进行分析。

本章练习题

1. 我们将在边际成本上的加价百分比写成$(P-MC)/P$。对一个追求最大利润的垄断者,这个加价是如何取决于需求弹性的?为什么这个加价可被看作垄断势力的一种量度?

2. 为什么在垄断下没有市场供给曲线?

3. 垄断势力为什么有社会成本?如果生产商从垄断势力中所得好处能够被再分配给消费者,垄断势力的社会成本能够被消除吗?作简单解释。

4. 如果政府迫使垄断者降低价格,为什么垄断者的产量会增加?如果政府要设置一个促使垄断者生产最大产量的最高限价,该限价如何设定?

5. 20世纪较重要的反托拉斯案例之一涉及1945年的美铝业公司。在那时候,美铝公司控制着大约90%的美国原铝生产,该公司被指控垄断铝市场。美铝公司争辩说虽然它确实控制了原铝生产的很大份额,但再生铝也占铝的总供给的30%左右,而且有许多竞争企业从事再生铝生产,因而它没有多大的垄断势力。

(1) 提供一个有利于美铝的清楚的论证。

(2) 提供一个反对美铝的清楚的论证。

(3) 法官伦特·汉德1945年的判决被称为"当代最值得称颂的司法见解之一"。你知道汉德法官的裁决是什么吗?请通过互联网找到当年的判决。

6. 在对批发给经销商的汽车定价时,汽车制造商典型地对"奢侈性选择"项目(例如真皮坐具等)的成本上的百分比加价比对汽车本身或对较"基本"的选择项目,如动力方向盘和自动变速器的加价要高得多。解释为什么。

7. 某行业对劳动的需求曲线为$L=1\,200-10W$,供给曲线为$L=20W$,其中L是每天的劳动需求(供给)量,W是工资率,试求其均衡工资率和每天的劳动雇用量。如果劳动的供给由一个工会控制,它希望就业劳动的总收入达到最大化,试求这时的劳动数量和工资率。

网络学习导引

http://special.homeway.com.cn/detail.aspx?id=586815

http://biz.163.com/special/f/fanlongduanyes.html

和讯财经网和网易财经两大重量级财经网站的反垄断专题。阅读该专题相关材料,特别是其中"民众反应强烈的六大行业",尝试运用本章所学知识分析我国进行反垄断立法的必要性。

第十章

现实世界中的市场结构（中）：寡头垄断

学习目标
- 理解寡头垄断的特点及拐折的需求曲线
- 分析寡头间的竞争：从静态到动态
- 分析寡头间的合作：卡特尔与囚徒困境

基本概念

　　寡头垄断　古诺模型　伯特兰博弈　斯塔克伯格博弈　卡特尔

参考资料
- 中国电信业(1)
- 中国电信业(2)
- 欧佩克：沙漠里的海市蜃楼
- 自律价为什么总是短命？

到目前为止,我们已经学习了完全竞争和完全垄断这两种市场结构。接下来的两章,我们开始将注意力转向这两个极端之间的情形,分别讨论寡头垄断和垄断竞争。

第一节 寡头垄断概述

重要问题

1. 寡头垄断的特征是什么?现实中有什么例子?
2. 为什么寡头垄断市场上价格水平比较稳定?
3. 双寡头垄断的主要模型有哪些?

一、寡头垄断的定位

对市场结构的研究通常将现实中的市场分成四种类型:完全竞争、垄断竞争、寡头垄断、完全垄断(见图 10-1)。

☞ **网络资源**
http://www.census.gov/epcd/www/concentration.html
看看美国制造业的集中程度以及寡头垄断的产业组织结构。

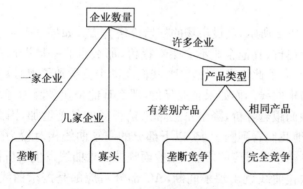

图 10-1 市场的四种结构类型

在完全竞争市场上,假设产品是同质的,每家企业的规模与市场相比都显得微不足道,因而它们没有能力影响市场价格,只能接受市场既定的均衡价格。而在垄断市场上,单独一家企业负担了整个市场对某商品的需求,企业具有市场势力,可以根据市场的需求曲线来自主地选择产量和价格。

这是我们在前面学到的内容,不难发现前一种是企业数量趋于无穷大,而后一种则是企业数量恒为 1,从这方面来看这两个模型就显得不够现实。

垄断竞争和寡头垄断是介于两者之间的,相对来说它们关注了经济中更加现实的部分——市场参与者间的互动。它们开始了对现实中策略性经济行为的探讨,这一章我们将着重学习寡头垄断(Oligopoly)。

当然,在展开后文论述之前我们首先要界定寡头垄断的含义。寡头垄

☞ **寡头垄断**
通常指那种仅有少数几家企业的市场,由于企业数量很少,一个企业的行为对其他企业的行为往往具有非常大的影响。

断(Oligopoly)通常指那种仅有少数几家企业的市场,由于企业数量很少,一个企业的行为对其他企业的行为往往具有非常大的影响。企业间是相互依存的,寡头垄断的市场上不存在单一的均衡价格和均衡产量,任何一个企业的行为都取决于它所预计的其他企业的行为。

> **重要问题 1** 寡头垄断的特征是什么?现实中有什么例子?
>
> 寡头垄断具有以下几方面特征:1)市场上仅有少数几家企业;2)企业的行为相互影响;3)市场结果会受到人们的行为模式的影响。现实中的例子有:航空业、超市零售业、主流的报纸传媒等。

二、折拐的需求曲线

经济学家总是能够很敏锐地观察到寡头垄断市场的特点,它的价格水平相对比较稳定,寡头企业之间一般进行非价格竞争而不是价格竞争,因为后者也许会带来两败俱伤的后果。美国经济学家保罗·斯维奇(Paul Sweezy)曾经提出了折拐的需求曲线模型(Kinked Demand Curve)来解释这一现象。

如图 10-2 所示,假设市场的初始价格为 P_0,如果某个企业在这个价格的基础上提价,其他企业不会跟着提价,那么企业一旦提价就会失去很多的市场份额,因此需求弹性较大,我们在图中就看到了 P_0 以上部分的相对平坦的需求曲线。而如果企业降价,那么其他企业会因为害怕失去自己的市场份额而跟着降价,降价不会带来销售额的显著增加,因此需求弹性较小,相应地我们看到图中 P_0 以下部分的需求曲线相对较为陡峭。也就是说在原价格水平对应的 B 点,企业面临的需求曲线发生了折拐。那么相应的边际收益曲线就出现了间断,AC 部分对应的是需求曲线的 AB 段,

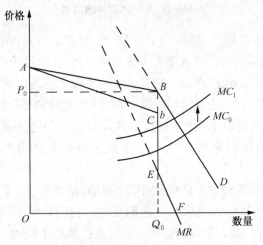

图 10-2 折拐的需求曲线

EF 部分对应于需求曲线的 BD 段,其中 C、E 时间断点。

如果寡头当前的边际成本曲线是 MC_0,那么利润最大化的产量就是 Q_0,对应的价格就是 P_0。在 C、E 范围内的边际成本曲线的上升和下降(如 MC_0 和 MC_1)都不会导致利润最大化的产量发生变动,因而在寡头垄断市场上一般企业不会轻易地变动产量和价格。

这个模型是早期的寡头垄断模型,对寡头垄断市场的价格稳定现象进行了较有说服力的解释,但是它却无法说明最初的均衡价格是如何确定的,遭到了学术界的批评。

 重要问题 2 为什么寡头垄断市场上价格水平比较稳定?

> 寡头垄断市场上的企业往往跟跌不跟涨,这导致企业面临的需求曲线在初始价格处发生折拐,对应的边际成本曲线发生间断,这使得在某一特定范围内的边际成本的波动不会导致利润最大化产量的变动,因此寡头垄断市场上的价格水平不易出现波动。

三、双寡头垄断模型

为了讨论问题的简化,我们通常假设为双寡头(Duopoly),即市场上仅存在两个生产相同产品的企业。(这种情况在现实中并不难见到,中国的电信市场就类似于这样的双寡头结构。)我们通常关注均衡下企业 A、B 各自的产量和价格以及这种均衡的稳定性。

网络资源

http://subscribe.wsj.com/microexamples/oligopoly.html
《华尔街日报》上最新最经典的寡头垄断案例,提供 Word 文档供下载。

 参考资料 中国电信业(1)

> 曾经有人对我国现阶段的移动通信博弈市场进行描述,我们可以从中对中国电信业的市场结构稍作了解。
>
> **1. 博弈的双方可以看成有两个局中人参与**
>
> 过去和现阶段主要是中国移动和中国联通的博弈,随着中国电信和中国网通小灵通(包括 3G 牌照的发放)等全业务的加入,仍然可以看作是两个局中人的博弈:市场主导运营商(包括中国移动和中国联通)和市场新型运营商(包括中国电信和中国网通)。
>
> **2. 具有完全信息的非合作型博弈**
>
> 移动电信提供给用户的是其服务,服务的生产过程也就是其消费过程。服务的类型和价格都是公开的,双方的竞争都是非合作的,竞争双方有时甚至采取比较激进的手段。

> **3. 双方主要是采用价格等为手段的重复竞争**
>
> 由于我国移动市场是一个新型的市场,价格已成为争取用户最直接的、最原始和最有效的手段,双方都陷入了一种相互竞相降价的困境中。
>
> **4. 双方提供的服务具有很大的替代性**
>
> 双方提供给用户的都是语音和数据等基本服务(如短信服务),用户选择的服务范围小,服务具有很大的替代性。
>
> **5. 较少考虑企业的现时成本和平均收益**
>
> 移动电信的规模经济性和已投入的沉淀成本,使得争取更多的用户并留住用户能带来较多的未来收益,局中人愿意牺牲现在的收益。

现在,你不妨设想自己是寡头垄断市场中的一个参与者——一个寡头企业的老总,而你的决策是你的企业在商战中获胜的关键。那么,你的商业策略过程会是什么样的呢?通常,寡头企业会有两种相互冲突着的愿望:一方面,希望通过与其他企业进行某种形式的共谋来实现大家总和利润的最大化;另一方面,又希望自己能够有能力将其他的企业挤出市场,获得独有的更多利润。简言之,会有竞争与共谋两方面的愿望。我们将分别从这两种愿望出发介绍几个常用的模型①。

在第二节我们将主要介绍竞争性的模型,它们将市场参与者视作对立的个体,各自以实现自己的最大化为目标。

首先是静态博弈模型,由于企业做决定时不知道其他企业的选择,我们可以认为它们是同时决策的,它们的决策依据是自己对其他企业行为的推测。这类模型有两个:古诺模型,两企业同时确定产量;伯特兰模型,两企业同时确定价格。

接下来是动态博弈模型,企业决策有先后之分,后决策的企业明确地知道前者的选择。我们将学习一个名为斯塔克伯格模型的以产量作为决策变量的动态博弈模型,你将会看到决策的先后也会对结果产生很大影响②。

而在第三节,我们会考虑到共谋的一面。因为现实中不同企业的利益其实并不是完全对立的,很多时候它们也会倾向于合作。我们将考虑这样的情况,即两个企业以实现利润和的最大化为目标来制定价格和产量并协议共同遵守。我们会用到前面学过的囚徒困境博弈,因此希望读者提前复习第八章的相关内容。

---

① 后面的两节将广泛地用到博弈论(Game Theory)。建议读者简要地回顾一下第八章的内容,以便更好地理解本章后面的两节内容。

② 读者会很容易地想到决策变量是价格的动态博弈,即所谓的价格领导模型。我们将在下一章垄断竞争中介绍这个模型,因为价格领导者和价格追随者的情况更多地出现在垄断竞争市场上。

重要问题 3　双寡头垄断的主要模型有哪些?

研究双寡头垄断的模型主要有以下四种：静态的产量决策模型——古诺模型；动态的产量决策模型——斯塔克伯格模型；静态的价格决定模型——伯特兰模型；以及寡头的囚徒困境模型。

$$
双寡头 \begin{cases} 竞争 \begin{cases} 静态博弈 \begin{cases} 产量决策（古诺模型） \\ 价格决策（伯特兰模型） \end{cases} \\ 动态博弈——斯塔克伯格模型 \end{cases} \\ 合作——合作博弈与囚徒困境（卡特尔） \end{cases}
$$

第二节　寡头间的竞争：静态到动态

 重要问题

1. 古诺模型与伯特兰模型的区别是什么？
2. 斯塔克伯格模型说明什么？先行者利益如何理解？

这一节我们介绍的都是描述非合作行为的模型，它们都将市场上的企业看作相互对立的个体。首先是两个静态模型，在这类模型当中参与人是同时决策的，我们将分别介绍产量为决策变量的古诺模型和价格为决策变量的伯特兰模型。接下来是动态模型，参与人决策有先后之分。我们会考察数量领先的斯塔克伯格模型。

一、静态1——古诺模型

古诺模型（Cournot Model）诞生于1838年，是一位名叫奥古斯汀·古诺（Augustin Cournot）的法国经济学家和数学家提出来的。古诺模型是对竞争性经济行为的一种简化。

模型假设是这样的：市场上只有两个企业，生产同样的产品，并且都知道市场需求。这两个企业可以决定的只有自己的产量，并且它们当中没有人能在决策时确切地知道另一个人的选择。它只知道它的竞争者也正在和自己一样决定产量；它会觉得竞争者完全可能考虑得和自己一样仔细，因为它认为不能自负地认为自己比对手聪明；它知道最终得到的价格将取决于两个企业的总产量。

让我们来考察线性需求函数的简单情况，我们这样建立模型：

两企业决策变量为产量 Q_1、Q_2，市场总供给 $Q=Q_1+Q_2$；

 网络资源

http://www.egwald.com/economics/gfparameters.php3
一个寡头垄断的经济学游戏。

市场需求函数为 $Q=a-(a/b)P$；

因此有 $P=b-(b/a)(Q_1+Q_2)$，即价格由两企业共同决定；

企业 1 的利润为 $\pi_1=[b-(b/a)(Q_1+Q_2)]Q_1$[①]。

我们知道当利润最大化实现的时候，在其他条件均不变的情况下[②]，企业 1 调整产量能够带来的利润增量为零，从数学上讲就是 $d\pi_1/dQ_1=0$，即 $b-2(b/a)Q_1-(b/a)Q_2=0$。

我们最终得到利润最大化的条件 $Q_1=\frac{1}{2}(a-Q_2)$。

这便是企业 1 的反应函数，即对应于企业 2 的每一个可能的产量决策企业 1 都会将它视作给定值，并在其基础上确定相应的利润最大化产量。我们可以清楚地看到企业 A 是如何受到企业 B 产量的影响的。需要强调的是因为两个企业是同时决策的，企业 1 决策时不可能确切地知道企业 2 将会选择什么样的产量，或许在这时企业 2 自己都不清楚，这里所谓"企业 2 的产量"仅仅是企业 1 的主观判断。

模型中的两企业是完全对称的，因此我们很快可以得到企业 2 的反应曲线 $Q_2=\frac{1}{2}(a-Q_1)$，现在我们可以将这两条反应曲线画在一个产量坐标系内，横轴和纵轴分别表示两个企业的产量，如图 10-3 所示。

让我们来考虑这两条反应曲线的交点 E。因为企业反应曲线上的任意一点所代表的都是给定对方的某个产量情况下己方的最优选择，所以在 E 点两企业都实现了在对方相应产量下的利润最大化，两方都没有偏离 E 点的动机。回忆第八章关于纳什均衡的定义，它指的是给定对手的策略，各对局者所选择的策略都是最佳的。因此，E 点便是这个博弈的纳什均衡。我们可以从两条反应曲线的方程得到：

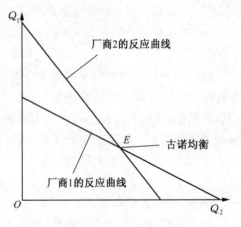

图 10-3 古诺模型的反应曲线

均衡产量 $Q_1=Q_2=\frac{1}{3}a$，均衡总产量 $Q=\frac{2}{3}a$；

均衡价格 $P=\frac{1}{3}b$，均衡的利润 $\pi_1=\pi_2=\frac{1}{9}ab$。

---

① 为简化模型，我们假设边际成本为零。
② 我们假定企业 1 调整产量时企业 2 不采取行动。

二、静态 2——伯特兰模型

伯特兰模型(Bertrand Model)是另一个法国经济学家约瑟夫·伯特兰(Joseph Bertrand)于1883年建立的。和古诺模型一样,它也假设市场上有两个企业,生产相同的产品。与古诺模型不同的是,伯特兰模型中企业的决策变量为价格,而它们的产量是相同的。我们将看到这样一个很小的差别会产生很大的影响。

因为两企业的其他方面都是一样的,仅仅是价格存在差别,所以消费者将只会从价格最低的企业那里购买商品。也就是说,如果两个企业制定不同的价格,定价低的企业将会得到整个市场的需求,而价格高的企业将什么都卖不出去。如果两企业制定相同的价格,那么对消费者来说从任何一方购买商品都是无差别的,我们可以认为两企业平分市场。

如果你是寡头企业,你会怎样定价呢?你会担心定价不够低导致满盘皆输,为了保险起见你会将价格定在自己能够忍受的最低水平。所以在这个模型中,均衡的价格与完全竞争均衡完全一致,也就是说在双寡头垄断市场上进行价格竞争的同质企业间只存在唯一的均衡,均衡情况下企业制定的价格等于边际成本,利润为零,根本不能实现企业增加利润的愿望。这就是著名的"伯特兰悖论"。

要考证这是纳什均衡,我们只需要证明在均衡状态任何一方都没有偏离动机。如果企业1要提价,那么它就会失去所有的市场份额,显然是不理智的;而如果企业1降价,虽然能够占有整个市场,但是价格将会低于边际成本,它会在每件产品上都亏损,因此降价抢市场也不是吸引人的建议。企业2和企业1是对称的,因此它也一样没有偏离这个均衡的动机。

伯特兰模型在几方面受到了批评:首先,在企业生产相同产品时往往产量竞争更符合实际;其次,即使像模型所说的那样,企业在价格竞争中选择了相同的价格,它们也不一定会像模型所说的那样平分市场份额,因为在这个问题上往往有很多复杂的决定因素。但是总的来说,伯兰特模型在帮助我们理解企业决策的相互影响方面还是相当有用的。

伯特兰悖论
在双寡头垄断市场上进行价格竞争的同质企业间只存在唯一的均衡,均衡情况下企业制定的价格等于边际成本,利润为零,根本不能实现企业增加利润的愿望。

重要问题 1　古诺模型与伯特兰模型的区别是什么?

比较古诺模型和伯特兰模型的建立,只是决策变量的假设存在差异。前者,企业分别决定自己的产量;后者,企业分别制定自己的价格。

再比较两个模型的均衡结果。在古诺模型的均衡状态,价格高于边际成本,因此各企业都有利润,总供给量要低于完全竞争的产量水平;在伯特兰模型中,价格等于边际成本,各企业都只有零利润,与完全竞争均衡一致。

三、动态——斯塔克伯格模型

现在我们开始进行第一个动态尝试,在前面古诺模型的基础上放松两企业同时决策的假设,这种动态分析模型被称为斯塔克伯格模型(Stackelberg Model)。假定企业 1 先决定自己的产量,而企业 2 可以确定地知道企业 1 的选择之后再进行决策。

看起来似乎企业 2 处于有利地位,因为它决策的时候可以确切地掌握企业 1 的决策信息,它的决策也很简单,只需在自己的古诺反应曲线上找到与企业 1 真实产量对应的产量水平即可。但是在我们进行定量分析之后你会发现直觉有时并不可靠。

我们来看企业 1,它决策时需要考虑到企业 2 将对自己作出的反应,因此这要比古诺模型复杂一些,在古诺模型里面我们只是简单地把对手的产量视作一个给定的值。

企业 2 的古诺反应曲线为:

$$Q_2 = \frac{1}{2}(a - Q_1)$$

企业 1 在确定了自己的产量后就可以根据这条反应曲线知道企业 2 的选择,也就确定了总供给量,当然也能根据需求曲线得到相应的市场价格,企业 1 完全可以通过确定自己的产量掌控自己的利润。

我们仍然假设边际成本为零,将企业 2 的反应函数代入企业 1 的利润函数:

$$\pi_1 = PQ_1 = \left[b - \frac{b}{a}(Q_1 + Q_2)\right]Q_1 = \frac{b}{2}\left(1 - \frac{1}{a}Q_1\right)Q_1$$

企业 1 的利润最大化产量要使再增加一单位产量能够增加的利润为零,即

$$\frac{d\pi_1}{dQ_1} = \frac{b}{2} - \frac{bQ_1}{a} = 0$$

于是,我们得到企业 1 的利润最大化产量为

$$Q_1 = \frac{a}{2}$$

那么, $$Q_2 = \frac{1}{2}(a - Q_1) = \frac{a}{4}$$

此时市场总供给量 $$Q = Q_1 + Q_2 = \frac{3}{4}a$$

价格 $$P = b - \frac{b}{a} \times \frac{3}{4}a = \frac{b}{4}$$

企业 1 的利润 $$\pi_1 = \frac{ab}{8}$$

企业 2 的利润 $$\pi_2 = \frac{ab}{16}$$

我们可以很清楚地看到先行者利益(First Mover Advantage)的存在——企业1的利润是企业2利润的两倍。企业1仅仅是因为在企业2之前决策就掌握了主动权,企业2只能被动地把企业1的高产量当作既成事实来给自己确定一个相对来说利润最大的产量。这种现象在许多策略问题中都会出现。

重要问题2　斯塔克伯格模型说明什么?先行者利益如何理解?

斯塔克伯格数量领先模型让我们看到了先行者利益的存在。先行者利益是指某个占有重要地位的企业由于抢先行动进入某个市场而带来的后来者无法比拟的优势。例如,亚马逊作为第一家成功的网上书店而占据了有利地位,苹果作为个人电脑打响的第一块牌子而成为业界传奇等等。

然而,我们也应该看到先行者优势并不是普遍存在的。事实上,在某些行业中先行者或许会做出些无谓的牺牲,后动者却可以在前人铺路的基础上加倍顺利地发展。

第三节　寡头间的合作:卡特尔与囚徒困境

重要问题

1. 共谋的好处是什么?
2. 为什么说卡特尔是不稳定的?

在前一节中我们介绍了三种竞争性的模型,并且都得出了它们相应的纳什均衡,这在博弈论中通常被称为非合作(Non-cooperative)博弈,参与者决策时总是为了实现自己利润的最大化,只是他们会对竞争对手的行为予以一定程度的关注。纳什均衡是非合作均衡。这一节我们将充分地对企业间的合作——共谋(Collusion)给予关注。

一、共谋的好处

我们应当还记得第八章中的囚徒困境博弈,它反映了集体理性与个体理性的矛盾,符合个体理性的最优选择并不一定符合集体利益的最大化。在这种情况下,如果这个集体是一个拥有足够大权力的组织,它往往会促进成员间的合作来实现集体利益最优的组合。著名的石油输出国组织

(OPEC)就是一个典型的例子,我们将在后面提到,那么这里不妨用一个基于中国电信行业的博弈模型来帮助大家理解共谋的好处[①]。

参考资料　中国电信业(2)

假设此博弈的参加者为电信运营商 A 与 B,它们在电信某一领域展开竞争,一开始的价格都是 P_0。A(中国电信)是老牌企业,实力雄厚,占据了绝大多数的市场份额;B(中国联通)则刚刚成立不久,翅膀还没有长硬,是政府为了打破垄断鼓励竞争而筹建起来的。

正因为 B 是政府扶植起来鼓励竞争的,所以 B 得到了政府的一些优惠,其中就有 B 的价格可以比 P_0 低 10%。这一举动还不会对 A 产生多大的影响,因为 A 的根基实在是太牢固了。在这样的市场分配下,A、B 可以达到平衡,但由于 B 在价格方面的优势,市场份额逐步壮大,到了一定程度,对 A 造成了影响。这时候,A 该怎么做?

不妨假定:

A 降价而 B 维持,则 A 获利 15,B 损失 5,整体获利 10;

A 维持且 B 也维持,则 A 获利 5,B 获利 10,整体获利 15;

A 维持而 B 降价,则 A 损失 10,B 获利 15,整体获利 5;

A 降价且 B 也降价,则 A 损失 5,B 损失 5,整体损失 10。

用得益矩阵表示如下:

		B 降价	维持
A	降价	(−5, −5)	(15, −5)
	维持	(−10, 15)	(5, 10)

从 A 角度看,显然降价要比维持好,降价至少可以保证比 B 好,在概率均等的情况下,A 降价的收益为 $15 \times 50\% - 5 \times 50\% = 5$,维持的收益为 $5 \times 50\% - 10 \times 50\% = -2.5$,为了自身利益的最大化,$A$ 就不可避免地选择降价。从 B 角度看,降价同样比维持更好,其降价收益为 5,维持收益为 2.5,它也同样会选择降价。于是,A、B 都将降价作为策略,各损失 5,整体损失 10,整体收益是最差的。这就是此博弈最终所出现的纳什均衡。

我们构造的这一电信业价格战博弈模型是典型的囚徒困境现象,各个局部都寻求利益的最大化,而整体利益却不是最优,甚至是最差。

事实上许多其他行业的价格竞争都是典型的囚徒困境现象,如可口可乐公司和百事可乐公司之间的竞争、各大航空公司之间的价格竞争等等。

---

① 选编自刘健《博弈论经典案例"囚徒困境"及实证分析》。

在囚徒困境博弈中我们很容易发现共谋的可行性：在上面这个案例中,如果能由某个组织(比如电信行业协会)出面,要求两个寡头企业间达成某种协议不再降价以免两败俱伤,那么饱受价格战摧残的企业一定会选择加入这样的协议①。这样,只要两方都遵守这样的协议他们就有可能实现(5,10)的最优结果。

 重要问题 1　共谋的好处是什么?

只要寡头垄断企业能够遵守共谋协议,那么共谋就可以实现集体利益的最大化,而由于囚徒困境的存在集体利益的最大化往往是无法由个体理性实现的。

二、崇高的卡特尔

卡特尔(Cartel)是一种组织,它的成员公开地同意在价格、产量和市场分割等方面进行共谋。让我们看看卡特尔是如何统一定价并在成员间分配产量配额的。

卡特尔制定统一价格的原则是使整个卡特尔的利润实现最大化。也就是说,卡特尔的边际收益等于边际成本。第一步是确定需求曲线,即在每一个可能的价格水平上确定出市场对产品的需求。第二步是从这条需求曲线推导出边际收益曲线。第三步是确定边际成本曲线,它是各成员边际成本的水平加总。这样,边际成本曲线和边际收益曲线的交点便是卡特尔的利润最大化水平。如图 10-4 所示,D 为卡特尔的需求曲线,MR、MC 分别表示卡特尔的边际收益曲线和边际成本曲线,它们的交点确定了卡特尔最佳的总产量 Q_0 和统一价格水平 P_0。

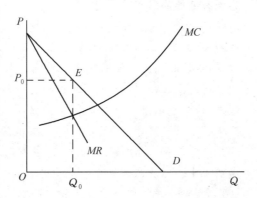

图 10-4　卡特尔的统一价格与总产量的确定

☞**卡特尔(Cartel)** 是一种组织,它的成员公开地同意在价格、产量和市场分割等方面进行共谋。

卡特尔通常会在成员国间分配产量配额,分配的原则是使各个企业的边际成本相等。由此,市场的总供给被限制在垄断水平,提高市场价格,使成员得益。卡特尔有时会表现得非常强大,例如典型的由产油国政府组成的国际性卡特尔石油输出国组织(OPEC),它在这些年来成功地将世界的石油价格提升到大大高于原有价格的水平。再如,1928 年到 20 世纪 70 年

---

① 至于达成协议以后是否能够一直遵守的问题,我们将在后文进行讨论。

网络资源

http://www.mmc.gov.uk/
英国竞争委员会。可以找到政府关于卡特尔的政策。

代早期，水银欧洲（Mercurio Europeo）成功地将水银价格保持在接近于垄断价格的水平。但是，我们也看到国际上一些试图抬高铜、锡、咖啡、茶叶或者可可的价格的卡特尔并没有对价格水平产生过显著的影响。卡特尔的成功需要具有两个关键的条件：第一，必须有一个稳定的卡特尔组织在一个足够强大的协议基础上运作；第二，相应的商品市场一定要具有足够小的需求弹性，这可以保证提价的余地。

 参考资料　欧佩克：沙漠里的海市蜃楼

"欧佩克"即石油输出国组织是一个自愿结成的政府间组织，对其成员国的石油政策进行协调、统一，旨在通过消除有害的、不必要的价格波动，确保国际石油市场上石油价格的稳定，保证各成员国在任何情况下都能获得稳定的石油收入，并为石油消费国提供足够、经济、长期的石油供应。

为使石油生产者与消费者的利益都得到保证，欧佩克对石油生产实行配额制。如果石油需求上升，或某些产油国石油产量减少，欧佩克将增加其石油产量，以阻止石油价格飙升。石油价格下滑，欧佩克也有可能依据市场形势减少石油的产量。

然而，欧佩克并不能完全控制国际石油市场。首先因其成员国的石油、天然气产量分别只占世界石油、天然气总产量的40％和14％，不能起到完全左右市场的作用；其次欧佩克自实行原油生产配额制度以来，从未有效杜绝过其成员国的超产行为。为限制成员国超产，欧佩克不得不一再调低生产限额，因此形成了一个"超产—限产—再超产—再限产"的怪圈；再次，欧佩克成员国的财政预算绝大部分依赖以美元结算的石油收入，在美元汇率持续下滑的情况下，虽然欧佩克毅然决定按期履行减产承诺，但为减少美元汇率下跌造成的巨大损失，并非每个欧佩克成员国都愿意买单。

四分五裂的约束机制，各怀想法的利益聚合体，使欧佩克看上去像沙漠里的海市蜃楼，仅仅为饥渴的国际油市提供些许"望梅止渴"的心理慰藉。

——摘自新华网

 参考资料　自律价为什么总是短命？

若干经济主体人结成产业内"卡特尔"（Cartel），是当代经济生活中利益共谋的一种形式。卡特尔现象老是寿命很短，也是"谎言"和"欺骗"在作怪的结果。

卡特尔的宗旨,是协调每个成员的生产决策,主要是限制产量,并从中分享所有可能获得的好处。一个实际的例子是欧佩克(OPEC,石油出口国组织),它们通过压低成员国的产量来维持石油的高价格,从而使所有的成员国获利。卡特尔有时候也采取规定价格的形式,这是中国民众比较熟悉的类型,比如电视机等家用电器设定最低价格。

但是维持一个卡特尔是很困难的,许多问题都牵涉到私有信息。例如国家之间在商议生产配额的时候,通常有一条原则是生产成本较低的国家获得较多的配额。于是每个国家都有低报它们的生产成本的倾向。这是卡特尔协议成立以前的信息欺骗。

协议成立以后,新的问题是可能出现不遵守协议的欺骗行为。

成员国可以为共同的利益达成协议,但它们会严格遵守吗?在达成协议的情况下,出现俗称"偷步"的欺骗的动机很大。既然一个国家降低它的产量因而帮助市场提高价格的收益可以为所有的成员国共同分享,那就是说,高价格的收益具有非排他性。这样,每个国家都会要求别人把产量降低到配额以下,但是自己却可能偷偷地把产量升上去,最终的结果就是协议瓦解,原有目标无法实现。

国内这样的例子也很多,协调的通常未必是产量,而是价格或别的东西。什么"行业自律价"等等,就是这样的利益共谋,都是独立企业协议成立的"独联体"形式的临时联盟。

1998年11月19日《羊城晚报》在第二版报道,昔日轰轰烈烈的两大旅游联合体"广州旅游新联盟"和"粤顺旅游大联盟"至今已名存实亡。究其原因,就是这种独立企业协议成立的"独联体"形式的联盟,从制度上难以保证独立各方遵守协议。报道说,有关各方,实际上是"各怀鬼胎",只想别人遵守协议,自己好讨便宜。殷鉴不远,人们对后来成立的"珠江水上旅游联合体"同样表示怀疑。

怀疑是有道理的,卡特尔的成立,已经为它的瓦解准备了力量。以压缩产量抬高价格的卡特尔来说,价格抬高越是成功,卡特尔成员"偷步"悄悄把产量提上去可能获得的利益就越大,从而对违反协议"偷步"的激励越大。这种"越成功越容易瓦解"的内在矛盾,注定了卡特尔寿命不长。世界范围来说,上面讲过的欧佩克,虽然吵吵嚷嚷,跌跌撞撞,可还算难得的比较成功的卡特尔。这里说比较成功,主要是说维持时间很长,并不是说就可以避免卡特尔天生的困境。例如,1998年12月,利比亚的领导人卡扎菲,就致信欧佩克各国领导人,建议石油输出国组织各国完全停止石油生产几个月,以免世界市场的石油价格进一步下跌。为什么一再下跌?主要原因之一,就是大家都有偷偷增加产量的动机。

> 市场经济之初,我们的新闻媒体对于"空调峰会"、"彩电峰会"还十分关注。时至今日,这个峰会那个峰会已经很难吸引人们的关注了,因为大家都已经清楚,峰会顶多也就"作秀"而已,冠冕堂皇达成的协议,一定很快形存实亡。老总们只是相互探底,顺便说说漂亮话而已。
>
> ——王则柯《信息经济学平话》七,中信出版社,2002年。

我们之所以要说卡特尔崇高,是因为它的稳定性要求卡特尔组织及其各个成员国都足够道德、足够无私。现实中卡特尔组织内很难实现按边际成本相等划分的产量配额,配额往往受到了成员的地位、讨价还价能力、已有的生产能力和销售规模等因素的影响。另外,根据囚徒困境我们知道卡特尔成员完全可以通过微量降价来实现大于分配份额的市场,它们也可以通过广告、服务等非价格竞争的方式促销增产,而这种额外的收益增加不仅是对自己承诺的违背,更是对其他企业的利益侵害。因此,卡特尔的稳定是以很高的道德要求为基础的,建立在完全理性假设上的经济学理论通常认为卡特尔是不稳定的。

 重要问题 2　为什么说卡特尔是不稳定的?

因为从个体理性的角度来讲卡特尔的协议产量并不是最优的选择,个体的寡头会在个人利益的驱使下进行微量的增产或降价来获得更高的收益,当卡特尔的每个成员都违背诺言进行这种调整时,集体利益最大化的选择往往不能实现,因此卡特尔通常会以失败告终,即便是那些成功影响了价格水平的卡特尔组织也通常不能实现集体利益最大化的初衷。

本章小结

1. 寡头垄断具有以下几方面特征:(1)市场上仅有少数几家企业;(2)企业的行为相互影响;(3)市场结果会受到人们的行为模式的影响。

2. 研究双寡头垄断的模型主要有以下四种:静态的产量决策模型——古诺模型;动态的产量决策模型——斯塔克伯格模型;静态的价格决定模型——伯特兰模型;以及寡头的囚徒困境模型。

3. 在古诺模型的均衡状态,价格高于边际成本,因此各企业都有利润,总供给量要低于完全竞争的产量水平;在伯特兰模型中,价格等于边际成本,各企业都只有零利润,与完全竞争均衡一致。

4. 斯塔克伯格数量领先模型让我们看到了先行者利益的存在。先行者利益是指某个占有重要地位的企业由于抢先行动进入某个市场而带来的后来者无法比拟的优势。

5. 寡头通过形成一个卡特尔并像垄断者一样行事以使自己的总利润最大化。但如果寡头独立地做出生产决策,结果是产量大于垄断的产量,而价格低于垄断价格。在寡头市场上的企业数量越多,产量和价格越接近于完全竞争下的水平。

6. 囚徒困境表明,利己动机使得人们即使在合作符合他们共同利益时也无法维持合作。我们用这个模型来分析卡特尔的不稳定性。

本章练习

1. 为什么古诺均衡是稳定的(即为什么一旦均衡各企业就不会有改变它们产量水平的冲动)?

2. 考虑下面的双寡头。需求由 $P=10-Q$ 给出,其中 $Q=Q_1+Q_2$。企业的成本函数为 $C_1(Q_1)=4+2Q_1$ 和 $C_2(Q_2)=3+3Q_2$。两企业是世仇,根本没有合作的可能性,那么均衡时企业的产量和利润分别是多少? 利用古诺模型,画出两企业的反应曲线,并表示出均衡。

3. 我们对第 2 题稍作变化,假设这是一个新的市场,企业 1 先于企业 2 进入该市场,市场需求曲线和两企业的成本函数均不变,请用斯塔克伯格模型来分析这时的纳什均衡。

4. 对第 2 题再做些变化,假设某邻国政府要通过投标的方式在两个企业间选择一个供应商,它公开表示会选择价格较低的那一家,$P=10-Q$ 为有关机构的调查显示该国的市场需求曲线,企业的成本函数不变。那么,两个企业各出价多少? 最终哪家企业会赢得这个商业机会?(假设处于策略性的考虑两企业均不退出投标)请用伯特兰模型来分析。

5. 如果第 2 题的两企业不是世仇,它们达成共谋的协议,双方承诺按照协议行事,也都相信对方会守信,它们按照利润最大化确定总产量,再按照边际成本相等原则分配,那么,它们会把总产量定在什么水平? 分别得到多少利润? 这是稳定的状态么?

6. 什么条件是成功的卡特尔化所必需的? 一个卡特尔必须克服什么组织上的问题?

网络学习导引

http://www.oligopolywatch.com

一个关于全球寡头垄断行业的思想观察,包括寡头垄断及产业组织基本知识、寡头垄断与全球化、全球各行业寡头垄断最新报告。浏览这个网站,选择你感兴趣的一个行业,写一份关于寡头垄断的案例。注意运用本章所学的模型进行分析;特别的,把重点放在各寡头之间行为的相互影响所导致的产业组织结构。

第十一章

现实世界中的市场结构(下)：垄断竞争

学习目标
- 理解垄断竞争的特征及差异化产品的分析
- 学会分析垄断竞争企业的行为
- 理解广告、品牌在现代经济中的作用
- 运用信息理论分析广告与品牌

基本概念

垄断竞争　差异化　过剩生产能力　质量信号

参考资料
- 关于垄断竞争的争论
- 多角度切入的差异化手法
- 广告导致价格降低的经验证据

让我们再回顾一下已经学习过的市场结构知识。我们是从完全竞争市场开始的。完全竞争市场有四个特点：众多买方和卖方、同质产品、充分信息、自由进出。这四个特征不能被同时满足的情况称为非完全竞争。非完全竞争的极端情况是完全垄断，即仅有一家厂商控制整个市场，这是第九章的内容。第十章，我们讨论了市场上仅有数家企业的寡头垄断结构。而本章将围绕垄断竞争市场结构展开。

第一节　垄断竞争概述

重要问题
1. 垄断竞争的特征是什么？现实中有什么例子？
2. 产品差异化意味着什么？为什么要实行产品差异化？

一、垄断竞争的特征

我们可以回顾一下第十章的图 10-1，在那里我们曾对市场结构的类型给出了一个图示。在图中我们大致了解了垄断竞争的特点，我们知道它因为包括企业数量众多而与完全垄断企业相区别，也知道它由于产品差异化的特点而与完全竞争相区别。

在这里我们将对垄断竞争给出一个更加准确的描述。

经济学家口中的"垄断竞争"指的是存在众多的买方和卖方，但企业通过产品差异化来进行相互竞争的一种市场结构。它的特征可以概括为以下四个方面。

垄断竞争
指的是存在众多的买方和卖方，但企业通过产品差异化来进行相互竞争的一种市场结构。

（1）企业众多。他们相互间为瓜分市场份额而竞争，没有一家企业具有控制市场的绝对优势，因而没有一家企业的行为能够直接地影响市场价格。由于数量众多，企业间的共谋可能性几乎为零。

（2）产品差别化。企业生产的产品是或多或少区别于与之竞争的企业的产品的，这导致了产品间的不完全替代性，因而企业面对的产品需求曲线是向下倾斜的，也就是说对于自己的产品，企业具有一定的定价能力。

（3）竞争手段包括价格、质量和营销。垄断竞争厂商面临着向下倾斜的需求曲线，因而他可以通过定价来竞争；但是企业通常更倾向于运用非价格竞争方法，比如向顾客传达信息说明自己的产品更优，这可以从设计、耐用程度、售后服务以及购买的便利程度等很多方面入手。促销和广告行为在垄断竞争市场上相当多见，他们希望以此来增加产品的需求，或者以此来差别化自己的产品。

（4）市场进出障碍不显著，通常只存在一些必要的法律程序。我们也通常称之为自由进出，我们将看到这一点会导致垄断竞争企业的长期利润为零。

在四种市场结构当中，或许垄断竞争结构是我们生活中最为常见的。我们可以对照上面给出的四个特征来判断一个行业是否是垄断竞争的。不妨以餐饮业为例。第一条，餐饮业的门店几乎随处可见。第二条，餐饮业的服务要满足的是人们的同一类需要，所以是相似的，但是由于风味、地段、服务理念等等的不同，使得每家餐饮企业的产品在人们看来都小有差别。第三条，餐饮业很讲究促销，我们对肯德基、麦当劳的套餐都不会陌生，我们也注意到很多地方都有商务套餐供应。另外餐饮业一般都特别注重服务，希望通过服务来赢得顾客的好感。第四条，市场进出障碍不显著。除了一些必要的法律要求以外，开一家餐饮类的企业并不麻烦，至于经营不善者希望退出，也是很方便的。

然而在经济研究中我们则希望通过一些定量的指标来识别垄断竞争。最常见的有以下两种：四企业集中度（The Four-Firm Concentration Ratio），它是指一个行业中最大的四家企业的销售额占整个行业的销售额的比重。当指标超过60%则认为该行业高度集中，视作寡头垄断；当指标低于40%时，就可以认为属于垄断竞争结构。HHI（Herfindahl-Hirschman Index），最大的50家企业的市场份额的平方和，在企业总数小于50时则为所有企业的市场份额的平方和。当指标大于1 800，该市场被认为是非竞争性的。

> **四企业集中度**
> 它是指一个行业中最大的四家企业的销售额占整个行业的销售额的比重。

> **HHI**
> 最大的50家企业的市场份额的平方和，在企业总数小于50时则为所有企业的市场份额的平方和。

重要问题1　垄断竞争的特征是什么？现实中有什么例子？

垄断竞争市场具有以下几方面特征：(1) 市场上企业众多；(2) 产品差异化；(3) 竞争手段包括价格、质量和营销；(4) 市场自由进出。现实中垄断竞争的例子很多，比如美容美发行业、服装鞋帽、餐饮业、图书出版等等。（我们更希望大家多多观察周围的经济现象，寻找身边的例子）

> **网络资源**
> http://william-king.www.drexel.edu/
> 这是 Dr. Roger A. McCain 的个人网站，右边的阅读材料便来源于此，上面还有很多关于经济学理论的资源可供大家借鉴。

参考资料　关于垄断竞争的争论

20世纪二三十年代一些伟大的经济学家开始了对垄断竞争的研究，美国的 Edward Chamberlin 和英国的 Joan Robinson、Abba Lerner 都对垄断竞争理论作出了很大的贡献，而美国的 GeorgeStigler 和英国的 Roy Harrod 都对这一理论进行了批评。他们认为越来越差异化的产品将会导致非价格竞争和不断增长的价格和成本，他们批评说如果说一个足够愚笨的企业采用了这种方法进行提价，那么它将

> 很快被扫出市场,也就是说,高价的情形不会是一个长期均衡。批评者们还认为垄断竞争理论太不精确。一直到20世纪70年代,似乎批评家们都处于优势地位,但是1980年代、1990年代垄断竞争理论的地位开始回归。人们开始意识到产品差异化和多样化的重要性,认为它们不应被排除在经济研究之外。与此同时,经济学家们也开始找到一些方法使关于垄断竞争的研究更加精确。特别是在国际贸易领域,当人们发现美国和德国相互出口汽车时,他们不得不承认美国和德国产的汽车是有差异性的。但是,我们仍不清楚这种差异性对效率意味着什么。到1990年以后,经济学家们越来越重视非价格竞争,越来越鼓励企业的创新行为,而不再将重点放在如何提高价格上。而关于差异性对效率的影响的讨论仍在进行中。我们唯一可以肯定的一点是产品的多样化是重要的。但是我们要清楚,在这个领域我们还有很多需要学习,我们需要搞清楚市场体系是怎样生成产品多样性的,还要研究这种生成是太多、太少还是刚刚好。
>
> ——节选自 The essential principles of economics

二、产品差异化

应该说产品差异化是垄断竞争最为显著的特征。它是指不同企业生产的产品或多或少存在相互替代的关系,但是它们存在差异,并非完全可替代的。

☞**产品差异化**
不同企业生产的产品或多或少存在相互替代的关系,但是它们存在差异,并非完全可替代的。

我们可以用美发为例帮助大家理解。提到发廊,我们有时会觉得它多得过了头。你到复旦北区后面的学府路转一转便会发现,短短的一条步行街上竟然有六七家之多。店铺都不大,价格也没有多大差异。另外,你完全可以不选择这些发廊而去一个更远的更好一些的发廊,比如稍远一些的狂剪坊、金美、爱雪和How,甚至更远的组合或王磊形象公社。那么,面对这些你会怎么选择呢?于是你面临的首要问题便是分析它们的差异性。

我们对差异性的分析可以按照一般分类来进行。

首先,方位差异。事实上在前面给出这些发廊的名字的时候我们就是按照方位来分类的。很显然,一家开在1千米以外的发廊和一家开在你家门口的发廊比起来后者要便利很多。

其次,品质差异。在这个特殊的例子里面更适合用专业素质这个概念。这一点我们也是深有体会的。你也许会听到周围的同学把某一家店比作毁容店,而另一家店的×号美发师则很受大家的欢迎。

第三,包装差异。美发服务给你带来的效用往往跟发廊的环境有关。你可以设想,一个发型师穿着制服,发型时尚,在一个放着背景音乐、灯光柔和的发廊里为你服务,这时你的感受会完全不同于同一个发型师颓废的出现在一个简陋而昏暗的房间里给你理发时的感觉。

第四，品牌差异。如果你周围的人都认为去王磊形象公社是一种奢侈的时候，王磊就有了服务以外的一层含义，我们通常叫做品牌效应，它通常可以将一种商品同其他的商品区分开来。同样水平的两个发型师，如果要价相同，那么你肯定会选择在王磊工作的那个。

另外，还有一些特殊的差别存在。比如有时也因为顾客的不同而使服务产生差异，当你通过和发型师愉快交谈充分传递了你的个性信息时，他为你设计的发型或许更加令你满意，因为它不仅适合你的脸型还适合你的性格。

参考资料　多角度切入的差异化手法

1. 产品的原材料——潘婷洗发水宣称成分中有70%是用于化妆品的，让人不能不相信其对头发的营养护理功效。舒蕾现下推广的"小麦蛋白"洗发水也是在试图通过原料成分来加强产品的价值感。

2. 产品的手感——TCL电工通过李嘉欣告诉大家"手感真好"，因为手感好也是消费者自己判断开关质量的简单而又重要标准。

3. 产品的颜色——普通的牙膏一般都是白色的，然而，当出现一种透明颜色或绿色的牙膏时，大家觉得这牙膏肯定更好。高露洁有一种三重功效的牙膏，膏体由三种颜色构成，给消费者以直观感受：白色的在洁白我的牙齿，绿色的在清新我的口气，蓝色的在清除口腔细菌。

4. 产品的味道——牙膏一般都是甜味的，可是LG牙膏反而是咸味的，大家觉得这牙膏一定好。那么，如果有种苦味的牙膏呢？大家还会觉得好，这就是差异化的威力。

5. 产品的造型设计——摩托罗拉的V70手机，独特的旋转式翻盖成为其最大的卖点。

6. 产品功能组合——组合法是最常用的创意方法。许多发明都是据此而来。海尔的氧吧空调在创意上就是普通空调与氧吧的组合。白加黑也是一种功能的分离组合，简单的功能概念却造就了市场的奇迹。

7. 产品构造——"好电池底部有个环"，南孚电池通过"底部有个环"给消费者一个简单的辨别方法，让消费者看到那个环就联想到了高性能的电池。海尔"转波"微波炉的"盘不转波转"也是在通过强调结构的差异来提高产品价值感。

8. 新类别概念——建立一个新的产品类别概念。最经典的当属"七喜"的非可乐概念，这里不再多言。

9. 隐喻的概念——瑞星杀毒软件用狮子来代表品牌,以显示其强大"杀力";胡姬花通过隐喻概念"钻石般的纯度"来强化其产品价值;白沙烟用鹤来表现飞翔、心旷神怡、自由的品牌感受。

10. 事件概念——相信全国人都知道海尔的"砸冰箱"事件,直到多少年后,海尔还在不厌其烦地经常拿出来吆喝几声,该事件为海尔的"真诚到永远"立下了汗马功劳,可见事件概念的传播也是威力巨大。事件营销要注意把握时机,如能与社会上的热点话题联系起来,则会起到事半功倍的效果。2003 年的一大热点当然是神五飞天,"蒙牛"及时"对接成功",有效地提升了品牌形象,是近年来少见的优秀事件营销传播案例。

11. 广告传播创意概念——"农夫果园摇一摇","乐百氏 27 层净化","金龙鱼 1∶1∶1"都属此类型。

12. 专业概念——专业感是信任的主要来源之一,也是建立"定位第一"优势的主要方法。很多品牌在塑造专业感时经常直称专家:方太——厨房专家;华龙——制面专家;中国移动——移动通信专家。

13. 建立"老"概念——时间长会给人以信任感,因此,诉求时间的概念也是一种有效方法。而且,时间的概念感觉越老越好,如玉堂酱园——始于康熙 52 年,青岛啤酒——始于 1902 年。

14. 产地概念——总有许多产品具有前列的产地特点,如北京的二锅头、烤鸭,山东的大花生,新疆的葡萄,还有我们常说的川酒云烟等。提炼这些地域特色强烈的产品的地域概念显然是很有效的方法。如云峰酒业的"小糊涂仙"、"小糊涂神"、"小酒仙"等都在说"茅台镇传世佳酿";"鲁花"花生油说"精选山东优质大花生"等。

15. 具体数字概念——越是具体的信任感越强。因此,挖掘产品或品牌的具体数字也是常用的方法。"乐百氏 27 层净化"、"总督牌香烟,有 20 000 个滤嘴颗粒过滤"等都是该方法的应用。

16. 服务概念——同样的服务,但如果有一个好的概念则能加强品牌的美好印象。比如海尔提出的"五星级服务"也为其"真诚到永远"做出不少的贡献;另外还有"24 小时服务"、"钻石服务"等都是不错的服务概念,在加强品牌美誉度方面起到不可忽视的作用。

——选编自中国企业管理世界网站 www.jakj.com.cn

网络资源

http://subscribe.wsj.com/microexamples/monopolisticcompetition.html

华尔街日报与垄断竞争相关的链接。你可以看到更多产品差异化的案例,并了解到广告对垄断竞争企业的重要性以及新进企业给垄断竞争市场带来的影响。

重要问题 2　产品差异化意味着什么?为什么要实行产品差异化?

产品差异化是垄断竞争市场上常见的一种现象,不同企业生产的产品或多或少存在相互替代的关系,但是它们之间存在差异,并非完全可替代的。垄断竞争厂商的产品差异化包括产品本身的差异和人为的差异,后者包括了方位的差异、服务的差异、包装的差异、营销手法的差异等等,企业往往希望通过产品差异化来刺激产品的需求。

第二节 垄断竞争企业的行为

重要问题

1. 垄断竞争企业都有经济利润吗?
2. 垄断竞争市场的效率如何?

根据前面对垄断竞争市场特点的分析,我们知道,垄断竞争是一种既非完全竞争又非完全垄断的市场结构。像讨论完全竞争与完全垄断条件下企业的均衡一样,我们也分别就短期与长期两种情况讨论垄断竞争条件下的均衡。然后,我们分析垄断竞争市场的效率情况。

一、短期均衡

垄断竞争市场的特点决定了企业面临的需求曲线的形状。垄断竞争企业的产品与其他企业产品既有一定差别,又有很大替代性。因此,一个垄断竞争企业面临的需求曲线比一个完全竞争企业的需求曲线弹性要小;同时,它又比垄断者面临的需求曲线弹性要大,即垄断竞争企业面临着一条向右下方倾斜的需求曲线,但其倾斜程度比垄断企业需求曲线要小。

垄断竞争企业遵循垄断者的利润最大化规律:它选择边际收益等于边际成本的产量,然后根据其需求曲线找出与这一产量水平相一致的价格。在短期,垄断竞争企业

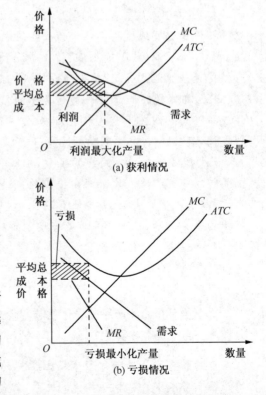

图 11-1 短期中的垄断竞争企业均衡

的均衡与垄断企业的均衡非常相似：若价格高于平均成本，有超额利润；若低于平均成本，则会亏损。图 11-1 描述了两种典型的短期均衡情况。

在图 11-1 中，边际收益曲线与边际成本曲线的交点决定了利润最大化的产量。在 11-1(a)图中，价格高于平均总成本，因此企业有超额利润，如图中阴影部分所示。在 11-1(b)图中，价格低于平均总成本，企业亏损，亏损量为 11-1(b)图中的阴影部分。

二、长期均衡

在长期中，垄断竞争企业的生产规模可以调整，垄断竞争市场上厂商数目可以变化。若短期中企业有获利，则新企业进入该行业，提供相替代的产品与原来的企业竞争，使原企业市场份额缩小，需求曲线向左移动，利润下降。相反，当企业有亏损，则行业内一些企业退出，未退出企业的市场份额增加，需求曲线向右移动，亏损减少。这个进入和退出的过程一直要持续到市场上企业正好有零经济利润时为止。图 11-2 描述了垄断竞争市场上企业长期均衡的情况。

图 11-2 中，在利润最大化的产量水平上，边际成本曲线和边际收益曲线相交，需求曲线和平均总成本

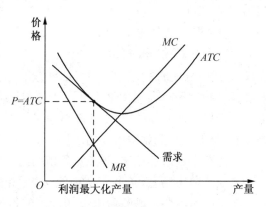

图 11-2 垄断竞争企业的长期均衡

曲线相切。此时，价格与平均总成本相等，经济利润为零。也就是说，在垄断竞争市场上，企业长期均衡的条件是：边际收益等于边际成本，产品价格等于平均总成本。

> **重要问题 1　垄断竞争企业都有经济利润吗？**
>
> 垄断竞争企业的获利情况需要分别讨论。在短期，企业不能调整生产规模，可能存在获利的情况，也可能存在亏损的情况；在长期，盈利行业会导致新企业的进入，亏损行业会导致原有企业的退出，最终市场上所有企业都只能获得正常利润，经济利润为零。

三、垄断竞争市场的效率

我们将垄断竞争市场的长期均衡情况与已经讨论过的完全竞争、完全垄断两种市场长期均衡情况进行比较，以考察垄断竞争市场

的效率。

与完全竞争的市场相比,垄断竞争的市场是缺乏效率的。我们可以从两个方面来进行分析,如图 11-3 所示。首先,从资源配置的效率来看,在垄断竞争市场上,由于企业有一定的市场控制力量,因此在达到长期均衡时,价格高于边际成本。而我们知道,在完全竞争市场长期均衡时,价格等于边际成本。其次,从生产能力利用的角度来看,垄断竞争企业存在一部分闲置的生产能力。从图 11-3 可以看出,倾斜的需求曲线必定与平均总成本曲线相切于

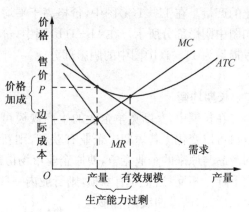

图 11-3 垄断竞争市场的效率

ATC 曲线最低点的左边,而 ATC 曲线最低点所对应的产量才是企业的有效规模,因此,垄断竞争企业还可以通过增加产量来降低生产的平均总成本。由于以上两方面的原因,垄断竞争市场的价格高于完全竞争市场的价格,而产量低于完全竞争市场的产量。

与完全垄断市场相比,垄断竞争市场的效率相对来说要高一些。这是因为垄断竞争市场上,各个企业的产品非常相近,替代性强,市场控制力量比完全垄断市场弱。垄断竞争市场产品的价格低于完全垄断市场产品的价格,而产出水平高于完全垄断市场的产出水平。

以上的分析有这样一个逻辑,各个企业产品的细微差异给企业带来了一定的垄断力量,而垄断降低了市场的效率。但是,正如硬币具有两面一样,产品的差异也满足了消费者对产品多样性的需求。如果所有的产品市场都是完全竞争的,涌向市场的都是毫无风格和个性可言的同质产品,那么消费者的生活该是多么单调。从这个意义上讲,产品差异又增加了消费者福利。

> **过剩生产能力** 是指成本最低产量与长期均衡中的实际产量之差。垄断竞争理论有一个著名的且颇有争论的结论,它认为这种市场结构之下的厂商往往会在还有过剩生产能力的情况下进行生产。

 重要问题 2　垄断竞争市场的效率如何?

简单地说,垄断竞争市场的效率比完全竞争市场低一些,但要比完全垄断市场高。这是因为,在垄断竞争市场上,企业有一定的市场控制力量,均衡价格高于边际成本,产生了效率损失;另外,均衡产量低于有效规模,生产能力没有得到充分利用。完全垄断市场上企业的市场控制力量更大,因此效率损失也更大,表现在价格更高、产量更低。

第三节 广告、品牌与信息

重要问题

1. 为什么说昂贵的广告是高质量的信号？
2. 品牌在经济学意义上有哪两个重要的作用？

垄断竞争市场的一个突出特点是众多企业销售略有差异的产品。这时每个企业都想让消费者相信其产品优于同类产品并以高于边际成本的价格销售，于是广告轰炸便成为现代生活的一部分。

在黄金时间打开电视，你就会观察到什么类型的产品广告做得较多：饮料、化妆品、零食……这些快速消费品行业一般把收入的10%到20%投放于广告。我们注意到这些行业都是典型的垄断竞争结构，同时我们很难想象生产玉米或者火箭发动机的企业会花大把的金钱请明星作为产品代言人，因为这些产品要么是标准化的要么被一两家企业完全垄断，他们没必要做广告。

广告的规模有多大呢？有人估计大概有2 000亿美元左右。也许这个数字难以想象，那么你就想想仅仅凭着在线广告作为收入的互联网企业就可以动辄拥有几十亿美元的市值吧。

一、广告

我们如何从经济学的角度来看待广告？事实上，经济学家也曾就广告发生了不少争论。先来看争论双方的观点：

广告批评者：(1) 广告抑制了竞争。通过增加心理上的产品差别度和品牌忠诚度，广告使消费者漠视同类产品之间的价格差别，从而企业可以增加定价权力获取高利润。一双NIKE球鞋与一双名为"莱克"的球鞋也许都由一家浙江的民营企业生产，但是NIKE球鞋因为请NBA球星在全球进行广告轰炸，就可以轻易卖出同种类型球鞋几十倍的高价。(2) 大部分广告没有提供有关产品的有用信息，而是通过心理暗示来增加消费者的欲望。考虑哈根达斯的广告，它不告诉你任何关于其冰激凌的消费信息，而是通过一个浪漫场景让你意识到：哈根达斯代表浪漫与爱情。

广告辩护者：(1) 广告加强了竞争。通过广告消费者更充分地获得市场上所有企业的信息，这样消费者可以更容易地识别价格差异，因此每个企业的定价权力变小了。此外，广告使得新企业进入市场更容易，因为它可以帮助进入者从现有企业中吸引顾客。(2) 广告可以用来向消费者提供信息以改善市场上信息不对称的程度（请回忆第八章关于信息的理论）。广告提供商品的价格、新产品的出现和商店的位置，这些信息有助于提高市场配置资源的能力。

参考资料　广告导致价格降低的经验证据

眼镜　贝纳姆(Benham)通过比较限制广告情况下的价格和不限制广告情况下的价格,研究了广告对眼镜价格的影响。贝纳姆发现,1963年,在广告完全被禁止的那些州内,眼镜的平均价格为37.48美元。在不存在广告限制的那些州内,眼镜的平均价格是17.98美元。贝纳姆的解释如下:

总之,大量低价销售的卖者依赖于将顾客从某个广阔领域里吸引过来,因而就需要告知他们的潜在顾客关于购买他们商品的好处。如果广告被禁止,他们就不能生产必要的销售量来维持低价格。……同时,少量高价销售的零售商存在于市场的可能性将会增加。

贝纳姆提出,广告包容更多的现存厂商之间的竞争,降低利润边际。他还提出,广告为进入市场提供便利,因此,禁止广告是进入市场的壁垒。

似乎令人感到惊讶的是,贝纳姆发现,广告所包含的价格并不是导致眼镜价格下降的一个重要因素。他把禁止价格出现在广告上面的那些州与非限制性广告存在的那些州区分开来,发现在那些价格不能够包括在广告中的州里,平均价格只比没有限制的那些州略微高些。换句话说,存在、地点和产品花色品种方面的信息似乎引起消费者对竞争企业足够的兴趣,这种兴趣又导致更大程度上的竞争。

玩具制造商　斯坦纳考察了玩具制造商采用电视广告前后的玩具制造业。他发现,和20世纪50年代以后的情况相比,50年代中期以前的销售毛利或利润边际,在统计显示中要高得多。在零售商和制造商采用电视网做广告之前,一件零售价为5美元的典型玩具,通常5美元,或许可能以4.95美元出售。向全国零售的玩具在做了电视广告之后,原来可以卖5美元一件的玩具的典型零售价平均只有3.49美元了。然而50年代中期以后,在那些没有玩具电视广告的城市里,价格仍然平均在4.98美元左右。

斯坦纳解释道,平均价格下降的原因几乎全部在于利润边际或毛利的下降。在玩具广告大量上电视的那些地区里,一些零售商发现,在显著地降低了这些玩具的毛利之后,他们的投资收益率提高了。玩具销售量的增加足以抵偿这种下降(在这里,需求富有弹性)。量小而价高的零售商不再能将他们毛利维持在原来的高度,因为存在着那些批量大而价格低的企业。

律师费用　穆里斯(Muris)和麦克切斯尼(Mcchesny)进行了一项案例研究,以测定律师广告对所提供服务的价格和质量的影响。

他们将法律诊察所(一种提供法律服务的新形式,专事提供大批量的服务,例如简便离婚)的服务价格和质量,与传统的(即非诊察性的)服务方式相比较。在其他一些广告和价格的研究中,他们发现,广告可以使法律诊察所降低价格。例如,他们发现,1975年,在马里兰州,解决非争议性离婚的平均支出超过300美元。而1976年开始活动的法律诊察所,可以在150美元的价格下,解决上述离婚问题。

关于广告,他们的研究和其他一些研究的不同之处在于,穆里斯和麦克切斯尼着重于广告和质量之间的关系。研究这一关系的重要性源于下述主张,即广告禁令,尤其是职业方面的广告禁令,在保障"最低限度"质量方面是必要的。尽管大部分经济学家会争辩说,消费者应当自由地对这些服务作出他们自己的价格——质量权衡,就像他们在其他购买中所作的一样,但许多从事诸如法律和医疗等职业的人却不同意。那些断言质量必然下降的人常常含蓄地表示,他们自己只是在降低的质量下才低价支付。低成本(例如来自产量的增加)是低价格的源泉,这样,低价格才能不必降低质量。

穆里斯和麦克切斯尼对质量进行了主观的和客观的试验。他们的主观试验包括了对法律诊察所和传统法律事务所中消费者的问卷调查。他们提了7个有关质量方面的问题,例如,律师是否迅速地到消费者这儿来;消费者是否认为该律师是诚实可靠的。诊察所所有的平均得分显示,消费者宁愿选择诊察所,而不是传统事务所。其显著性差异为10个百分点。此外,消费者在被问的所有7个问题之中,都宁愿选择诊察所,而不是传统事务所。这一结果的统计显著性相应为1%的水平。

作为一项客观的试验,穆里斯和麦克切斯尼比较了诊察所存在与否在离婚问题上孩子抚养款项的决定情况。在所有情况下,妻子都得到款项。当诊察所代表妻子时,她们的抚养款项增加了,有关统计显著性不到0.025。当诊察所代表丈夫时,他们所必须支付的数额下降了,尽管下降的数字在统计显著性上并未达到一般可接受的水平。

由此可见,上述案例研究并未发现广告导致低质量,它表明,质量在任何测定中都不曾变坏,在有些测定中,相反还更好些。研究者的结论是,律师诊察所能够降低价格并提高质量。因为广告允许采用专门生产技术以降低成本,这就可能达到更好的质量管理。

——摘自《产业组织:理论、证据和公共政策》

可口可乐网站
http://www.thecoca-colacompany.com/

百事可乐网站
http://www.pepsico.com/

软饮料行业也是典型的垄断竞争行业,浏览这两大巨头的网站,看看它们是怎么做广告的。

总的来说,关于广告的争论仍然在继续,但广告可以使市场更有竞争性的观点正越来越受重视。下面,我们运用第八章的信息不对称理论来为广告的存在提供一个经济学上的辩护。

广告在信息经济学中被视为一种信号,即做广告的企业在向消费者发送关于其产品质量的信号。

考虑一个新品种速溶咖啡的广告。企业可能会极为"奢侈"地请某个当红明星做广告。这种广告意在向消费者传递一种信息:我愿意花巨额资金做广告,因为我有实力,我对自己的产品质量有信心。为什么这么说呢?我们来设想以下这种情况:

日月公司和光华公司都将推出自己的新品种咖啡,每盒咖啡的利润都为5元(不算广告的成本)。如果投放1 000万元的广告,每家公司都能吸引100万个消费者试用自己的产品。

日月公司知道自己的咖啡味道一般,虽然广告能使100万个消费者每人买一盒,但是大家很快就会知道日月咖啡味道较其他品牌逊色,以后不再购买。这样日月公司花1 000万元广告费得到500万元的利润并不划算,于是决定继续开发口味更佳的咖啡之后再推出新产品。

相反,光华公司知道它的咖啡质量上乘,顾客尝过之后会在未来的12个月每月都买一盒。这样1 000万元的广告费会带来6 000万元的利润,于是光华公司决定做广告。

分析了企业决策过程之后,我们来看消费者的行为。消费者将尝试他们从广告上看到的新品种咖啡,这种行为是否理性呢?

答案是肯定的。消费者决定试买光华咖啡,是因为光华咖啡做了广告。日月咖啡不做广告,因为它知道自己的产品口味一般;光华咖啡做广告,因为它知道自己产品质量上乘。在这里,企业拥有其产品质量的内部信息,但消费者不知道,存在信息不对称。于是光华公司通过为广告支付货币的意愿向消费者发出其咖啡质量的信号。消费者就会想:如果光华公司愿意用这么多钱为新咖啡做广告,那么它的味道肯定不错。

在这个故事中,广告的内容是无关紧要的,重要的是让消费者知道这个广告很昂贵。在上面的故事中,如果广告只用了300万元,则日月公司用广告来推出新咖啡也可以赚钱。这种情况下好咖啡跟一般咖啡都做广告,消费者不能从广告中得到关于咖啡质量的信号。因此,消费者学会了不理会那种随便刷在墙上的廉价广告。

总的来说,经济学家们认为这种"广告信号论"是颇有道理的,但这并不是说它是理所当然的。曼彻斯特大学商学院的莫尔西和多伦多大学商学院的霍肯几年前做了个实验,结果表明"信号"理论也许不甚正确。

实验是这样的:受试的一组人经常阅读外文杂志,这些杂志上有多类他们不熟悉的商品品牌广告,这些广告在杂志上出现的次数有所不同。虽然这些人并不知道广告要讲的内容是什么,但他们却有这样的意识:广告出现的次数多的商品是好商品。另一组受试者每人把每个广告只看一次,但告诉他们这些广告在其他杂志上出现的频率。虽然这些人能记住商品广告出现频率的数字,但他们却没把广告出现多的商品当作是好商品。

这项研究说明了人们的确把广告同商品的质量联系在一起,但这并不是因为人们理解了厂商试图传达给消费者的"信号",而仅仅是因为他们看到大量的广告后就想买东西。也就是说,广告的作用与尼尔森的"信号"之间的关系并不大。广告本身在起着作用,人们并不十分在意它背后的"信号"是什么。

如果莫尔西和霍肯的结论是正确的,则它为浑水摸鱼者提供了福音。因为产品质量不高的厂家也可以通过大量的广告迷惑消费者,创出"名牌",有些厂家利用媒体大做广告,可谓做到使它的产品家喻户晓,但并不见得真的就是高质量。

 重要问题1 为什么说昂贵的广告是高质量的信号?

如果企业知道自己产品是高质量的,但消费者不知道这个信息,企业就有激励通过昂贵的广告向消费者发出信号:我愿意为这个产品巨额投入,因为我的产品质量上佳。

另一方面,消费者购买前虽然不知道产品的质量信息,但是他可以确定一点:产品质量高的企业才愿意花大价钱做广告,产品质量一般的企业做昂贵的广告不合算。

企业的决策与消费者的想法结合起来,就出现了消费者认可有昂贵广告的产品的现象。

二、品牌

广告与品牌的存在密切相关。有品牌的企业投放的广告费更多,产品价格也更高。在垄断竞争的市场结构中,出于产品差异化的需要,企业倾向于建立自己的品牌以强化消费者对其产品的忠诚度。这就是为什么大企业在奥运会期间愿意通过巨额的赞助费用让自己的品牌通过电视转播深入人心。

与广告类似,信息理论也为品牌的存在提供了论据:经济学家认为品牌是消费者用来保证他们所购买的物品高质量的有效方法。其原因在于:第一,品牌提供高质量的信息,让消费者在面对购买前不容易判断质量的产品时更容易作出选择;第二,品牌提供对企业保存产品高质量的激励,因为企业保持自己品牌的声誉有经济上的考虑。

为了说明这些观点,我们考虑信息经济学中一个经典的案例:麦当劳。设想你经过一个偏僻的小地方,吃饭的时候有麦当劳和其他的当地餐馆,你会选择哪一个呢?当地餐馆可能价廉物美,但你并不知道这一点,相反你可能会担心其食物不卫生。同时,你知道麦当劳在所有城市提供统一的产品,用它的品牌作为判断食物质量的方法是有效的。

麦当劳网站
http://www.mcdonalds.com/

麦当劳的品牌还保证了该公司有保持高水准的产品和服务的激励。如果有某个顾客因为吃了麦当劳的坏食品而被送到医院,新闻马上就会对麦当劳口诛笔伐。麦当劳就会失去以多年的昂贵广告建立起来的声誉,结果,它不仅会失去出售坏食物那家店的利润,还会失去其他城市的利润。与此相反,如果有顾客因为吃了当地小餐馆的坏食物而生病,这些餐馆虽然也不得不关门,但它们损失的利润却小得多,因为它们没有前期巨额的广告投入,也没有其他城市的连锁店。

为什么麦当劳的案例会成为经典?分析其原因也是非常有趣的。有两个原因:第一,用这个案例改一下名字就可以分析很多品牌的故事。比如会计师行业,安达信因为审计安然的失败而导致百年老店瞬间瓦解,不能不令其他几大会计师事务所时刻掂量品牌的激励;而投资者也根据品牌认可了几大事务所审计报告的质量。第二,品牌如此重要以至麦当劳在经济学中也建立了自己的品牌!

重要问题2　品牌在经济学意义上有哪两个重要的作用?

第一,品牌提供高质量的信息,让消费者在面对购买前不容易判断质量的产品时更容易作出选择;第二,品牌提供对企业保存产品高质量的激励,因为企业保持自己品牌的声誉有经济上的考虑。

本章小结

1. 垄断竞争市场有三个特点:企业众多、产品差异化和自由进入。

2. 垄断竞争市场的均衡在两个方面不同于完全竞争市场:第一,每个企业有过剩生产能力。这就是说,它在平均总成本曲线向右下方倾斜的部分运行;第二,每个企业都收取高于边际成本的价格。

3. 垄断竞争相对于完全竞争存在效率损失。垄断竞争存在由高于边际成本的价格加成引起的垄断的无谓损失。此外,企业的数量(以及产品的种类)可能过多或过少。在现实经济中,政府纠正这些无效率的能力是有限的。

4. 垄断竞争中固有的产品差别促使企业使用广告与品牌。广告与品牌的批评者认为,企业用这些方法利用了消费者的有限理性,并减少了竞争。广告与品牌的辩护者认为,企业用这些方法向消费者提供信息,并使价格和产品质量的竞争更为激烈。

本章练习题

1. 垄断竞争市场的特征是什么?在这样的一个市场中,如果一厂商推出一种新型的、改进的产品,对均衡价格和产量会产生什么影响?

2. 为什么在垄断竞争中厂商的需求曲线比总的市场需求曲线要平坦？设一垄断竞争厂商短期中有一个利润，长期中它的需求曲线会发生什么变化？

3. 有些专家论证说，市场上早餐麦片的品牌太多了。给出一个支持该观点的论据，给出一个反对该观点的论据。

4. 假设在一个垄断竞争行业中的所有厂商都被并入一个大企业。这个新企业会仍然生产那么多品牌吗？或者它会只生产一种单一品牌？请解释。

5. 有人认为广告是社会资源的浪费。你同意这种观点吗？试用简单的模型阐述你的观点。

网络学习导引

http://www.nolo.com/.

在案例"广告降低价格的经验证据"中我们提到了法律服务的广告问题。现在浏览上面的在线法律服务提供商的网站，思考两个问题：(1) 在线法律服务在多大程度上具有垄断竞争行业的特征？(2) 经营此网站的服务提供商是如何进行产品差异化策略的？建议以小组方式进行讨论并以PPT的形式在课题上进行报告。

第十二章

现实世界中的市场与政府：公共部门经济学

学习目标
- 理解外部经济效应
- 掌握科斯定理及针对外部性的公共政策
- 分析公共物品与公有资源的经济效应
- 了解公共选择理论及政府失灵问题

基本概念

外部性　产权　公共物品　公有资源　公共选择　市场失灵　政府失灵

参考资料
- 新制度经济学
- 沱江污染谁之过？
- 放羊者逻辑
- 阿马蒂亚·森对公共选择理论的贡献
- 腐败现象的经济学分析

在开启本章之前,先对前面的理论作一个简单的回顾。第七章的一般均衡理论告诉我们,市场通过那只"看不见的手"指导生产要素的流动和商品的分配,从而实现资源的帕累托最优配置,社会经济福利达到最大。但我们注意到,实现帕累托最优的条件是十分苛刻的,实际经济情况很难满足这些条件。市场经济的运行没有达到资源的最优配置的状况,我们称之为"市场失灵"。前面三章,我们就垄断造成市场失灵的情况进行了详细的分析。本章将讨论另外两个引起市场失灵的重要因素——外部经济效应和公共物品,这涉及公共部门的问题,所以我们称之为公共部门经济学。首先我们分析外部经济效应的一般概念,接着讨论外部经济问题的市场解决方案,考察政府在解决外部经济问题中可能扮演的角色,然后我们分析公共物品和公有资源问题,最后,我们将会简单介绍公共选择理论,并运用这个理论来考察政府失灵。

第一节　外部经济效应

重要问题

1. 如何正确理解外部经济效应?
2. 为什么在有外部性时市场结果是无效率的?

一、外部经济的含义及后果

在我们周围,不乏观察到这样的现象:王教授在自己的住宅周围养花种树,净化环境会使他的邻居受益,但是他的邻居并不会为此向他做出任何支付;烟民张三在公众场合抽烟、扔垃圾会影响他人健康,但他不会因此向受害者支付任何形式的补偿;化工、钢铁、炼油等污染严重行业的厂家生产过程中排放的废水、废气等污染物会给附近的居民造成损害,但是污染物的排放者却没有给受害者以应有的补偿。这些现象都属于我们要探讨的外部经济问题。

一般说来,如果行为人(包括自然人与法人)在从事经济活动时给其他个体带来危害或利益,而该行为人又没有因为这一后果支付赔偿或得到报酬,那么这种危害或利益称为外部经济(又称外部性)。注意,这里的危害或利益指的是直接的影响——直接影响他人的生产或消费可能性。那种间接的,经由市场价格变化而引起的"货币性"后果则不在考虑之列。例如,某企业产量的增加必将引起市场价格下降,从而伤害其竞争对手的利润,这种后果不在我们讨论的外部经济范畴之内。因此,外部经济也可以定义为经济活动所产生的、没有得到市场承认的危害与利益。

在竞争市场的分析中,帕累托最优是在经济活动不存在外部经济的假

☞**外部经济(又称外部性)**
行为人在从事经济活动时给其他个体带来危害或利益,而该行为人又没有因为这一后果支付赔偿或得到报酬。

定下达到的。一旦经济行为主体的经济活动产生外部经济,经济运行的结果将不可能满足帕累托最优条件。外部经济效应使竞争市场资源配置的效率受到损失,因此外部性是导致市场失灵的一个重要原因。

  重要问题1　如何正确理解外部经济效应?

外部性是个人经济活动对他人造成的影响而又未将这些影响计入市场交易的成本与价格之中。外部性分为有利的和有害的外部性,消费活动和生产活动都有可能产生外部性。我们在理解外部性时,应注意以下三点:(1)如果外部影响是故意行为造成的,例如,一个人开车时故意把泥水溅到他不喜欢的某个行人的身上,则这种影响不可以视为是一种外部性。(2)经由市场价格变化而引起的"货币性"后果不在考虑之列。例如,某企业产量的增加必将引起市场价格下降,从而伤害其竞争对手的利润,这种后果不在我们讨论的外部经济范畴之内。(3)当补偿(或者赔偿)行为发生时,不能说不存在外部性,而只能说减少了外部性。

二、外部性的分类讨论

外部性分为正外部性(有利的外部性)和负外部性(有害的外部性)。正外部性是某个经济行为主体的活动使他人或社会受益,而收益者又无须花费代价。负外部性是某个经济行为主体的活动使他人或社会受损,而造成外部不经济的人却没有为此承担成本。消费活动或生产活动都有可能产生外部性。

下面我们将运用福利经济学的一些理论,分析各种外部性问题如何引起市场资源配置无效率。

1. 生产中的负外部性

为了使分析更加具体,我们考虑一个特殊的市场——铜市场。铜市场的供给与需求曲线如图12-1所示。

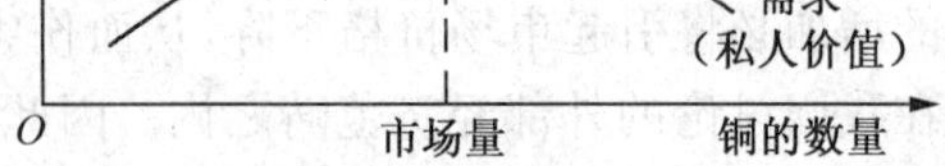

> **正外部性**
> 某个经济行为主体的活动使他人或社会受益,而收益者又无须花费代价。

> **负外部性**
> 某个经济行为主体的活动使他人或社会受损,而造成外部不经济的人却没有为此承担成本。

> **网络资源**
> http://www.copperchina.com/
> 登录中国铜业网,查看铜行业公司在环保方面的措施。

图12-1 铜市场

供给与需求曲线包含了有关成本与收益的重要信息。铜的需求曲线反映了消费者对铜的评价,这种评价用他们愿意支付的价格来衡量。在任何一种需求量水平下,需求曲线的高表示边际买者的支付意愿。换句话说,它表示购买最后一单位铜的价值。同样,供给曲线反映了铜生产者的成本。在任何一种供给量水平下,供给曲线的高表示边际卖者的成本。换句话说,它表示出售最后一单位铜的成本。

在图 12-1 中,市场均衡时的生产和消费量在使生产者和消费者剩余之和最大化的意义上说是有效率的。这就是说,市场以一种使购买和使用铜的消费者的总价值减生产并销售铜的生产者的总成本最大化的方式来配置资源。

现在我们假设铜工厂生产每一吨铜会产生一定量烟尘进入大气。由于这种烟尘对那些呼吸空气的人造成健康危险,它是负外部性。这种外部性如何影响市场结果的效率呢?

由于这种外部性,生产铜的社会成本大于铜生产者的成本。生产每一单位铜,社会成本包括铜生产者的私人成本加上受到污染影响的附近居民所承受的成本。图 12-2 表示生产铜的社会成本。社会成本曲线在供给曲线之上,是因为它考虑到了铜生产者给社会所带来的外部成本。这两条曲线的差别反映了排放污染的成本。

社会成本
某个人作出一项行动,他本人不一定要承担全部费用或收取全部利益。他承担的部分叫做私人成本,他不承担的部分叫做外在成本,这两者的总和组成社会成本。

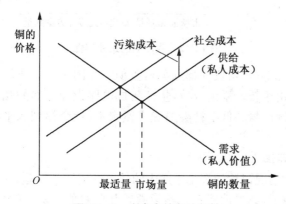

图 12-2　生产中的负外部性

从社会角度看,生产铜的成本包括生产者的成本和污染的外部成本,因此,使市场总剩余最大化的产量应该选择需求曲线与社会成本曲线相交时的水平。这个生产水平决定了铜的最优数量,因为低于这一水平时,铜的消费者的价值(用需求曲线的高来衡量)大于生产它的社会成本(用社会成本曲线的高来衡量),于是增加产量会增加社会总剩余。同样,高于这一水平也不是最优的,因为生产额外铜的社会成本大于消费者的价值。

我们注意到,铜的均衡数量(市场量)大于社会的最适当的量(最适量)。这种无效率的原因是市场均衡仅仅反映了生产的私人成本。在市场均衡时,边际消费者对铜的评价小于生产它的社会成本。这就是说,在市场量时,需求曲线在社会成本曲线之下。

可见，当生产中存在负外部性时，生产者的私人成本低于社会成本，实际产量会高于社会最优产量水平，于是社会总福利水平下降。

2. 生产中的正外部性

虽然在许多市场上生产的社会成本大于私人成本，但也有一些市场情况相反。在这些市场上，外部性使他人受益。因此，生产的社会成本小于私人成本。集成电路设计就是一个极好的例子。

集成电路设计是迅速发展的IT核心产业。只要一种新的集成电路设计方案出现，就有发现更新的、更优设计的机会。这种新的设计不仅有利于这个企业，而且也有利于整个社会，因为这种设计增加了技术知识。这种正外部性被称为技术溢出效应。

在有正的生产外部性时，生产集成电路设计方案的社会成本小于私人成本。因此，集成电路设计方案的最适当数量，即最适量，大于均衡数量，即市场量。

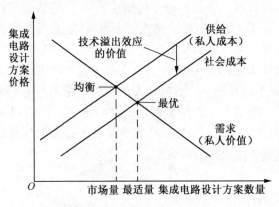

图 12 - 3 生产中的正外部性

📶 网络资源

http://www.sipo.gov.cn

登录国家知识产权局网站，了解政府如何通过专利制度解决基础研究的正外部性问题。

正外部性的分析与负外部性分析类似。在图 12 - 3 所示的集成电路设计市场中，由于技术溢出效应，生产集成电路设计方案的私人成本大于社会成本，实际产量会低于社会最优产量水平，社会福利水平没有实现最大化。

3. 消费的外部性

前面两种情况讨论的都是生产中的外部性问题。但是，一些外部性与消费相关。例如，如果消费者更喜爱酒后开车并危及别人的生命，酒的消费就引起了负外部性。同样，烟的消费也属于这种情况。消费引起正外部性的例子不多，教育是其中一个。受教育者从教育中得到私人利益：教育程度比较高的人能得到较理想的工作，较丰厚的报酬，比较能享受文化生活，等等。但教育所产生的利益并不局限于受教育者本人。比如说，与教育良好的人交往，可以得到不少启发、建议和指导。

消费外部性的分析类似于生产外部性的分析。如图 12 - 4 所示，需求曲线没有反映一种物品的社会价值。12 - 4(a)图表示负消费外部性的情况，例如与烟相关的情况。在这种情况下，社会价值小于私人价值，于是，社会最适量小于私人市场决定的数量。12 - 4(b)图表示正消费外部性的情况，例如教育。在这种情况下，社会价值大于私人价值，于是，社会最适量大于私人市场决定的数量。两种情况下社会福利都没有达到最优化的水平。

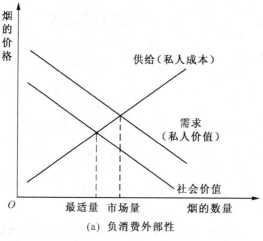

(a) 负消费外部性

☞
(a)图表示有负消费外部性的市场,代表社会价值的曲线低于需求曲线。社会最适量,即最适量,小于均衡量,即市场量。

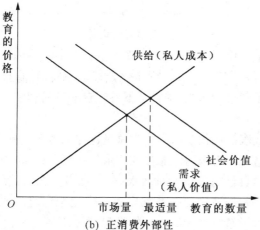

(b) 正消费外部性

图 12-4 消费的外部性

☞
(b)图表示有正消费外部性的市场,代表社会价值的曲线在需求曲线之上。社会最适量,即最适量,大于均衡量,即市场量。

通过上面的分析,我们可以得到这样一些结论:生产或消费的负外部性使市场生产的量大于社会希望的量。生产或消费的正外部性使市场生产的量小于社会希望的量。同时,它们都降低了市场效率。对于这些问题,我们能不能进一步借助市场手段来解决?如果市场无能为力,政府又能发挥怎样的作用呢?下面两节的内容将对这些疑问作出回答。

 重要问题2 为什么在有外部性时市场结果是无效率的?

外部性有正外部性和负外部性之分。在有负外部性的条件下,私人成本低于社会成本,完全竞争将导致生产或消费过多;在有正外部性的条件下,私人成本高于社会成本,完全竞争将导致生产或消费的不足。两种情况都导致市场结果偏离帕累托最优均衡,因此市场结果是无效率的。

第二节 产权与科斯定理

重要问题

1. 产权学派解决外部经济问题的良方是什么?
2. 产权界定能完全解决外部经济问题吗?

一、从产权说起

在前面一节,我们用很多例子说明了由于外部经济效应的存在,经济无法达到帕累托最优的效率水平。这里再举一个造纸和养鱼的例子,看看产权学派的经济学家如何解决外部经济问题。

东方红造纸厂位于河流的上游,在下游有一个红旗渔场。东方红造纸厂为了节约成本,没有对污水进行净化处理,而是将其直接排入河中。污水对河流造成了严重的污染,损害了下游红旗渔场的利益。很明显这是一个外部经济问题,怎么解决呢?

📚 科斯研究院
http://coase.org/

以科斯为代表的产权学派经济学家是这样思考的。他们认为,首先要搞清楚东方红造纸厂有没有随意排放污水的权利。如果它有这个权利,那么红旗渔场要么自己购买设备对河水进行过滤,要么与造纸厂协商,表示自己愿意支付一定的费用请求造纸厂对污水先净化后排放。如果渔场愿意支付的金额大于造纸厂控制污水的成本,那么造纸厂也乐意同渔场达成这个协议。反过来,造纸厂无权污染河水,而是渔场拥有清洁河水的权利。那么造纸厂要么关门大吉,要么将污水净化后再排放。

上述思路是通过明确产权来解决外部经济问题。只要明确界定产权,经济主体之间的交易行为就可以有效地解决外部经济问题。这里所说的产权不仅仅限于传统意义上的资源所有权或物的所有权,还包括其他许多法定权利,例如按某种方式使用土地的权利、避免土地受污染的权利、对事故进行赔偿的权利、按照契约行事的权利等。

二、科斯定理

📖 **科斯定理**
只要法定权利可以自由交换,且交易成本等于零,那么法定权利的最初配置状态对于资源配置效率而言就是无关紧要的。

通过明确产权来解决外部经济问题,著名的科斯定理概括了这一思想。科斯定理表述如下:只要法定权利可以自由交换,且交易成本等于零,那么法定权利的最初配置状态对于资源配置效率而言就是无关紧要的。也就是说,如果产权明确界定,且无交易成本,那么,不管产权划归哪一方,在有外部效应的市场上,交易双方总能通过协商达到某一帕累托最优配置。

为了说明科斯定理如何解决外部解决问题,我们再回到前面造纸厂与渔场的例子。我们假定东方红造纸厂倾倒的废水减少了红旗渔场的利润，造纸厂可以建净化设备对废水进行净化处理，或者渔场自己购买设备对污染的河水进行过滤，在这些情况下造纸厂和渔场各自的利润如表12-1所示。

表12-1 造纸厂和渔场的利润

（单位：万元）

	造纸厂利润	渔场利润	总 利 润
无净化，无过滤	500	100	600
有净化，无过滤	300	500	800
无净化，有过滤	500	200	700

我们知道，当总利润最大时，经济是最有效率的。此例中，也就是造纸厂进行净化处理而渔场不购买过滤设备时经济最为有效。下面让我们来看在不同的产权安排下，双方通过自由交易形成的解决办法。

假定造纸厂有向河中排放废水的产权，则渔场的利润是100万元，造纸厂的利润是500万元。显然，经济处于无效率的状态。此时，渔场可以通过购买设备对河水进行过滤，利润增加到200万元，双方的共同利润变为700万元。尽管总利润有所增加，但经济仍然没有处于最优状态。市场会产生这样一种合作，由渔场向造纸厂支付一定的金额，来请求造纸厂建造净化设备。此例中，渔场会愿意向造纸厂支付最多300万元，因为有净化设备时渔场的利润是500万元，比没有净化设备时的200万元多了300万元。由于造纸厂建造净化设备的成本为200万元，因此，只要它得到的补偿大于这个数额，它就会愿意建造净化设备。在这种情况下，双方的总利润是800万元，合作的收益是100万元。

假定造纸厂和渔场同意平分这一收益，即渔场向造纸厂支付250万元，造纸厂花200万元建净化设备，则造纸厂的利润为550万元，渔场的利润为250万元，总利润变为800万元。可见，这种自由交易的办法达到了有效率的结果。在没有合作时，渔场获得200万元的利润，造纸厂获得500万元的利润，合作使双方都增加了50万元的利润。

如果产权在红旗渔场一方，即渔场对"清洁河水"具有产权，情况又会怎样呢？此时，渔场可以要求造纸厂建净化设备，否则不可倾倒废水。从上面的利润表可以看出，造纸厂利润变为300万元，渔场利润为500万元。在这种情况下，经济是有效率的。

总结上面的分析可以发现，无论产权是划归渔场，还是划归造纸厂，经济最后都达到了有效率的结果：造纸厂进行净化处理。这正如科斯定理所言，最初的权利分配对资源配置效率而言是无关紧要的。但是注意到，产权划归不同，影响了经济福利在渔场和造纸厂之间的分配。

网络资源

http://www.cqjyw.net/
登录产权交易网，查看中国的产权交易情况及各种产权交易方式。

重要问题1　产权学派解决外部经济问题的良方是什么？

在有外部经济效应的市场上，由于经济行为的社会收益或成本与私人收益或成本之间存在差异，经济不能处于最有效的状态。产权学派经济学家认为，只要清楚界定并保护产权，随后产生的市场交易就能够达到帕累托最优。概括这一思想的是产权学派的代表科斯。科斯认为，如果产权是明确界定的，如果协商是毫无成本的，那么，在有外部效应的市场上，交易双方总能通过协商达到某一帕累托最优配置，不管产权划归哪一方。

三、交易成本

科斯定理告诉人们，在产生外部性的场合，只要明确外部性的所有权，经济个体之间的自由交易可以解决外部性问题，达到资源有效配置。但是以上讨论过程中，我们忽略了科斯定理中的一个重要前提假定：交易成本为零。交易成本是指围绕自由交易而发生的任何谈判或使契约强制执行的成本。交易成本不同于生产中所耗费的资源成本，比如劳动力成本、资本或土地成本等。交易成本包括信息成本、谈判成本、订立或执行契约的成本、防止交易的参与者在议价时进行欺骗的成本、维持所有权的成本、监督和执行成本等。

考虑到谈判过程中的成本问题，产权的明确界定并不能保证达到帕累托最优配置。有时候，本来可以两全其美的交易，却因谈判成本太高而无法成交落实。一个典型的例子是奥地利与斯洛伐克之间关于核能发电厂的谈判。奥地利自1978年起禁止核电厂，但与其相邻的斯洛伐克在离奥、斯边境五六十公里处却有两座核电站。而且，这些核电站的设计与前苏联切尔诺贝利核电站的设计相似，而切尔诺贝利核电站在1986年发生了历史上最严重的核事故，损失惨重。奥地利的居民难免提心吊胆。1991年初，奥地利政府向当时的捷克斯洛伐克提议关闭那两座核电站，作为交换，奥地利将向受到影响的地区免费供电。当时的捷克政府也答应考虑这一建议。科斯关于协商可以达到效率配置的原理在这一重大事件上得到了体现。可是，由于谈判成本，自奥地利提议之后多年，两国之间尚未达成协定，应该可以达成的效率配置却达不到了。这样的交易不能成交也并不奇怪。在斯洛伐克拆除核电站之后，它的供电就会被奥地利卡住了脖子。作为独立主权国家，奥地利很难对斯洛伐克作出可信的承诺以保证今后不切断电源。

在造纸厂与渔场的例子中考虑交易成本时，情况就会变得复杂一些。前面分析了，当造纸厂拥有产权时，渔场会支付一定的金额请求造纸厂建造净化设备。假定他们愿意平均分享收益时，渔场的支付额为250万元。

交易成本
指围绕自由交易而发生的任何谈判或使契约强制执行的成本。

实际情况没有这么简单。渔场可能并不知道建造净化设备的成本为多少？于是它要花钱进行调查。另外，造纸厂可能不愿与渔场平分收益，而是想索取更多。当他们就价格争执而无法达成协议时，有效的结果就不会出现。

当利益各方人数多时，达成有效的协议就更加困难，因为协调每个人的代价高昂。在上面的例子中，如果河流的上游除造纸厂外还有化肥厂、制药厂，而下游除渔场之外还有农场、食品加工厂和大量的居民等，这样，污染出自多处，危害波及大众，要协调各方利益达成一个都满意的协议几乎是不可能的。

如果交易成本太大，通过市场也许无法有效地解决外部性问题，使资源达到有效的配置。在这种情况下也许需要某种形式的政府调节。在下一节，我们要考察政府如何努力解决外部性问题。

重要问题2　产权界定能完全解决外部经济问题吗？

科斯定理告诉我们，如果产权是界定清楚的，且市场各方可以无成本地就资源配置进行协商，那么，市场机制就将总能解决外部性问题，并有效地配置资源。尽管科斯定理的逻辑很吸引人，但市场机制本身经常不能解决外部性所引起的问题，这主要是由于有交易成本的存在。交易成本包括各方在协议及遵守协议中所发生的成本。当某个决策涉及的利益相关者较多时，达成有效的协议特别困难，交易成本会很大。此时，即便是产权界定清楚，市场仍无法有效地解决外部性问题。

　参考资料　新制度经济学

制度经济学虽然可以上溯到美国的凡勃伦、康芒斯，但是在科斯看来，美国的制度经济学"除了一堆需要理论来整理不然就只能一把火烧掉的描述性材料外，没有任何东西留传下来。"（科斯，1994年）因此，一般认为，新制度经济学或现代新制度经济学应该以科斯的《企业的性质》为其肇端（Riker, W. H., 1980; North, D., 1984），而刊登在1960年《法律和经济学杂志》上的"社会成本问题"一文则是推动新制度经济学蓬勃发展的原动力，随之由斯蒂格勒关于信息成本的论文和阿罗关于创新回报适应性的文章发表与之呼应（Cheung, 1998），新制度经济学也逐渐成了现代经济学的"显学"。（注：科斯和诺斯获得诺贝尔经济学奖既显示了新制度经济学对现

网络资源

http://www.stevenxue.com/
经济学家薛兆丰的个人网站"制度主义时代"，通俗易懂的入门文章可供阅读。

http://coase.org/niereadinglist.htm
新制度经济学推荐文献阅读。

代经济学的影响与贡献,也表明了新制度经济学完全为世人所认可与接受。1997年"国际新制度经济学协会"的成立则进一步深化这种影响。)

然而,新制度经济学产生与发展并非是无源之水、无本之木,而是在既有的新古典经济学理论的基础上发展起来的。但是新古典经济学为一种"黑板经济学"(科斯,1994年),把整个世界看成是和谐的,制度是不存在的,所有的变化都可以通过市场的完全竞争来实现,不存在信息费用、不确定性、交易费用(诺斯,1991年)。因此,这种理论只能是观念上的玄思,而不能解释活生生的经济现象。新制度经济学则认为,任何经济运作都有交易成本,如果不存在交易成本,即如果不存在任何妨碍交易的障碍,资源的运作都会是有效率的,货币及各种经济制度也不会出现。而制度的存在虽然与市场完全竞争的条件相悖,但是其目的正是为了降低交易费用,促进市场运作。因此,制度在社会经济发展过程中是十分重要的。它不仅是各种经济行为的约束条件,而且"向人们提供一个日常生活的结构来减少不确定性"(诺斯,1994年)。也就是说,制度确定经济行为当事人的权利归属,并保证了其稳定性,促使交易能够有效地顺利进行。正是这种源于现实生活的理论,为现代经济学界的研究提供了广阔的视野,尤其为中国改革开放以来的转轨经济研究,提供了深刻的启示。

——摘自易宪容"新制度经济学与中国经济研究",《社会科学战线》,1999年。

第三节 针对外部性的公共政策

重要问题

1. 什么是庇古税?
2. 政府有哪些解决外部性的方法?

通过第一节的分析,我们知道外部性降低了市场的效率。第二节的理论又告诉我们,外部性可以在界定产权的基础上通过市场解决,但由于交易成本的存在,市场在一些情况下仍然是无能为力。面对这样的困境,只能寻求政府的干预。政府干预涉及两个问题:一是干预的目标,二是干预的方法。本节将就此进行讨论。

一、干预的目标

拿政府干预污染为例,政府无论采取哪一种方法控制污染,它都必须知道把污染控制在什么程度才是最合适的,所谓合适是指符合社会最优。从理论上讲,污染程度为零是最优。但是在一定的技术水平下,某些产业只要进行生产,就不可避免地造成污染,要想彻底消除污染,除非该产业的企业全部停产。因此,最优的污染程度只能是较轻的污染程度。用什么标准来衡量这一较轻的污染程度?如果说对于一个企业而言其产出的最优条件是边际私人成本等于边际收益,那么对于整个社会而言,产出的最优条件是边际社会成本等于边际社会收益。由于污染也是一种产品,只不过是一种有害产品,所以其产出的最优条件也是边际社会成本等于边际社会收益。

在第一节我们借助需求—供给曲线分析,得到了这样的结论:生产或消费的负外部性使市场生产的量大于社会希望的量;生产或消费的正外部性使市场生产的量小于社会希望的量。同时,它们都降低了市场效率。这里,市场生产的量就是使边际私人成本等于边际收益的产量,社会希望的量就是使边际社会成本等于边际社会收益的产量。所以,对具有负外部性的产品而言,政府应设法控制其产量,对具有正外部性的产品则相反。政府有哪些方法呢?

二、庇古税和补贴

经济学家认为,政府可以通过对那些有负外部性的活动征税和补贴那些有正外部性的活动来使外部性内在化。被称为庇古税,以纪念最早提出这种税收用法的英国经济学家阿瑟·庇古(Arthur Pigou,1877—1959)。

我们再次利用前面东方红造纸厂和红旗渔场的例子。为了简化分析,我们假设造纸厂的边际成本曲线为水平。如图 12-5 所示,MC 曲线为造纸厂的边际私人成本曲线,MEC 为边际外部成本曲线,MSC 为造纸厂的边际社会成本曲线。MSC 与 MC 的垂直距离便是边际外部成本。显然,A 点是一个竞争性市场的产出水平。然而,由于外部成本的存在,A 点的产量过多了,造成了太多的污染。从整个社会来说,必须把边际外部成本考虑进去。庇古认为,政府应该对造纸厂的每一单位产量征税,税额等于最佳产量 q^* 对应的边际外部成本。这样一来,边际外部成本变成了厂商的内部成本,在进行生产决策时

> **庇古税**
> 用于纠正负外部性影响的税收。

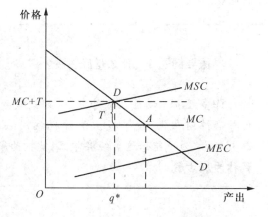

图 12-5 负外部性与庇古税

> **网络资源**
> http://www.chinatax.gov.cn/
> 税收是国家实施经济调控的重要手段。登录国家税务总局网站,了解相关税务知识。

就不得不将其考虑进去。于是,整个市场的产出达到 D 点,市场均衡达到帕累托最优。

假定房屋主人修理和美化房屋能给邻居带来外部收益。在这个例子中,政府可以通过给予补贴的方法来鼓励对房屋的修理和美化,补贴额等于最佳修理水平时的边际外部收益。如图 12-6 所示,由边际社会收益曲线和房主修理房屋的边际成本曲线相交的最佳修理水平应该在 q^* 处,而房主在决定如何修理房屋时不会考虑外部收益,因此他决定的修理水平是 q_1,小于社会最佳修理水平。为了鼓励房主提高修理水平,对于每一单位的修理度可

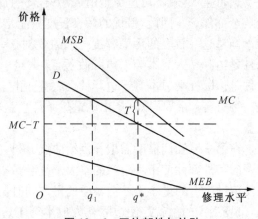

图 12-6 正外部性与补贴

以给予补贴 T,补贴的大小是 q^* 水平下的边际外部成本。这样一来,房主修理房屋的边际成本下降了,也就是说,他在决策时考虑到了外部收益,市场均衡达到帕累托最优。

然而,尽管庇古的税收方案在理论上能够解决外部经济的问题,但是在实际操作上比较困难。政府要确定最优产量或消费水平的税收或补贴,则必须确切知道外部成本或外部收益,而这种信息对于政府是很难得到的,而事实上,受外部经济影响的第三方也不一定知道他受到了多大的损害或得到多大的收益,况且,就算能够确切地知道自己受到的损害或得到的收益,也不一定会正确地向政府提供。受到外部成本损害的人们常常会夸大损害的程度,要求政府尽可能地减少这种损害。只要政府不能确切地知道外部成本和外部收益,庇古的税收方案在现实中就很难有效。

重要问题 1　什么是庇古税?

许多经济活动存在负外部性,因此政府应当对这种活动征税来使外部性内在化,最早提出这种税收用法的人是英国经济学家阿瑟·庇古,为了纪念这位经济学家,就把为解决外部性问题而开征的税称为庇古税。

三、污染标准与可转让许可证

控制污染的另一种政策是设定排污标准。政府通过调查研究,确定社会所能承受的环境污染程度,然后规定各企业所允许的排污量。凡排污量超过规定限度的,则给予经济或法律惩罚。

由于不同企业降低排污量的成本也各不相同,政府在规定各企业的排污限量时,面临这样的问题:是一刀切还是区别对待?若是区别对待,又如何来有效地分配准许的排放量?

我们从效率的角度来看第一个问题。假定造纸工业有甲、乙两个厂,每天各排出污染物3吨。政府决定降低三分之一的排污量。在一刀切的方案下,甲、乙两厂各降低1吨污物。现假设甲厂减少或清除第一吨污物的成本为3 000元,而乙厂得花5 000元。这样,在一刀切的安排下,消除2吨污物的社会成本是8 000元。

我们还知道,甲厂降低第二吨污物的边际成本是4 000元。如果我们要求甲厂消除2吨污物,而让乙厂照旧生产,那么,整个社会的排污量还是降低了三分之一,但达到这一目的的总成本却降低为7 000元。显然,区别对待比一刀切效率高。

由于政府很难掌握各企业降低污染的边际成本,因此,有效地向各企业分配准许的排放量就很难做到。怎么解决这个问题呢?经济学家建议引进市场机制,建立排污许可证市场。在上述例子里,我们让政府给每个工厂颁发两张排污许可证,每张许可证准许持证者排放1吨污物。这样,社会的排污量总共是4吨,污染水平同样是降低了三分之一。所不同的是,政府允许排污许可证自由交易。不妨假设在甲厂,消除第一、第二和第三吨污物的边际成本分别为3 000元、4 000元和5 000元;而在乙厂,这些边际成本是5 000元、6 000元和7 000元。在排污许可证不准买卖的情况下,两个厂分别得降低1吨的污物,成本分别为3 000元和5 000元。现假设市场上允许买卖许可证,其价格为4 500元。从利润最大的动机出发,乙厂一定愿意购买一张许可证。因为在没有得到第三张许可证的情况下,乙厂花5 000元钱清除1吨污物,而许可证只花4 500元,可以节省500元。甲厂也愿意出售一张许可证,出卖许可证可以得到4 500元,然后用4 000元来清除1吨污物,结果是净赚500元。所以这样的交易一定可以达成。

可见,排污证市场使得社会以最低的社会成本来降低污染程度:排污量降低了三分之一,社会成本是7 000元。这里,我们可以结合科斯定理进行一个推论,只要存在一个排污证的自由市场,无论最初的配置如何,经过交易后的配置将总是有效率的。

> **网络资源**
> http://www.zhb.gov.cn/
> 登录国家环境保护总局网站,查阅政府在环境保护方面所采取的措施。

参考资料 沱江污染谁之过?

近二十多年,我国经济快速增长,但我们赖以生存的环境也在不断恶化。是"先治理，再发展"还是"先发展，后治理"，这两种模式的选择是我们大家都关注的问题。在追求GDP增长过程中忽略环保问题必将使我们付出沉重的代价。你能运用所学的经济学知识给政府提一些合理的建议吗？

沱江发源于四川盆地北部的九顶山，是长江左岸流域全部在四川境内的一级支流，沱江流域也是四川省内唯一的"非封闭型"流域。沱江流经的著名的城市，有果都金堂，重地简阳，名镇资阳，古府资中，甜城内江，酒市泸州等。

随着工业的迅猛发展，人口的迅速增加，用水量与日俱增。沱江古来那种水量丰沛的形象渐渐淡化，除了洪水期以外，水源渐渐有些捉襟见肘。航运事业遭受到水量不足、铁路公路、水利水电工程等因素的冲击，终于萎缩下来。工业污水倾入江中，使沱江的水质污染日趋严重，受到直接威胁的首先是江里的鱼类。

更为不幸的是，在2004年3月，一起事故导致沱江彻底瘫痪。沱江沿岸一化工厂因违规操作导致含高浓度氨氮的尿素工艺冷凝液排入沱江的支流毗河，到3月2日，共排放纯氨氮2 000吨。事故发生后，记者沿江而行，但见江水黑黄发臭，许多地方泛着白色泡沫。江面回水处、堤坝边，到处漂浮着死鱼。在简阳石桥电站的出水口，一条半米长、重约10多千克的鲢鱼肚皮朝天，悲惨地漂在江面上。在受污染地区，人们焦急地寻找干净水源。随处可见群众用扁担挑水，用水桶提水，用瓶子背水，用三轮车拉水。在简阳市郊，一处曾为牲畜水源的泉水前，排起了几十米长的队伍。沿江大批工厂、饭店被迫关闭。

重要问题2 政府有哪些解决外部性的方法？

当外部性引起市场达到一种无效率的资源配置时，政府有三种方法可供采纳：(1) 管制。以污染为例，政府可以明文规定禁止某种污染物的排放，或者对某些污染物规定最高排污水平。(2) 庇古税和补贴，即政府通过对那些有负外部性的活动征税和补贴那些有正外部性的活动来使外部性内在化。(3) 可转让许可证。这种方法实际上是管制手段的一种创新，它允许排污权在企业之间自由转让。

第四节 公共物品和公有资源

重要问题

1. 公共物品和公有资源的定义是什么?
2. 什么是搭便车问题?
3. 政府应该如何决定是否提供一种公共物品?

本节分析两类具有外部性的特殊商品：公共物品和公有资源。首先我们了解公共物品和公有资源分别具有哪些特征,然后考察为什么市场不能有效生产公共物品,以及为什么人们会过多地使用公有资源。当然,我们也会讨论政府如何解决这些问题。

一、不同类型的物品

在考虑经济中的各种物品时,为了便于经济分析,经济学家通常根据两个特点来对物品进行分类：排他性和竞争性。如果可以有效阻止人们对某种物品的使用,则称该物品具有排他性;当一个人在消费或享用某一物品时,其他人便无法同时消费或享用同一物品,则称这种物品具有竞争性。

根据排列组合的原理,可以用这两个特点把物品分为四类：

1. 私人物品

私人物品既有排他性又有竞争性。例如,考虑生活中的一件雨衣。一件雨衣之所以有排他性,是因为可以阻止别人使用你的雨衣——你只要不把雨衣借给别人就行了。一件雨衣之所以有竞争性,是因为如果一个人穿上了这件雨衣,另一个人就不能同时穿这件雨衣。经济中大多数物品都是像雨衣这样的私人物品。在本书前面章节的分析中,我们隐含地假设物品既有排他性又有竞争性。

2. 公共物品

公共物品既无排他性又无竞争性。这就是说,不能排除人们使用一种公共物品,而且,一个人享用一种公共物品并不减少另一个人对它的享用。例如,国防是一种公共物品。一旦要保卫国家免受外国入侵,就不可能排除任何一个人不享有这种国防的好处。而且,当一个人享受国防的好处时,并不减少其他任何一个人享受国防的好处。

3. 公有资源

公有资源有竞争性但没有排他性。例如新鲜空气和公海捕捞。一部分人消耗了新鲜空气,便减少了其他人所能得到的新鲜空气,或者说,降低

☞ **排他性**
如果可以有效阻止人们对某种物品的使用,则称该物品具有排他性。

☞ **竞争性**
当一个人在消费或享用某一物品时,其他人便无法同时消费或享用同一物品,则称这种物品具有竞争性。

☞ **私人物品**
既有排他性又有竞争性的物品。

☞ **公共物品**
即无排他性又无竞争性的物品。

☞ **公有资源**
有竞争性但没有排他性的物品。

了其他人所得到的空气的新鲜程度,但你没办法禁止人们使用空气。

4. 自然垄断物品

当一种物品有排他性但没有竞争性时,可以说存在这种物品的自然垄断。例如,考虑一个小镇中的消防。要排除享用这种物品是容易的:消防部门只要袖手旁观,让房子烧下去就行了。但消防并没有竞争性。消防队员大部分时间在等待发生火灾,因此多保护一所房子并不会减少其他人可以得到的保护。换句话说,一旦该镇为消防部门付了钱,多保护一所房子的额外成本是微不足道的。

表12-2按排他性和竞争性对商品和服务分类,在每一类中,我们都给出了适当的例子。

表12-2 四种类型物品

		竞 争 性	
		是	否
排他性	是	私人物品 ● 苹果 ● 汽车 ● 拥挤的收费道路	自然垄断物品 ● 有线电视 ● 公园 ● 不拥挤的收费道路
	否	公有资源 ● 环境 ● 公海捕捞 ● 拥挤的不收费道路	公共物品 ● 国防 ● 知识 ● 不拥挤的不收费道路

上述四类物品中,私人物品和自然垄断物品的供给问题都已经得到解决,现在我们重点考察公共物品和公有资源的问题。公共物品和公有资源都具有非排他性的特征,非排他性表明要采取收费的方式限制任何一个消费者对物品的消费是困难的,甚至是不可能的。鉴于这样的特性,如何解决公共物品的供给和公有资源的保护问题呢?

重要问题1　公共物品和公有资源的定义是什么?

物品根据是否具有排他性和竞争性可以分为四类。公共物品是指既不具有排他性,也不具有竞争性的物品,如国防;公有资源是指具有竞争性但不具有排他性的物品,如环境。

二、公共物品和搭便车问题

公共物品的特殊性质给市场机制带来了麻烦。我们知道,公共物品具有非排他性,一旦有人购买了公共物品,其他人可以照样不误地享受同一共用品。你在公寓的楼梯上装了一盏灯,其他上上下下的人统统借光,他们从路灯上得到的好处,并没因不付钱而丝毫减少。这样,就产生了搭便车问题(Free-rider problem)。所谓搭便车,就是指某些个人虽然参与了公共物品的消费,但却不愿意支付公共物品的生产成本,完全依赖于他人对公共物品生产成本的支付。

如果人人都想搭别人的便车,那么,即使某种公共物品带给社会的利益要大于生产的成本,私人市场也不会提供这种产品。

通过市场机制来供应公共物品还会产生低效率的问题。这是因为公共物品不仅具有非排他性,还具有非竞争性。非竞争性表明,对于任一给定的公共物品产出水平,增加额外一个人消费该产品不会引起产品成本的任何增加,即消费者人数的增加所引起的产品边际成本等于零。因此,从效率的角度看,应该让所有的人都免费享用公共物品,以任何方式阻拦一部分人享用公共物品都会造成效率损失。比如说,高速公路已经建成,每辆车通过高速公路的边际维修费用假设为零。假如公路管理局收过路费10元,那么,那些从使用高速公路中得到的利益低于10元的车辆便不会进入这段高速公路。例如,某甲并没有要事,为简单起见,且假定他的时间的机会成本为每小时4元。如果他绕道而行,要多花半个小时,并多耗2元钱汽油,因此机会成本共为4元。与10元钱的过路费相比,绕道而行对某甲来说是个人理性的决策。但对整个社会来说,绕道而行白白浪费了半个小时人力和2元钱的汽油,因此是一种效率损失。

> **搭便车**
> 指某些个人虽然参与了公共物品的消费,但却不愿意支付公共物品的生产成本,完全依赖于他人对公共物品生产成本的支付。

重要问题2 什么是搭便车问题?

经济生活中存在这样的现象,某些个人虽然参与了公共物品的消费,但却不愿意支付公共物品的生产成本,完全依赖于他人对公共物品生产成本的支付。"搭便车"就是这种行为的形象说法。如果人人都想搭别人的便车,那么,即使某种公共物品带给社会的利益要大于生产的成本,私人市场也不会提供这种产品。这便是搭便车问题。

三、公共物品的生产

搭便车问题和低效率问题都决定了市场机制对公共物品的配置无能为力。中央决策取而代之。事实上,许多共用品的供应都是由某种政府计划来决定的。国防由中央政府提供,其成本则通过税赋筹集。街灯、地方治安则由地方政府安排,其费用也是靠税收来支付。一些居民大楼的路灯、楼梯灯由居民委员会或其他管理机构统一安装维护,费用由各家各户分摊。

然而,由政府来提供公共物品并不意味着公共物品难题就被彻底地解决了。接下来,政府面临着这样的决定,提供哪些公共物品,以及提供多少。

> **网络资源**
> http://www.mof.gov.cn/display/IColumnNews.jsp
> 政府采购是国家提供公共物品的重要形式。登录国家财政部网站,了解我国政府采购情况。

假定政府正在考虑一个公共项目,例如修一条新的高速公路。为了判定要不要修这条高速公路,政府必须比较所有使用这条高速公路的人的总收益和建设与维修的成本,也就是我们强调的成本—收益分析。但是,政府却很难获得进行成本—收益分析所必需的价格信号,因为所有的人都可以免费使用高速公路,没有判断高速公路所值的价格。通过询问的方式来获取这种价格也是不可靠的,因为那些要用高速公路的人为了修这条路有夸大他们所得收益的激励,而那些受高速公路伤害的人为了阻止修这条路有夸大其成本的激励。

可见,政府要提供恰到好处的公共物品以达到社会福利最优化仍然是一件困难的事情。

四、公有资源

网络资源

http://www.mlr.gov.cn/query/gtzygk/index.htm
http://www.forestry.gov.cn/
登录国土资源部和国家林业局网站,了解我国的土地、矿产、海洋及森林等资源的情况,并查阅政府为了保护这些资源所采取的措施。

公有资源与公共物品一样没有排他性,想要使用公有资源的任何一个人都可以免费使用。但是,公有资源有竞争性,当一个人使用公有资源时,他减少了其他人对这种资源的享用,产生了负外部性问题。通过前面外部性问题的讨论我们知道,只要产权是明确的,就可以有效地解决外部性问题。如果产权界定不清,外部性问题就难以解决。在资源为公众共有的情况下,公有资源通常会遭到过度使用。我们以公共湖泊上的捕鱼为例说明产权界定不清如何导致公有权的滥用。

图12-7是单个捕鱼者的成本与收益曲线。横坐标表示捕鱼者的捕鱼数量,纵坐标表示捕鱼者的成本与收益。图中,AR线是捕鱼者的平均收益曲线,MR是捕鱼者的边际收益曲线,MPC是捕鱼者的边际私人成本,MSC是捕鱼者的边际社会成本。由于边际社会成本等于边际私人成本加私人捕捞给社会造成的成本,因此MSC曲线位于MPC曲线的上方。为了方便讨论,假定边际私人成本与边际社会成本都是常数。

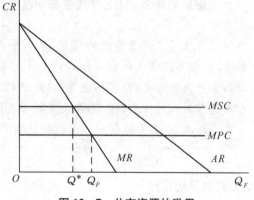

图 12-7 公有资源的滥用

图形显示,每个捕鱼者在追求个人利润最大化目标时,总是使捕鱼数量达到Q_P点,在捕鱼量达到这一水平时,边际私人成本等于边际收益。从社会角度看,最优捕捞量应该是在Q^*的水平,因为在这种捕捞量下,边际社会成本等于边际收益。但是如果没有有效的监督与管理,公共湖泊中只会导致滥捕滥捞。公海出现的滥捕滥捞现象正是因为公海的资源缺乏明确的所有权。如果能够对公有资源的产权进行重新构造,使之界定明确,则可以改进资源配置的效率。如果无法界定产权,则必须通过法律或行政手段进行严格控制,才能使公有资源免遭滥用。

 参考资料　放羊者逻辑

公有资源经常被滥用。古希腊哲学家亚里士多德就指出了公有资源的问题:"许多人共有的东西总是被关心最少,因为所有人对自己东西的关心都大于与其他人共同拥有的东西。"有一个被称为"公共地悲剧"的寓言讲的就是公有牧场被滥用的情况。然而,这样的悲剧在我国还在不断地上演,请看下面这段材料。

所谓"公共地悲剧",说的是如果一种资源没有排他性的所有权,必然导致对这种资源的过度使用。譬如说有一块公共草场,人人都可自由放牧,人人都觉得自己多放一头羊没有什么了不起,然而这么想这么做的结果是无数头羊多了出来,从而导致对草场的掠夺性破坏。自古以来,中国大地上一幕幕"公共地悲剧"上演不断,且随着技术的进步而日益加剧。这是因为,从古至今,中国社会历来缺乏严格的个人产权制度,古代所谓"普天之下,莫非王土",表面上产权是清楚的,而实际不然,这造成了中国自古以来对资源与环境的破坏。现代科学技术日益进步,但清晰的产权制度并未在中国形成,反而变得更加模糊,因此破坏日甚。

黄河已是十年九断流,而且情况越来越严重。前些年断流限于山东境内,现已上延至河南河段。黄河断流后,各城市只好抽地下水,导致海水倒灌,土地盐碱化以及生态的严重破坏。照此下去,3 000年后,黄河流域将是不毛之地,母亲河到时将仅存于记忆之中。

"动脉"何以"大失血"?

展卷可知,黄土高原是从一万年前进入"全新世"起,侵蚀速度开始大于堆积速度的。黄土高原这一地质现象的倒转,与华夏先民们在黄土高原上定居农耕的时期同步。也就是说,中国自古不清的产权加上农耕技术的出现,导致了第一轮对资源及环境的破坏,在以后则随着人口的不断增长、技术手段的改善,对黄土高原的破坏更是变本加厉。

黄河的悲剧就在于,她待她的子孙恩重如山,他们却不知道如何爱护她、回报她。毁林开荒、耕草种粮、滥垦滥牧、滥采滥伐,掠夺式经营,固土保沙植被一再遭到破坏,不一而足。不妨想象一下当年红旗满山、人海如潮的垦荒壮举,想象一下万头攒动、车水马龙的毁林场面,其实是多么残酷的一幅场景!

竭泽而渔实为自掘坟墓。对资源的破坏最终必然导致增长的停滞乃至断裂,直至生存的危机。黄淮海大平原,在中唐以前是全国最富庶的地区:土地肥沃,人口众多,农业发达,曾是历朝政府财税主

 网络资源

http://icg.harvard.
edu/~ec2450a/E396
olrl.html

哈佛大学开设的公共经济学和财政政策课程阅读文献。部分文献可免费下载。

要源地。然而，中唐以后黄河河患日益严重，全国最富庶的大平原，终于一步步沦落为今天全国最贫困的地区之一。

重要问题 3　政府应该如何决定是否提供一种公共物品？

政府在进行公共物品的生产时，也必须遵循成本—收益原则。也就是说，提供某种公共物品给社会带来的收益必须大于它的生产成本。然而，准确知道公共物品带来的收益是一件困难的事情，政府部门只能对其进行估计，估计的准确性影响到提供公共物品的效率。

第五节　公共选择理论与政府失灵

重要问题

1. 什么是阿罗不可能定理？这个定理有什么深层次的含义？
2. 政府失灵表现在哪几方面？

☞**政府失灵**
由于现实经济社会的复杂，用来弥补市场经济缺陷的政府职能本身也可能失去作用，我们称为政府失灵。

☞**公共选择理论**
是有关政府机制，亦即公共政策产生机制如何运作的理论。

通过前面的学习，我们已经知道市场经济会出现市场失灵的情况，"看不见的手"有时会引导经济走上错误的道路。为了对付"看不见的手"的缺陷，现代经济是市场这只"看不见的手"和政府这只"看得见的手"的混合体。政府的经济职能一般有三个，即效率、平等和稳定。然而，由于现实经济社会的极其复杂，用来弥补市场经济缺陷的政府职能本身并不是完美无缺的。在许多情况下，政府这只"看得见的手"也失去了作用，我们称之为政府失灵。

为了研究政府失灵问题，现代经济学家提出了公共选择理论。公共选择理论是有关政府机制，亦即公共政策产生机制如何运作的理论，它的中心要点在于将经济理性人作为最基本的假设贯穿到对政府机制活动的分析中来。

一、偏好显示和偏好加总

私人部门通过市场配置资源的机制是一种简单有效的价格机制，通过这种机制决定私人产品的产量，并决定产品如何在消费者之间进行分配。公共部门配置资源的机制与市场机制有很大不同。在当今世界上绝大多数国家都在实行的间接民主政治制度中，公共部门的资源配置机制是通过投票来进行的。在这种决策过程中,公共政策的取舍、公共开支的多少,都由选民或选民代表投票决定。哪一种方案得到大多数人的赞同就能够实施。这种决策过程是公平的但不一定是有效率的,因为这中间产生了两个问题:偏好显示和偏好加总。

1. 偏好显示问题

人们显示他们对于私人产品的偏好办法很简单,只须决定买还是不买,而显示对于公共产品的评价却没有这么简单的办法。因为存在多方面的原因,人们往往不会真实地表明他们的偏好。可能的原因包括:

(1) 如果人们将要承担的公共产品成本(比如税收)取决于自己所显示的对公共产品的评价,人们可能会隐瞒或从低申报自己的偏好。

(2) 有时采用策略性的投票方式(参见下文投票悖论)会取得更有利于自己的选举结果,人们也会不显示自己的真实偏好。

(3) 如果参与投票的收益与成本相比很低,人们往往不参与选举,从而没有显示自己偏好的机会。

(4) 因为公共产品存在的"搭便车"问题在小范围、小集团中不像在大集团中那样严重,所以某些利益集团可能更能左右决策。例如,人数很少的钢铁生产厂商可能会组成一个联盟,努力游说国会限制钢铁进口,而人数众多的钢铁产品消费者就很难组成这样的游说团体进行抗衡(因为消费者都想搭便车),从而国会最终的决策可能有利于少数的钢铁厂商而不利于多数的钢铁产品消费者。在这一决策中,虽然每个生产者的所得大于每个消费者的所失,但是生产者的总收益不足以补偿消费者的总损失,所以这个结果是无效率的。

2. 偏好加总问题

即使个人真实地显示自己的偏好,但不同个人的愿望往往不一致,有人希望更多的教育福利支出,有人喜欢更多的国防安全开支,政治家必须有办法把这些信息集中起来做出决策,这就涉及偏好加总问题。

为了解决偏好加总问题,人们提出许多决策规则,诸如多数票通过、2/3多数通过等决策机制。其中,简单多数决策原则是在现代各国的民主制度中应用最为广泛的,我们来分析多数票决策的均衡。

为分析多数票决策制下的均衡情况,不妨考虑一个简单的例子。假定人们对公共产品的需求随收入的增加而增加,有三个纳税人 R、M、P,他们的收入水平分别为较高、中等、较低,他们认为满意的最佳政府支出水平分别为 Gr、Gm、Gp,$Gr>Gm>Gp$。现在由这三个纳税人对这三个方案进行表决,我们发现结果为收入水平居中的个人 M 最满意的 Gm 方案获胜。原因很简单,当在 Gr 和 Gm 两方案之间表决时,个人 P 和个人 M 都将投 Gm 的票,Gm 方案获胜;当在 Gp 和 Gm 两方案之间表决时,个人 R 和个人 M 都将投 Gm 的票,仍是 Gm 方案获胜。这一结果具有一般意义:当在多数票决策制度下对不同的公共支出水平进行表决时,均衡结果必然为中间投票人员赞成的支出水平。所谓中间投票人,严格地讲是指这样一个投票

网络资源

http://www.nobel.se/economics/laureates/1986/
1986年诺贝尔经济学奖得主、公共选择理论的代表人詹姆斯·M·布坎南。

http://www.gmu.edu/jbc/
布坎南政治经济学研究中心。

网络资源

http://www.sile.org.cn
上海法律与经济研究所,有丰富的公共经济学文献可供阅读。

人,比他期望更高和更低的公共支出水平的投票人人数恰好相等。

二、投票悖论和阿罗不可能定理

1. 投票悖论

经济学家们讨论更多的多数票决策机制的局限性是均衡结果常常不存在。这一问题最早是由一位 18 世纪的哲学家提出的。

假定有三个投票人甲、乙、丙,三个备选方案 A、B、C,三个人对这三个方案的偏好次序如下:

甲:A、B、C

乙:C、A、B

丙:B、C、A

在 A、B 两方案之间投票表决时,甲、乙两人都认为 A 胜过 B,A 方案获胜;在 B、C 两方案之间表决时,甲、丙两人都认为 B 胜过 C,B 方案获胜,人们很容易照此结果推断出 A 方案也应胜过 C,成为最后的选择。然而如果我们在 A、C 两方案之间再进行一次表决,乙、丙两人都认为 C 胜过 A,C 反而获胜!我们发现,在只进行两次表决的情况下,将投票次序加以改变,三个方案都有获胜的可能。如果由通过主观、独断的方式选定的投票次序来决定投票的最后结果,显然不符合民主制度的要求,因此在多数票决策制下,可能没有稳定一致的均衡结果,这种现象被称为投票悖论或循环投票困境(Paradox of Cyclical Voting)。

 投票悖论
在多数票决策制下,可能没有稳定一致的均衡结果,这种现象被称为投票悖论。

如果人们能够预先知道投票结果,则可能有人会使用某种投票策略,不按自己的真实偏好投票。比如,在以上所述投票过程中,C 方案将获胜,这是甲最不愿意看到的结果,他可能在第一个回合投 B 方案的票,让 B 方案最后获胜,以取得次优的结果。按照效率准则,人们都应该显示自己的真实偏好,因此,这种现象也是这种投票制度的一个重大缺陷。

2. 阿罗不可能定理(Arrow's Impossibility Theorem)

阿罗不可能定理
满足一切民主制度的要求又不会出现循环投票困境的决策机制是不存在的。

在认识到循环投票困境现象以后,人们一直在努力寻找能够消除这一困难的其他的民主制度,然而美国经济学家阿罗(Kenneth J. Arrow)通过研究证明,满足一切民主制度的要求又不会出现循环投票困境的决策机制是不存在的,这就是阿罗不可能定理。

具体地说,阿罗提出的完善的社会抉择原则和手段应满足的条件包括以下五个方面。

(1) 合理性。给定个人偏好次序,社会抉择原则必须产生这样一种社会顺序:这个顺序是完整的,即每一对选择方案中,都有一个被选中而另一个落选,同时每两个方案之间的关系都是不同的,而且这种顺序又是可传递的,即如果 x 方案优于 y 方案,y 方案优于 z 方案,则必然 x 方案优于 z 方案。

(2) 独立性。如果在两个方案之间选择,结果不应该由第三个方案的存在来决定。即建游泳池还是篮球场的决策不应该由是否建一座图书馆来决定。

(3) 帕累托原则。如果社会中每个人都选择 x 方案而非 y 方案,则社会选择的顺序将是 x 方案优于 y 方案;但如果至少有一个人选择 x 方案而非 y 方案,其他人对 x、y 两方案的顺序无所谓,则社会选择的顺序也是 x 方案优于 y 方案。

(4) 自由选择。亦称定义域的非限制性。社会顺序的产生,不应该通过限制个人偏好顺序的定义域来达到的。

(5) 非独裁性。即不存在某个人,他的选择成为社会选择,而别人有着与他不同的偏好顺序。

阿罗的不可能定理有一个重要的含义,即虽然人们经常有意无意地给政府提出过高的要求,但事实上政府不可能像人一样理性,不可能做到行动的前后一致,更不可能比人更英明。

> **参考资料　阿马蒂亚·森对公共选择理论的贡献**
>
> **1. 解决"投票悖论"**
>
> 1998 年诺贝尔经济学奖获得者,印度籍经济学家阿马蒂亚·森发现,在上文所述的甲、乙、丙三人对 A、B、C 三个方案进行投票的例子中,将甲的偏好次序稍作改变,则投票悖论可轻松解决。即若甲的偏好次序不是 A>B>C,而是 B>A>C,乙、丙的偏好不变,则甲、丙认为 B 胜过 C,乙、丙认为 C 胜过 A,甲、丙认为 B 也胜过 A,于是 B 方案获得多数票而胜出,投票悖论已告消失! 森发现在这一例子中,甲、乙、丙三人都同意 A 方案不是最佳,进一步推广可知,依据多数票决策规则进行投票时,只要符合以下三种条件之一,就能得到唯一确定的结果:所有人都同意其中一项选择不是最佳;同意某一项选择不是次佳;同意某一项不是最差。至于有四项或四项以上的选择情况时,每个包括三项选择的子集必须符合这三种条件之一。这就是阿马蒂亚·森著名的价值限制理论。
>
> **2. 挑战阿罗不可能定理**
>
> 在经济理性的分析前提下,阿罗的不可能定理基于四个预先设立的公理性假设条件,即自由选择、帕累托原则、独立性和非独裁性。阿马蒂亚·森对阿罗订出的四个假设条件逐一加以放宽,并考察放宽的后果。他认为,这些假设本身没有什么不好,但更好的做法是增加它们的信息内容。阿罗假设不能将不同人之间的满足程度互相比较,森却引入满足感的可度量性及可比较性。他证明,如果具备更多信息,则可以扩展合理的社会福利函数的范围。一旦个人的满足水平可视为可比较的,就可以做出不同种类的社会评价,从而得出明确的政策。

网络资源

http://www.nobel.se/economics/laureates/1998/
1998 年诺贝尔经济学奖获得者,印度籍经济学家阿马蒂亚·森。

http://www.bsos.umd.edu/umccc/index.htm
美国马里兰大学集体选择研究中心。有相关的课程及实验研究。

http://www.bsos.umd.edu/umccc/olsonmcmorial lecture series schedule.htm
公共选择理论的主要奠基者门瑟·奥尔森教授(Mancur Olson)的纪念文集,其名著《集体行动的逻辑》曾经影响一代人。

重要问题 1　什么是阿罗不可能定理？这个定理有什么深层次的含义？

阿罗通过预先的关于现代民主社会的一系列公理性假定，运用严密的数学方法论证了满足一切民主制度的要求又不会出现循环投票困境的决策机制是不存在的。这个定理对政府的角色提出了严重的挑战，也引起了众多学者对于现代民主政治制度的重新审视。

三、政府失灵

对于"市场失灵"的认识使西方国家在 20 世纪 30—60 年代期间采取了一系列干预经济的措施。然而，到了 20 世纪 70 年代，这些措施所存在的问题日益暴露，经济学家和政治家们开始注意"政府失灵"现象，我们可以将其概括为以下几个方面。

1. 有限信息

现实经济生活相当复杂，许多行为的结果是难以预料的，私人经济部门难以掌握完全的信息，事实上政府也很难做到这一点。因此，即使抱着"全心全意为人民服务"的目的，政府也难免出现决策失误，政府"犯错误"并不少见，一再修改自己的决策甚至否定过去的做法也是常事。

2. 对私人市场反应的控制能力有限

政府采取某种政策后，它对私人市场可能的反应和对策往往无能为力。例如，政府采取医疗保险或公费医疗政策，却无法控制医疗费用的飞速上升；一些国家为了吸引外资或鼓励投资，对外国资本或国内某些领域实行税收优惠政策，却难以阻止许多不应享受优惠的投资者也钻了空子；一些国家为了使收入分配更公平，对高收入者征收高额累进税，却把这些人赶到税率低的国家定居，随之失去了他们的资本和智慧。

3. 官僚主义

政府与官僚主义历来是密切联系在一起的，这首先体现在政府做出一项决策要比私人部门决策慢得多，因为当中要经过这样几个时滞(Time Lags)。

（1）认识时滞。这是从问题产生到被纳入政府考虑日程的一段时间。如果是中央政府决策，那么还要加上地方政府反映、报告问题的时间。

（2）决策时滞。这是从政府认识到某一问题到政府最后得出解决方案的那一段时间，当中可能要经过反复的讨论、争论，政府做出决策绝非易事。

（3）执行与生效时滞。这是从政府公布某项决策到付诸实施以致引起私人市场反应的时间。

任何公共决策都不可避免上述时滞，在一些时候，当针对某一问题的政策真正起作用的时候，情况已发生了变化，它已经不是什么重要的问题了，而解决新问题的对策又要经过上述时滞。

除时滞问题以外,官僚主义还体现在政策实施情况和最初政策意图的不一致。因为政策制定者和执行者一般不是同一个政府机构。可能纯粹由于政策意图本身的模棱两可,执行机构对政策的解释和理解不一定符合政策制定者的初衷,虽然这不一定是前者有意所为。在更多的时候,由于政策的执行结果在很大程度上取决于执行人员的效率和公正廉明,而政府官员自己的利益或偏好与社会的利益往往并不完全一致,这会使政策的执行结果大打折扣。虽然可以通过教育和监督要求政府官员克己奉公,但这事实上不可能完全做到。

4. 政治决策程序的局限性

政治决策程序本身的局限性也是政府不可克服的缺陷之一。如前所述,现代民主制度并不能很好地解决偏好显示和偏好加总的问题,从而不能实现有效的决策结果。政府的决策会影响到许多人,但真正做出决策的只是少数人,不管这少数人是由选举产生的还是其他方式指定的,他们在决策时总会自觉或不自觉地倾向自己所代表的阶层或集团的偏好和利益,而一旦既得利益集团形成,这种格局就很难打破。所以民选政府的决策很难保证符合大多数人的利益。此外,阿罗不可能定理证明,政府行为和决策的前后不一致也是民主决策过程不可避免的现象。

基于上述原因,市场经济的支持者们认为政府能够发挥的积极作用也是十分有限的,对于一些市场在经济效率方面的失灵现象,这些经济学家更倾向于通过私人部门的决策来解决。例如,外部效应是要求政府介入的一大理由,但是,按照科斯定理,政府只须界定和保护产权,市场机制就可以克服这种现象。

这些看法未免极端,但我们必须考虑"政府失灵"的因素,不能过分夸大政府对于纠正"市场失灵"的作用。另外,政府干预本身也是有成本的,税收是政府筹资的主要方式,在征税过程中会产生征收成本,由于税收干扰了私人经济部门的选择往往还会带来额外的效率损失,即税收的超额负担。只有在市场失灵导致的效率损失大于这些税收成本的情况下才需要政府干预,在一些竞争性领域尤其不应出现政府投资与私人部门相交叉竞争的现象。因为在这些领域公共经营效率低下,政府与私人部门相竞争难免要倚仗其固有的行政垄断力量,这也会破坏市场机制作用的发挥。

参考资料　腐败现象的经济学分析

腐败是一种病态的社会问题,也是一种复杂的经济现象。当代经济学对之进行了透彻的分析。通过这些分析,我们可以进一步了解腐败的实质和反腐败的重点所在。

腐败理论之一是"经济人"理论。斯密最早阐述了"经济人"思想,帕累托首先提出了"经济人"的概念。斯密认为:"各个人都不断地努力为他自己所能支配的资本找到最有利的用途。固然,他所考虑的不是社会利益,而是他自身的利益。"帕累托认为,"经济人"总是在比较其边际效用,看怎样才能使自己获益最大。可见,"经济人"就是自利人,他考虑的是自己的利益,而不是他人的或社会的利益;"经济人"也是理性人,他要考虑以最小的成本或代价获取最大的生产或利益。腐败产生的基础就是"经济人"行为,"经济人"为了使自身的利益最大化,就可能利用制度、法律、政策的漏洞,徇私舞弊,巧取豪夺。

20世纪70年代,关于腐败的寻租理论问世,引起了世界范围内的强烈反响,布坎南因寻租理论及公共选择理论获得诺贝尔经济学奖。最早提出"寻租"概念的是克鲁格。所谓"寻租"就是追求非生产性的利益,或者追求管制带来的价格差。斯蒂格里兹认为,寻租就是从政府那里获得特殊的好处;布坎南认为,寻租指那些本可以用于价值生产活动的资源被用在了决定分配结果的竞争上了。也就是说,由于政府干预和行政管制,抑制了竞争,扩大了供求差额,形成了差价收入——租金。可见,哪里有垄断、特权和管制,哪里就有租金。贝克尔说:"腐败是政府干预经济的外在产物,对经济的控制越多,腐败也就越严重。"

日本学者青木昌彦提出了腐败的内部人控制理论。在企业特别是国有企业中,经理人员是"内部人",他们掌握了企业的控制权,倘若没有有效的监督机制,他们极有可能侵害出资人的利益,形成腐败。因为内部人控制的资产往往属于"无保障资产",如国有资产。

斯蒂格里兹、墨利斯、斯彭斯、阿克洛夫、维克里等人则研究了委托——代理理论,形成了信息经济学,成为观察腐败的又一视角。由于委托人、代理人的信息不对称,权责不明,缺乏监督,以及存在优败劣胜的"逆向选择"和侵犯委托人权利的"道德风险",会使得市场效率损失和公有资产流失。

布坎南、塔洛克、当斯等经济学家则提出了政治交易理论和政府失灵理论。政治交易理论认为,在政治市场上也有供给者——政府、政党和官员,也有需求者——利益集团、选民,后者以选票"采购"前者的政纲和政策。他们两者都在进行成本收益计算,所以,政策是"交易"的结果,是力量"博弈"的均衡。此交易中,总会出现不守规则者,即腐败分子。政府失灵理论认为,政府不能改善经济效率或进行有效地分配。官员也是经济人,也在进行个人的成本收益计算,于是构成了官员的寻租动机。他会滥用公共权利牟取私利,以"看不见的脚"踩住市场那只"看不见的手"。

著名经济学家斯蒂格勒则提出了管制理论。认为在管制市场上,官员成为管制政策的供给者,企业成为需求者;如果预期的租金大于寻求管制的成本,企业将购买管制(政策)。于是,政府成为利益集团的"俘获物",也可能成为腐败的名利场。

　　除了上述之外,权力资本理论也颇为流行。该理论认为,一旦公共权利进入市场,就会转化为资本,攫取经济剩余。权力资本就是权力主体对资产直接分割、占有的超经济资本,是正当权力掩盖下的"内盗"。权力资本可分为经营性权力资本——权力经商,自己设租,自己寻租;征敛型权力资本——实行超经济强制,乱摊派,乱罚款,乱收费,乱集资。

重要问题2　政府失灵表现在哪几方面?

　　政府失灵表现在:(1)有限信息;(2)对私人市场反应的控制能力有限;(3)官僚主义;(4)政治决策程序本身的局限性。

本章小结

　　1. 一旦经济人的经济活动产生外部经济,经济运行的结果将不可能满足帕累托最优条件。解决外部经济的方案可以分为两类:一类是政府的干预,另一类则是市场解决方案。

　　2. 公共产品指那些在消费上具有非排他性与非竞争性的产品。公共产品的性质决定了由私人部门来生产公共产品是不合适的,因此,它的生产必须依靠政府。但由于搭便车问题的存在,政府生产公共产品很难达到帕累托最优。

　　3. 当市场经济有效运行的某个条件无法在现实中得到满足,那么自由市场均衡将背离帕累托最优,出现市场失灵现象。市场失灵需要政府对之进行调节和干预,发挥"看得见的手"的功能。但由于市场经济运行的复杂性以及政府机制本身的缺陷,政府这只"看得见的手"也往往会出现失灵的情况。

本章练习

　　1. 什么是外部性?为什么说外部性会降低资源配置效率?
　　2. 有哪些措施可以解决外部性问题?
　　3. 公共物品与私人物品有哪些不同特征?
　　4. 设想你与一个吸烟者同住在一个房间,但你不吸烟。根据科斯定理,什么因素决定了你的室友是否在房间里吸烟?你和你的室友如何达成这种解决方法?
　　5. 在Y市有三家企业,情况如下表。政府想把污染减少为120单位,所以它给每个企业 40 单位的可交易污染许可证。

企　业	最初污染水平 (单位)	减少一单位污染的成本 (元)
A	500	100
B	300	500
C	500	200

（1）谁出售许可证？出售多少？谁购买许可证？购买多少？简单解释为什么买者和卖者要这样做。在这种情况下减少污染的总成本是多少？

（2）如果许可证不能交易，减少污染的成本会高多少？

6. 设在一公共牧场上养的每头牛的成本是 $C = 5x^2 + 2\,000$，x 是牧场上养牛的头数。每头牛的市场价格 $P = 1\,800$ 元。

（1）求牧场净收益最大时的养牛数。

（2）若该牧场有 5 户牧民，牧场成本由他们平均分摊，这时牧场将会有多少养牛数？若有 10 户牧民分摊成本，养牛总数将有多少？

（3）从中可得出什么结论？

7. 弥补市场经济缺陷的政府职能有哪些？为什么说政府的作用也是有限的？

网络学习导引

http://www.rieti.go.jp/cn/columns/a01_0099_t.html

由制度经济学家青木昌彦教授发起的日本经济产业研究所，旨在成为类似美国布鲁金斯学会的民间智力库，为公共决策提供智力支持。此网站提供中文版，有大量的经济研究报告以及资深研究员的专栏文章。阅读以上链接的专栏文章《公平游戏理论的现状和课题》，选择文章中的一个公共经济学实验，由几个同学组成一个小组重复此实验，并运用本章所学知识和实验结果以团队方式完成一份实验报告。

参 考 书 目

1. 〔美〕保罗·萨缪尔森、威廉·诺德豪斯著,《经济学》,华夏出版社,1999
2. 高希均著,《经济学的世界》,三联书店出版社,2000
3. 〔美〕斯蒂格利茨著,《经济学》,中国人民大学出版社,1996
4. 〔美〕斯蒂格利茨著,《经济学小品和案例》,中国人民大学出版社,1998
5. 干学平、黄春兴著,《经济学原理——牵成繁荣与追求进步》,台北:新陆书局,1994
6. 〔美〕曼昆著,《经济学原理》,中国人民大学出版社,2003
7. 〔美〕曼斯菲尔德著,《微观经济学》(第 9 版),中国人民大学出版社,1999
8. 〔美〕罗伯特·平狄克、丹尼尔·鲁宾费尔德著,《微观经济学》(第四版),中国人民大学出版社,2000
9. 黄亚钧、郁义鸿主编,《微观经济学》,高等教育出版社,2000
10. 朱善利著,《微观经济学》,北京大学出版社,2001
11. 平新乔著,《微观经济学十八讲》,北京大学出版社,2001
12. H·范里安著,《微观经济学:现代观点》,上海三联书店,1992
13. 黎诣远著,《西方经济学——微观经济分析》,清华大学出版社,1999
14. 尹伯成主编,《西方经济学简明教程》,上海人民出版社,2002
15. McConnell and Brue, *Microeconomics* 15th edition, McGraw-Hill,2002
16. Mas-Collel, Andreu, Michael D. Whinston, and Jerry R. Green, *Microeconomic Theory*, New York:OxfordUniv. Press, 1995
17. Kreps, David M., *A Course in Microeconomic Theory*, Princeton:Princeton Univ. Press,1990
18. Nicholson, Walter, *Microeconomic Theory:Basic Principles and Extensions*, Fort Worth, TX:The Dryden Press, 1998
19. Schotter,Andrew, *Microeconomics:a Modern Approach*, Pearson Education North Asia Limited and Higher Education Press,2001
20. Tirole, Jean, *The Theory of Industrial Organization*, Cambridge, Mass.:MIT Press, 1988
21. Varian, Hal, *Microeconomic Analysis*, New York:W. W. Norton, 1992

22. Viscusi, V. Kip, John M. Vernon, and Joseph E. Harrington, *Economics of Regulation and Antitrust*, Cambridge, Mass.: MIT Press, 1995

复旦博学：经济管理类主要教材

复旦博学·大学管理类系列教材 管理学：原理与方法（第四版），**周三多**；《管理学原理与方法》电子教案，管理学——教与学导引，**周三多**；管理心理学（第四版），**苏东水**；国际市场营销管理（第二版），**薛求知**；国际商务管理（第二版），**薛求知**；人力资源开发与管理（第三版），**胡君辰 郑绍濂**；会计学原理（第三版），**张文贤**；会计学原理习题指南，**张文贤**；现代企业管理（第二版），**王方华**；企业战略管理（第二版），**王方华**；新编组织行为学教程（第三版），**胡爱本**；生产与运营管理（第二版），**龚国华**；生产与营运管理案例精选，**龚国华**；质量管理学（第三版），**龚益鸣**；货币银行学通论（第二版），**万解秋**；市场调查教程，**范伟达**；市场营销学（第二版），**王方华**；电子商务管理，**黄立明**；现代企业财务，**张阳华**；现代投资学原理，**万解秋**；现代企业管理案例选，**芮明杰**；纳税会计，**贺志东**；有效管理IT投资，**黄丽华等译**。

复旦博学·经济学系列 高级政治经济学—社会主义总论，**蒋学模**；高级政治经济学—社会主义本体论，**蒋学模**；世界经济新论，**庄起善**；世界经济新论习题指南，**庄起善**；国际经济学，**华民**；统计学原理（第四版），**李洁明**；国际贸易教程（第三版），**尹翔硕**；经济学基础教程（第二版），**伍柏麟**；经济思想史教程，**马涛**；《资本论》教程简编，**洪远朋**；经济博弈论（第三版、十一五），**谢识予**；经济博弈论习题指南，**谢识予**；古代中国经济思想史，**叶世昌**；经济社会学（第二版），**朱国宏**；新编公共财政学——理论与实践，**唐朱昌**；社会主义市场经济论，**顾钰民**；经济法原理，**胡志民**；现代西方人口理论，**李竞能**；投资经济学（第二版），**金德环**；计量经济学教程，**谢识予**；当代西方经济学流派（第二版），**蒋自强、史晋川**。

复旦博学·金融学系列 国际金融新编（第三版），**姜波克**；国际金融新编习题指南（第二版），**姜波克**；现代公共财政学（第二版），**胡庆康 杜莉**；现代公共财政学习题指南，**胡庆康**；现代货币银行学教程（第二版），**胡庆康**；现代货币银行学教程习题指南（第二版），**胡庆康**；国际经贸实务（第二版），**胡涵钧**；国际金融管理学，**朱叶**；中央银行学教程，**童适平**；中国金融体制的改革与发展，**胡海鸥**；电子金融学，**杨青**；行为金融学，**饶育蕾**；金融市场学教程，**霍文文**。

复旦博学·21世纪经济管理类研究生系列 高级计量经济学，**谢识予**；产业经济学，**干春晖**；现代企业战略，**王玉**；规制经济学，**曲振涛**；中高级公共经济学，**毛程连**；金融博弈论，**陈学彬**。

复旦博学·21世纪人力资源管理丛书 劳动经济学，**曾湘泉**；人力资源管理概论，**彭剑锋**；组织行为学，**孙健敏**；社会保障概论，**郑功成**；战略人力资源审计，**杨伟国**；组织文化，**石伟**；组织设计与管理，**许玉林**；工作分析，**付亚和**；绩效管理，**付亚和**；员工福利管理，**仇雨临**；职业生涯管理，**周文霞**；薪酬管理原理，**文跃然**；员工招聘与人员配置，**王丽娟**；培训与开发理论及技术，**徐芳**；人员测评与选拔，**萧鸣政**；国际人力资源管理，**林新奇**；员工关系管理，**程延园**。

复旦博学·财政学系列 中国税制（第二版），**杜莉**；税收筹划，**王兆高**；政府预算管理学，**马海涛**；国际税收，**杨斌**；比较税制，**王乔**；比较财政学，**杨志勇**；国有资产管理学，**毛程连**；资产评估学，**朱萍**；政府绩效管理，**马国贤**。

复旦博学·广告学系列 现代广告学（第六版、送课件），**何修猛**；广告学原理（第二版、十一五、送课件），**陈培爱**；广告策划创意学（第三版、十一五、送课件），**余明阳**；广告媒体策划，**纪华强**；现代广告设计（第二版），**王肖生**；广告案例教程（第二版），**何佳讯**；广告文案写作教程（第二版、送课件），**丁柏铨**；广告运作策略，**刘绍庭**；广告调查与效果评估（第二版），**程士安**；广告法规管理（第二版），**吕蓉**；广告英语教程，**张祖忻**；色彩与表现，**王肖生**。

复旦博学·会计、财务管理、审计及内部控制系列 会计制度设计（十五规划），**李凤鸣**；会计信息系统，**薛**

云奎；政府与非营利组织会计(十五规划)，赵建勇；会计理论，葛家树；中级财务会计(第二版)，张天西；管理会计，吕长江；高级财务会计(十一五规划)，储一昀；财务管理，欧阳令南；国际会计，王松年；成本会计(十一五规划)，王立彦；房地产企业会计，钱逢胜；保险公司会计，张卓奇；证券公司会计，瞿灿鑫；审计理论与案例，刘华；内部控制案例，朱荣恩；审计学原理，李凤鸣；内部会计控制制度设计，赵保卿；财务金融学，张玉明；公司理财，刘爱东；中级财务管理(十一五规划)，傅元略；高级财务管理(十一五规划)，刘志远；国际财务管理，张俊瑞；财务控制，朱元午；财务分析，张俊民；财务会计(十一五规划)，张天西；会计英语，叶建芳；战略管理会计，夏宽云；银行会计(第二版)，贺瑛。

复旦博学·工程管理系列 房地产管理学(十一五规划)，谭术魁；房地产金融，邓宏乾；房地产法，陈耀东；国际工程承包管理，李惠强；工程项目投资与融资，郑立群；房地开发企业会计，冯浩；房地产估价，卢新海；房地产市场营销，王爱民；工程经济学，杨克磊；工程造价与管理，李惠强；投资经济学，张宗新，杨青；财务管理概论，彭浩涛。

复旦博学·21世纪国际经济与贸易系列 世界经济学，黄梅波；国际结算，叶陈刚 叶陈云；国际经济合作，湛柏明；国际服务贸易学，程大中。

复旦博学·21世纪旅游管理系列 旅游经济学原理，罗明义；现代饭店经营管理，唐德鹏；饭店人力资源管理，吴中祥；旅游文化学，章海荣；生态伦理与生态美学，章海荣；旅游策划，沈祖祥；猴岛密码，沈祖祥。

复旦博学·微观金融学系列 证券投资分析，邵宇等；投资学，张宗新；公司金融，朱叶。

复旦博学·21世纪管理类创新课程系列 咨询学、品牌学教程、品牌管理学，余明阳；知识管理，易凌峰。

复旦卓越：适用于高职高专、实践型本科

复旦卓越·经济学系列 微观经济学，宏观经济学，金融学教程，杨长江等；国际商务单证实务，刘伟奇；市场经济法律教程，田立军。

复旦卓越·21世纪管理学系列 市场营销学教程(十一五、送课件)，王妙；市场营销学实训(送课件)，王妙；应用统计学(第二版、十一五)，张梅琳；质量管理教程(送课件)，岑咏霆；人力资源管理教程，袁蔚；管理经济学教程，毛军权；人力资源管理实务，顾沉珠；中小企业管理，杨加陆；艺术市场学概论，李万康；现代公共关系学(第二版)，何修猛；人才资源管理(第三版、送课件)，杨顺勇等；连锁经营管理(送课件)，杨顺勇等；品质管理(送课件)，周东梅；商业银行实训教程(送课件)，宋羽。

复旦卓越·保险学系列 保险学，龙玉洋；工程保险理论与实务，龙玉洋；汽车保险理论与实务，龙玉国；财产保险，付菊；保险英语，刘亚非；保险公司会计(第二版、送课件)，候旭华。

复旦卓越·21世纪物流管理系列教材 总顾问 朱道立 现代物流管理(送课件)，黄中鼎；商品学，郭洪仙；供应链管理(送课件)，杨晓雁；运输管理学(送课件)，刘小卉；仓储与配送管理(十一五)，邬星根；物流设施与设备，张弦；物流管理信息系统(送课件)，刘小卉；第三方物流教程，骆温平；供应链管理习题与案例，胡军。

复旦卓越·21世纪会展系列 会展概论，龚平；会展营销，胡平；会展经济，陈来生；会展设计，王肖生；会展策划，许传宏；会展实务，张龙德；会展文案，毛军权；博览学，余明阳。

复旦卓越·会计学系列 基础会计(第二版)，瞿灿鑫；银行外汇业务会计，陈振婷；成本管理会计，乐艳芳；管理会计学，李敏；财务管理学，孙琳；小企业会计电算化，毛华扬；审计学，王英姿。

复旦卓越·金融学新系 金融学，刘玉平；国际金融学，贺瑛；中央银行学，付一书；金融市场学，许文新；商业银行学，戴小平；保险学，徐爱荣；证券投资学，章劼；金融法学，张学森；金融英语，刘文国；国际金融实用教程，马晓青。

复旦卓越·国际经济与贸易系列 国际结算(第二版),**贺瑛**;国际贸易,**陈霜华**;国际贸易实务(英语),**黄锡光**;外贸英语函电(英语),**葛萍**;国际商务谈判,**窦然**。

新编经济学系列教材 现代西方经济学(微观经济学)(第三版),**宋承先 许强**;现代西方经济学(宏观经济学)(第三版),**宋承先 许强**;现代西方经济学习题指南(微观)(第四版),**尹伯成**;现代西方经济学习题指南(宏观)(第四版),**尹伯成**;微观经济学教程,**黄亚钧**;公共经济学教程,**华民**;社会主义市场经济学教程,**伍柏麟**;电子商务概论,**赵立平**;项目管理,**毕星**;保险学原理,**彭喜锋**;证券投资分析(第二版),**胡海鸥**;市场营销学(第三版)**徐鼎亚**;《资本论》脉络(第二版),**张薰华**;环境经济学概论,**严法善**;高级宏观经济学,**袁志刚**;高级微观经济学,**张军**。

MBA系列教材 公司财务,**欧阳光中**;管理沟通,**苏勇**;物流和供应链管理,**朱道立**;管理经济学,**袁志刚**;概率论与管理统计基础,**周概容**;市场营销管理,**芮明杰**;投资学,**陈松男**;跨国银行管理,**薛求知**;企业战略管理教学案例精选,**许晓明**;人力资源开发与管理教学案例精选,**胡君辰**;组织行为学,**胡君辰**。

通用财经类教材 投资银行学,**贝政新**;证券投资通论,**贝政新**;现代国际金融学,**刘剑**;金融风险与银行管理,**徐镇南**;中央银行概论,**万解秋**;现代企业财务管理(第二版),**俞雪华**;保险学,**姚海明**;国际经济学(第二版),**王志明等**;财务报表分析,**欧阳光中**;国际贸易实用教程,**徐立青**;网络金融,**杨天翔等**;实用会计,**张旭霞等**。

请登录 http://www.fudanpress.com

　　内有所有复旦版图书全书目、内容提要、目录、封面及定价,有图书推荐、最新图书信息、最新书评、精彩书摘,还有部分免费的电子图书供大家阅读。

可以参加网上教学论坛的讨论,交流教学方法。

可以网上报名参编教材、主编教材、投稿出书。

填写网上调查表,可由院系统一免费借阅教材样书,教师可免费获得教材电子样书,免费获得邮寄的精品书目,并可免邮费购书一次。

请登录 http://edu.fudanpress.com

　　复旦大学出版社教学服务网,内有大部分教材的教学课件,请授课老师登陆本网站下载多媒体教学资源。